일 본 어 능 력 시 험

JLPT N2 문자·어휘

딱! 한 권

저자 JLPT연구모임

일 본 어 능 력 시 험

JLPT
N2 문자·어휘

초판인쇄	2021년 6월 2일
초판발행	2021년 6월 12일
저자	JLPT연구모임
책임 편집	조은형, 무라야마 토시오, 박현숙, 손영은, 김성은
펴낸이	엄태상
해설진	우선희, 김숙경, 송상훈
디자인	권진희
조판	이서영
콘텐츠 제작	김선웅, 김현이
마케팅	이승욱, 전한나, 왕성석, 노원준, 조인선, 조성민
경영기획	마정인, 조성근, 최성훈, 정다운, 김다미, 오희연
물류	정종진, 윤덕현, 양희은, 신승진
펴낸곳	시사일본어사(시사북스)
주소	서울시 종로구 자하문로 300 시사빌딩
주문 및 교재 문의	1588-1582
팩스	0502-989-9592
홈페이지	www.sisabooks.com
이메일	book_japanese@sisadream.com
등록일자	1977년 12월 24일
등록번호	제 300-1977-31호

ISBN 978-89-402-9317-1 (13730)

일본어능력시험은 N4와 N5에서는 주로 교실 내에서 배우는 기본적인 일본어를 어느 정도 이해할 수 있는 레벨인가를 측정하며, N1과 N2에서는 폭넓은 분야에서 일본어를 어느 정도 이해할 수 있는지, N3는 N1, N2와 N4, N5의 가교 역할을 하며 일상적인 장면에서 사용되는 일본어의 이해를 측정합니다. 일본어능력시험 레벨 인정의 목표는 '읽기', '듣기'와 같은 언어행동의 표현입니다. 언어행동을 표현하기 위해서는 문자·어휘·문법 등의 언어지식도 필요합니다. 즉, 어휘나 한자, 문법 항목의 무조건적인 암기가 아니라, 어휘나 한자, 문법 항목을 커뮤니케이션 수단으로서 실제로 활용할 수 있는가를 측정하는 것이 목표입니다.

본 교재는 新일본어능력시험 개정안에 따라 2010년부터 최근까지 새롭게 출제된 기출문제를 철저히 분석하여, 일본어 능력시험 초심자를 위한 상세한 설명과 다량의 확인문제를 수록하고, 중·고급 학습자들을 위해 난이도 있는 실전문제를 다루었습니다. 또한 혼자서도 충분히 합격할 수 있도록, 상세한 해설을 첨부하였습니다. 시중에 일본어능력시험 수험서는 많이 있지만, 학습자들이 원하는 부분을 콕 집어 효율적인 학습을 할 수 있는 교재는 그다지 많지 않습니다.

이러한 점을 고려하여 본 JLPT연구모임에서는 수년간의 분석을 통해 적중률과 난이도를 연구하여, 일본어능력시험을 준비하는 학습자가 이 책 한 권이면 충분하다고 느낄 정도의 내용과 문제를 실었습니다. 한 문제 한 문제 꼼꼼하게 풀어 보시고, 일본어능력시험에 꼭 합격하시기를 진심으로 기원합니다.

JLPT연구모임

① 교시   언어지식(문자·어휘·문법)/독해

문자·어휘

출제 빈도순 어휘 ➡ 기출어휘 ➡ 확인문제 ➡ 실전문제

1교시 문자·어휘 파트에서는 문제 유형별 출제 빈도순으로 1순위부터 3순위까지 정리하여 어휘를 제시한다. 가장 많이 출제되고 있는 する동사부터 닮은꼴 한자, 명사, 동사, 형용사, 부사순으로 어휘를 학습한 후, 확인문제를 풀어보면서 확인하고, 확인문제를 학습 후에는 실전문제를 풀면서 총정리를 한다. 각 유형별로 제시한 어휘에는 최근 출제 되었던 단어를 표기해 놓았다.

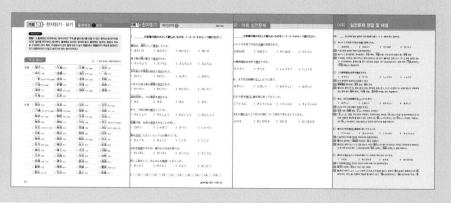

문법

기초문법 ➡ 필수문법 ➡ 필수경어 ➡ 확인문제 ➡ 실전문제

N2 필수문법과 경어를 학습하고 확인문제를 차근차근 풀며 체크할 수 있도록 다량의 문제를 실어 놓았으며, 처음 시작하는 초보자를 위해 시험에 자주 등장하는 N2 문법을 수록해 놓았다. 확인문제까지 학습한 뒤에는 난이도 있는 실전문제를 풀며 실전에 대비할 수 있도록 했다.

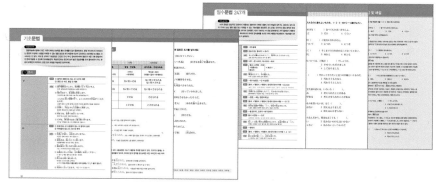

독해

독해의 비결 ➡ 영역별 확인문제 ➡ 실전문제

이제 더 이상 문자·어휘·문법에만 집중해서는 안 된다. 과목별 과락이라는 제도가 생기면서, 독해와 청해의 비중이 높아졌기 때문에 모든 영역을 균형있게 학습해야 한다. 본 교재에서는 독해의 비결을 통해, 글을 분석할 수 있는 노하우를 담았다. 문제만 많이 푼다고 해서 점수가 잘 나오는 것이 아니므로, 원리를 잘 파악해 보자.

❷ 교시 　청해

청해의 비결 ➡ 영역별 확인문제 ➡ 실전문제

독해와 함께 청해의 비중이 높아졌으며, 커뮤니케이션이 중시되었기 때문에 단어 하나하나의 의미를 꼼꼼히 듣는 방법보다는 상담·준비·설명·소개·코멘트·의뢰·허가 등 어떤 주제로 회화가 이루어지는지, 또한 칭찬·격려·질책·변명·걱정 등 어떤 장면인지 잘 파악해야 한다.

● ◤ 실전모의테스트 3회분 (영역별 2회분 + 온라인 종합 1회분)

질로 승부한다!

JLPT연구모임에서는 몇 년 동안 완벽한 분석을 통해 적중률과 난이도를 조정하여, 실전모의테스트를 제작하였다. 혼자서도 공부할 수 있도록 자세한 해설을 수록해 놓았다.

● ◤ 무료 동영상 해설 강의

1타 강사들의 명쾌한 실전모의테스트 해설 특강!!

언제 어디서나 꼼꼼하게 능력시험을 대비할 수 있도록 동영상 강의를 제작하였다. 질 좋은 문제와 명쾌한 해설로 실전에 대비하길 바란다.

차례

1 시험과목과 시험시간

레벨	시험과목 (시험시간)		
N1	언어지식 (문자 · 어휘 · 문법) · 독해 (110분)		청해 (60분)
N2	언어지식 (문자 · 어휘 · 문법) · 독해 (105분)		청해 (50분)
N3	언어지식 (문자 · 어휘) (30분)	언어지식 (문법) · 독해 (70분)	청해 (45분)
N4	언어지식 (문자 · 어휘) (25분)	언어지식 (문법) · 독해 (55분)	청해 (40분)
N5	언어지식 (문자 · 어휘) (20분)	언어지식 (문법) · 독해 (40분)	청해 (35분)

2 시험점수

레벨	배점구분	득점범위
N1	언어지식(문자 · 어휘 · 문법)	0~60
	독해	0~60
	청해	0~60
	종합배점	0~180
N2	언어지식(문자 · 어휘 · 문법)	0~60
	독해	0~60
	청해	0~60
	종합배점	0~180
N3	언어지식(문자 · 어휘 · 문법)	0~60
	독해	0~60
	청해	0~60
	종합배점	0~180
N4	언어지식(문자 · 어휘 · 문법) · 독해	0~120
	청해	0~60
	종합배점	0~180
N5	언어지식(문자 · 어휘 · 문법) · 독해	0~120
	청해	0~60
	종합배점	0~180

3 합격점과 합격 기준점

레벨별 합격점은 N1 100점, N2 90점, N3 95점이며, 과목별 합격 기준점은 각 19점입니다.

④ 문제유형

I. 언어지식(문자·어휘·문법) II. 독해 III. 청해

시험과목		큰 문제	예상 문항수	문제 내용	적정 예상 풀이시간	파트별 소요 예상 시간	대책
언어지식·독해 (105분)	문자·어휘	문제 1	5	한자 읽기 문제	1분	문자·어휘 14분	총 105분 중에서 문제 푸는 시간은 87분 정도, 마킹에 8분 정도, 나머지 10분 동안 최종 점검하면 된다. 기존 시험보다 문제 수가대폭 축소된 문자/어휘 문제를 빨리 끝내고, 새로워진 문법 문제에 당황하지 말고 여유를 가지고 예제문제를 확실하게 이해하고 문제풀이를 하면 새로운 문제에 바로 적응할 수 있을 것이다. 독해문제도 마찬가지다. 종합이해, 정보 검색 등 새로워진 문제가 있지만, 시간에 쫓기지 말고 침착하게 문제를 풀어나간다면 좋은 결과를 얻을 수 있을 것이다.
		문제 2	5	한자 표기 문제	1분		
		문제 3	5	파생어와 복합어를 묻는 문제	2분		
		문제 4	7	문맥에 맞는 적절한 어휘 고르는 문제	3분		
		문제 5	5	주어진 어휘와 비슷한 의미의 어휘를 찾는 문제	2분		
		문제 6	5	제시된 어휘의 의미가 올바르게 쓰였는지를 묻는 문제	5분		
	문법	문제 7	12	문장의 내용에 맞는 문형표현 즉 기능어를 찾아서 넣는 문제	6분	문법 18분	
		문제 8	5	나열된 단어를 의미에 맞게 조합하는 문제	6분		
		문제 9	5	글의 흐름에 맞는 문법 찾아내기 문제	6분		
	독해	문제 10	5	단문(200자 정도) 이해	10분	독해 55분	
		문제 11	9	중문(500자 정도) 이해	15분		
		문제 12	2	같은 주제의 두 가지 이상의 글을 읽고 비교통합 이해	10분		
		문제 13	3	장문(900자 정도) 이해	10분		
		문제 14	2	700자 정도의 글을 읽고 필요한 정보 찾기	10분		
청해 (50분)		문제 1	5	과제 해결에 필요한 정보를 듣고 나서 무엇을 해야 하는지 찾아내기	약 7분 30초 (한 문항당 약 1분 30초)		총 50분 중에서 문제 푸는 시간은 대략 39분 10초 정도가 될 것으로 예상한다. 나머지 시간은 질문 읽는 시간과 문제 설명 시간이 될 것으로 예상한다. 새로운 시험에서 새로 도입된 질의응답은 난이도가 그다지 어렵지 않을 것으로 예상하지만 문제5는 긴 문장을 듣고 난 다음 그 내용을 비교하며 문제를 풀어야 하므로 꽤 까다로운 문제가 될 것이다. 평소에 뉴스 등을 들으면서 전체 내용파악을 하는 훈련을 해두면 그다지 어렵지 않게 풀어나갈 수 있을 것이다.
		문제 2	5 또는 6	대화나 혼자 말하는 내용을 듣고 포인트 파악하기	약 11분 30초 (한 문항당 약 1분 55초)		
		문제 3	5	내용 전체를 듣고 화자의 의도나 주장을 이해	약 7분 30초 (한 문항당 약 1분 30초)		
		문제 4	11 또는 12	짧은 문장을 듣고 그에 맞는 적절한 응답 찾기	약 6분 (한 문항당 약 30초)		
		문제 5	4	다소 긴 내용을 듣고 복수의 정보를 비교 통합하면서 내용 이해 하기	약 6분 40초 (한 문항당 약 1분 40초)		

문법 접속 활용표

〈활용형과 품사의 기호〉

활용형과 품사의 기호	예
명사	雪
동사 사전형	持つ・見る・する・来る
동사 ます형	持ちます・見ます・します・来ます
동사 ない형	持たない・見ない・しない・来ない
동사 て형	持って・見て・して・来て
동사 た형	持った・見た・した・来た
동사 의지형	持とう・見よう・しよう・来よう
동사 가정형	持てば・見れば・すれば・来れば
동사 명령형	持て・見ろ・しろ・来い
イ형용사 사전형	暑い
イ형용사 어간	暑い
イ형용사 て형	暑くて
ナ형용사 사전형	丈夫だ
ナ형용사 어간	丈夫だ
ナ형용사 て형	丈夫で
する동사의 명사형	散歩・運動・料理 등 [する]를 뒤에 붙일 수 있는 명사

〈접속방법 표시 예〉

[보통형]

동사	聞く	聞かない	聞いた	聞かなかった
イ형용사	暑い	暑くない	暑かった	暑くなかった
ナ형용사	上手だ	上手ではない	上手だった	上手ではなかった
명사	学生だ	学生ではない	学生だった	学生ではなかった

[명사수식형]

동사	聞く	聞かない	聞いた	聞かなかった
イ형용사	暑い	暑くない	暑かった	暑くなかった
ナ형용사	上手な	上手ではない	上手だった	上手ではなかった
명사	学生の	学生ではない	学生だった	学生ではなかった

JLPT

N2

文字・語彙

한자읽기 (5문항)

한자로 쓰여진 글자의 읽는 법을 찾는 문제로, 선택지에서 히라가나 표기 중 맞는 것을 고르는 문제이다.

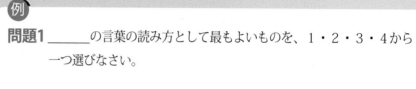

例

問題1 ＿＿＿＿の言葉の読み方として最もよいものを、1・2・3・4から一つ選びなさい。

1　人間には誰にでも欠点がある。

　　1 じんかん　　　2 じんげん　　　3 にんげん　　　4 にんかん

1	① ② ● ④

한자의 읽는 법은 뜻으로 읽는 훈독(예 : 学ぶ)과 음으로 읽는 음독(예 : 学校)으로 나뉘는데, N2에서는 훈독보다 음독에 대한 지식이 요구되므로 문제1에서는 음독 한자가 2~3문항 정도 출제될 것으로 예상한다. 특히 음독 한자에서 주의할 점은 다음과 같다.

▶청음인지 탁음인지, 단음인지 장음인지, 촉음(작은 「っ」)이 있는지 없는지이다.

한자읽기는 배점이 그다지 크지 않을 것이므로 까다로운 문제가 있다면 그 문제에 시간을 낭비하지 말고 다음 문제로 넘어가는 것이 좋다. 평소에 한자 공부를 할 때 눈으로만 하지 말고 손으로 직접 쓰면서 탁음, 장음에 주의하면서 소리 내어 읽는 연습을 반복하면 아무리 어려운 한자라도 금방 친해질 수 있다.

問題2 ▶ 표기

문제유형 **표기 (5문항)**

히라가나로 표기된 어휘의 한자를 찾는 문제이다. 한자읽기 문제와 마찬가지로 기존
20문항에서 5문항으로 축소되었다.

例

問題2 _____ の言葉の読み方として最もよいものを、1・2・3・4から
一つ選びなさい。

6　最近ずいぶん<u>あつく</u>なりましたね。

　1 厚く　　　　2 暑く　　　　3 熱く　　　　4 温く

| 6 | ① ● ③ ④ |

포인트

한자 표기를 묻는 문제인 만큼 한자의 글자꼴이 서로 비슷한 것 중에서 정답을 찾
는 문제가 나오긴 하지만, 새로운 시험에서는 한자가 지닌 뜻에 중점을 둔 문제가
많이 출제될 것으로 예상한다. 따라서 〈問題2 표기〉에서는 한자의 뜻만 정확히 파
악하고 있으면, 그 한자의 읽는 법을 몰라도 정답을 찾을 수 있는 문제가 많다는 것
을 명심하자.

학습요령

표기 또한 배점은 그다지 크지 않을 것이므로, 까다로운 문제가 있다면 그 문제에
시간을 낭비하지 말고 다음 문제로 넘어가는 것이 좋다. 출제예상 1순위 단어에서
제시하고 있는 '닮은꼴 한자'를 참고하여, 한자의 뜻을 생각하며 한자의 미묘한 차
이점을 학습하면 효과적이다.

학습포인트

問題1 · 2 출제예상 1순위에서는 명사이지만 「する」를 붙여 동사를 만들 수 있는 '동작성 명사(する동사)'와 '닮은꼴 한자'부터 제시한다. 출제예상 2순위는 명사와 동사, 출제예상 3순위는 형용사, 부사로 구성되어 있다. 특히, する동사의 경우 출제 빈도가 높고 問題1에서 問題6까지 폭넓게 등장하고 있기 때문에 반드시 알고 넘어가야 하는 필수단어이다.

する 동사

※( ) 안의 숫자는 기출 연도입니다.

あ행			
□ 握手 _{あくしゅ} 악수	□ 圧縮 _{あっしゅく} 압축	□ 圧勝 _{あっしょう} 압승 (14年)	□ 安定 _{あんてい} 안정
□ 移行 _{いこう} 이행	□ 意識 _{いしき} 의식	□ 違反 _{いはん} 위반 (11年)	□ 一致 _{いっち} 일치
□ 一転 _{いってん} 완전히 바뀜 (18年)	□ 意図 _{いと} 의도	□ 意欲 _{いよく} 의욕 (13年)	□ 印刷 _{いんさつ} 인쇄
□ 引退 _{いんたい} 은퇴 (16年)	□ 影響 _{えいきょう} 영향	□ 営業 _{えいぎょう} 영업	□ 延期 _{えんき} 연기
□ 演技 _{えんぎ} 연기	□ 援助 _{えんじょ} 원조 (14年)	□ 演説 _{えんぜつ} 연설 (18年)	□ 演奏 _{えんそう} 연주
□ 往復 _{おうふく} 왕복	□ 応用 _{おうよう} 응용		

か행			
□ 開会 _{かいかい} 개회	□ 改革 _{かいかく} 개혁	□ 会計 _{かいけい} 회계	□ 会見 _{かいけん} 회견 (14年)
□ 介護 _{かいご} 간호, 병구완 (18年)	□ 開催 _{かいさい} 개최 (10年)	□ 解釈 _{かいしゃく} 해석	□ 改修 _{かいしゅう} 개수, 수리
□ 解消 _{かいしょう} 해소 (11年)	□ 解散 _{かいさん} 해산 (13年)	□ 改善 _{かいぜん} 개선 (11年)	□ 改造 _{かいぞう} 개조
□ 解放 _{かいほう} 해방	□ 開始 _{かいし} 개시	□ 外出 _{がいしゅつ} 외출	□ 改正 _{かいせい} 개정(바르게 고침) (12年)
□ 改定 _{かいてい} 개정(다시 정함)	□ 解説 _{かいせつ} 해설	□ 開通 _{かいつう} 개통	□ 改訂 _{かいてい} 개정(책 내용을 고침)
□ 回転 _{かいてん} 회전	□ 開店 _{かいてん} 개점	□ 解答 _{かいとう} 해답	□ 回答 _{かいとう} 회답
□ 解放 _{かいほう} 해방	□ 開放 _{かいほう} 개방	□ 解約 _{かいやく} 해약 (18年)	□ 改良 _{かいりょう} 개량
□ 拡充 _{かくじゅう} 확충 (13年)	□ 確信 _{かくしん} 확신	□ 拡大 _{かくだい} 확대	□ 拡張 _{かくちょう} 확장
□ 確定 _{かくてい} 확정	□ 確立 _{かくりつ} 확립	□ 可決 _{かけつ} 가결	□ 活動 _{かつどう} 활동
□ 合併 _{がっぺい} 합병	□ 活躍 _{かつやく} 활약	□ 活用 _{かつよう} 활용	□ 加熱 _{かねつ} 가열
□ 我慢 _{がまん} 참음, 견딤	□ 換気 _{かんき} 환기	□ 歓迎 _{かんげい} 환영	□ 感激 _{かんげき} 감격
□ 観察 _{かんさつ} 관찰	□ 換算 _{かんさん} 환산	□ 感謝 _{かんしゃ} 감사	□ 鑑賞 _{かんしょう} (작품) 감상
□ 勘定 _{かんじょう} 셈, 계산	□ 完成 _{かんせい} 완성	□ 感心 _{かんしん} 감탄	□ 乾燥 _{かんそう} 건조

☐ 感想 <ruby>감상(마음으로 느낌)</ruby>	☐ 観測 관측	☐ 監督 감독	☐ 乾杯 건배
☐ 看病 간병	☐ 願望 원망 (소원) (16年)	☐ 管理 관리 (11年)	☐ 完了 완료 (15年)
☐ 関連 관련	☐ 勧誘 권유 (13年)	☐ 記憶 기억 (18年)	☐ 企画 기획 (18年)
☐ 起床 기상	☐ 規制 규제	☐ 期待 기대	☐ 規定 규정
☐ 記入 기입	☐ 記念 기념	☐ 機能 기능 (11年)	☐ 寄付 기부 (13年)
☐ 希望 희망	☐ 休業 휴업	☐ 休憩 휴게, 휴식	☐ 休講 휴강
☐ 求婚 구혼	☐ 吸収 흡수	☐ 休息 휴식	☐ 休養 휴양
☐ 強化 강화	☐ 競技 경기	☐ 供給 공급	☐ 恐縮 죄송하게 여김
☐ 強調 강조	☐ 協力 협력	☐ 行列 행렬	☐ 拒否 거부 (15年)
☐ 記録 기록	☐ 禁煙 금연	☐ 緊張 긴장	☐ 空想 공상
☐ 苦心 고심, 애를 씀	☐ 工夫 궁리함, 생각을 짜냄, 고안		☐ 区分 구분
☐ 区別 구별	☐ 苦労 고생, 수고, 노고	☐ 訓練 훈련	☐ 掲示 게시 (13年)
☐ 継続 연속 (14年)	☐ 契約 계약	☐ 経由 경유	☐ 激増 격증
☐ 下車 하차	☐ 化粧 화장	☐ 下水 하수	☐ 決済 결제
☐ 決心 결심	☐ 欠席 결석	☐ 決断 결단	☐ 決定 결정
☐ 見学 견학	☐ 減少 감소	☐ 建設 건설	☐ 限定 한정 (18年)
☐ 検討 검토	☐ 見物 구경	☐ 合意 합의	☐ 講演 강연
☐ 合格 합격	☐ 講義 강의 (13年)	☐ 交換 교환	☐ 合計 합계
☐ 攻撃 공격	☐ 貢献 공헌	☐ 孝行 효행	☐ 広告 광고
☐ 交際 교제	☐ 更新 갱신	☐ 工事 공사	☐ 構成 구성
☐ 交替 교체	☐ 交代 교대 (12年)	☐ 行動 행동	☐ 公表 공표
☐ 交流 교류	☐ 合流 합류	☐ 考慮 고려	☐ 誤解 오해
☐ 骨折 골절	☐ 混雑 혼잡	☐ 婚約 혼약, 약혼	☐ 混乱 혼란 (15年)
☐ 呼吸 호흡	☐ 克服 극복	☐ 興奮 흥분	

さ行			
ざいがく 在学 재학	さいせい 再生 재생	さいてん 採点 채점	さいよう 採用 채용
さぎょう 作業 작업	さくじょ 削除 삭제 (12년)	さくせい 作成 작성 (15년)	さくせい 作製 제작
さどう 作動 작동	さつえい 撮影 촬영 (10, 12년)	さっきょく 作曲 작곡	ざつだん 雑談 잡담
さんか 参加 참가	ざんぎょう 残業 야근	さんこう 参考 참고	さんしょう 参照 참조 (16년)
しあい 試合 시합	しえん 支援 지원	しきゅう 支給 지급	しげき 刺激 자극 (19년)
じさつ 自殺 자살	じさん 持参 지참	じしゅう 自習 자습	じたい 辞退 사퇴 (12년)
じっかん 実感 실감	しつぎょう 失業 실업	じっけん 実験 실험	じつげん 実現 실현
じっこう 実行 실행	じっし 実施 실시	じっしゅう 実習 실습	じっせん 実践 실천
しっぴつ 執筆 집필	しつぼう 失望 실망	しつれん 失恋 실연	してき 指摘 지적 (15년)
じまん 自慢 자랑	しはい 支配 지배	しゃせい 写生 스케치	しゅうごう 集合 집합
しゅうかく 収穫 수확 (12, 16년)	しゅうきん 集金 수금	じゅうし 重視 중시	じゅうじつ 充実 충실
しゅうしょく 就職 취직	しゅうせい 修正 수정	しゅうぜん 修繕 수선	じゅうたい 渋滞 정체
しゅうちゅう 集中 집중	しゅうにん 就任 취임	しゅうり 修理 수리	しゅうりょう 終了 종료
しゅくしょう 縮小 축소	じゅけん 受験 수험	しゅざい 取材 취재 (11년)	しゅちょう 主張 주장
しゅっきん 出勤 출근	しゅつじょう 出場 (경기) 출장	しゅっせ 出世 출세 (10년)	しゅっちょう 出張 출장
しゅっぱん 出版 출판	じゅんかん 循環 순환	しよう 使用 사용	しょうか 消化 소화
しょうかい 紹介 소개	じょうきょう 上京 상경	じょうしょう 上昇 상승 (10년)	しょうたい 招待 초대 (13년)
じょうたつ 上達 숙달	しょうどく 消毒 소독	しょうとつ 衝突 충돌 (16년)	しょうめい 証明 증명
しょうりゃく 省略 생략 (15년)	しょめい 署名 서명	しょり 処理 처리 (18년)	しんさつ 診察 진찰
しんせい 申請 신청	しんだん 診断 진단	しんにゅう 侵入 침입	しんにゅう 進入 진입
しんぽ 進歩 진보	すいせん 推薦 추천	すいてい 推定 추정	せいかつ 生活 생활
せいげん 制限 제한	せいさく 製作 (물건) 제작	せいさく 制作 (작품) 제작	せいしょ 清書 정서
ぜんしん 前進 전진	せいそう 清掃 청소	せいぞん 生存 생존	せいちょう 生長 생장, 초목이 자람
せいちょう 成長 성장 (12년)	せいび 整備 정비	せいり 整理 정리	せいりつ 成立 성립

□ 接近 せっきん 접근	□ 設計 せっけい 설계	□ 接続 せつぞく 접속 (14年)	□ 設置 せっち 설치
□ 設定 せってい 설정	□ 説得 せっとく 설득	□ 絶滅 ぜつめつ 절멸, 멸종	□ 節約 せつやく 절약
□ 選挙 せんきょ 선거	□ 専攻 せんこう 전공	□ 専念 せんねん 전념 (13年)	□ 選択 せんたく 선택
□ 操作 そうさ 조작	□ 続出 ぞくしゅつ 속출 (10, 18年)	□ 装置 そうち 장치 (12年)	□ 尊重 そんちょう 존중 (10年)

た행				
	□ 対応 たいおう 대응	□ 体験 たいけん 체험	□ 滞在 たいざい 체재, 체류	□ 体操 たいそう 체조
	□ 逮捕 たいほ 체포	□ 代理 だいり 대리	□ 対決 たいけつ 대결	□ 対立 たいりつ 대립
	□ 脱線 だっせん 탈선	□ 誕生 たんじょう 탄생	□ 断定 だんてい 단정	□ 中継 ちゅうけい 중계 (13年)
	□ 中断 ちゅうだん 중단 (15年)	□ 注目 ちゅうもく 주목 (11, 16年)	□ 注文 ちゅうもん 주문	□ 彫刻 ちょうこく 조각
	□ 調査 ちょうさ 조사	□ 調整 ちょうせい 조정	□ 調節 ちょうせつ 조절 (11年)	□ 貯金 ちょきん 저금
	□ 貯蔵 ちょぞう 저장	□ 治療 ちりょう 치료 (15, 16年)	□ 通過 つうか 통과	□ 通学 つうがく 통학
	□ 通勤 つうきん 통근	□ 通信 つうしん 통신	□ 通知 つうち 통지	□ 通訳 つうやく 통역
	□ 通用 つうよう 통용	□ 抵抗 ていこう 저항 (12年)	□ 提供 ていきょう 제공 (16年)	□ 停止 ていし 정지
	□ 提出 ていしゅつ 제출	□ 訂正 ていせい 정정 (14年)	□ 停電 ていでん 정전	□ 適用 てきよう 적용
	□ 徹底 てってい 철저	□ 伝言 でんごん 전언	□ 伝染 でんせん 전염	□ 伝達 でんたつ 전달
	□ 統一 とういつ 통일	□ 統合 とうごう 통합	□ 登場 とうじょう 등장	□ 到着 とうちゃく 도착
	□ 投票 とうひょう 투표	□ 読書 どくしょ 독서	□ 特定 とくてい 특정	□ 導入 どうにゅう 도입 (14年)
	□ 独立 どくりつ 독립	□ 努力 どりょく 노력	□ 登録 とうろく 등록 (11年)	□ 討論 とうろん 토론 (11, 17年)

な행				
	□ 納得 なっとく 납득	□ 入社 にゅうしゃ 입사	□ 入場 にゅうじょう 입장	□ 入力 にゅうりょく 입력
	□ 熱中 ねっちゅう 열중			

は,ま행				
	□ 配達 はいたつ 배달	□ 売買 ばいばい 매매	□ 配布 はいふ 배포	□ 拍手 はくしゅ 박수
	□ 破産 はさん 파산	□ 発揮 はっき 발휘 (10, 18年)	□ 発言 はつげん 발언	□ 発行 はっこう 발행
	□ 発車 はっしゃ 발차	□ 発生 はっせい 발생	□ 発達 はったつ 발달 (16年)	□ 発展 はってん 발전
	□ 発電 はつでん 발전(전기를 일으킴)		□ 発売 はつばい 발매	□ 発表 はっぴょう 발표

□ 破片 파편 (12, 18년)　□ 発明 발명　□ 反映 반영 (11년)　□ 反抗 반항

□ 反省 반성 (16년)　□ 判断 판단　□ 販売 판매　□ 比較 비교

□ 飛行 비행　□ 筆記 필기　□ 否定 부정　□ 非難 비난

□ 批判 비판 (14년)　□ 批評 비평 (16년)　□ 評価 평가　□ 表現 표현

□ 比例 비례 (13년)　□ 疲労 피로 (14년)　□ 普及 보급 (11, 16년)　□ 複写 복사

□ 不足 부족　□ 付属 부속　□ 負担 부담 (19년)　□ 噴火 분화

□ 分解 분해　□ 分散 분산　□ 分析 분석 (11년)　□ 分担 분담

□ 分配 분배　□ 分布 분포　□ 分離 분리　□ 分類 분류

□ 分裂 분열　□ 閉会 폐회　□ 返却 반납, 반환 (12년)　□ 平行 평행

□ 変更 변경 (11년)　□ 妨害 방해　□ 冒険 모험　□ 報告 보고

□ 防止 방지　□ 包装 포장　□ 放送 방송　□ 保証 보증 (16년)

□ 補足 보족, 보충하여 채움 (13년)　□ 保存 보존 (18년)　□ 密閉 밀폐 (17년)

□ 無視 무시　□ 矛盾 모순 (12년)　□ 命令 명령

や、ら행 □ 優勝 우승　□ 優先 우선　□ 郵送 우송, 우편으로 보냄　□ 輸血 수혈

□ 輸送 수송　□ 用意 준비　□ 要求 요구 (11년)　□ 用心 조심, 주의 (18년)

□ 抑制 억제　□ 予期 예기, 미리 기대함　□ 予想 예상　□ 予測 예측 (15년)

□ 予防 예방　□ 予約 예약　□ 来日 일본으로 옴　□ 落第 낙제

□ 落下 낙하　□ 理解 이해　□ 離婚 이혼　□ 流行 유행

□ 連想 연상　□ 連続 연속　□ 録音 녹음　□ 論争 논쟁 (18년)

닮은 꼴 한자

勤 부지런할 근	きん む 勤務 근무	つと 勤める 근무하다	弟 아우 제	きょうだい 兄弟 형제	で し 弟子 제자
動 움직일 동	どうぶつ 動物 동물	うご 動く 움직이다	第 차례 제	し だい 次第に 서서히	らくだい 落第 낙제
働 굼닐 동	ろうどう 労働 노동	はたら 働く 일하다	費 쓸 비	ひ よう 費用 비용	しょう ひ 消費 소비
編 엮을 편	へんしゅう 編集 편집	へんきょく 編曲 편곡	失 잃을 실	しっぱい 失敗 실패	しつぼう 失望 실망
偏 치우칠 편	へんしょく 偏食 편식	かたよ 偏る 치우치다		うしな 失う 잃다	
祭 제사 제	だいがくさい 大学祭 대학 축제	まつ 祭り 축제	夫 지아비 부	ふう ふ 夫婦 부부	おっと 夫 남편
察 살필 찰	かん さつ 観察 관찰	けいさつ 警察 경찰	妻 아내 처	ふ さい 夫妻 부부	つま 妻 아내
際 즈음 제	こくさい 国際 국제	じっさい 実際 실제	婦 며느리 부	ふう ふ 夫婦 부부	ふ じん 婦人 부인, 여성
擦 비빌 찰	ま さつ 摩擦 마찰	す 擦る 문지르다	受 받을 수	じゅけん 受験 수험	う 受ける 받다
観 볼 관	かんさつ 観察 관찰	かんきゃく 観客 관객	授 줄 수	じゅぎょう 授業 수업	きょうじゅ 教授 교수
	かんそく 観測 관측		必 반드시 필	ひつよう 必要 필요	かなら 必ず 반드시
歓 기쁠 환	かんげい 歓迎 환영	かんたい 歓待 환대	心 마음 심	しん り 心理 심리	ねっしん 熱心 열심
権 권세 권	けん り 権利 권리	けんりょく 権力 권력		ようじん 用心 (18年) 조심	
責 꾸짖을 책	せきにん 責任 책임	せ 責める 나무라다	招 부를 초	しょうたい 招待 초대	まね 招く (16年) 초대하다, 초래하다
積 쌓을 적	せっきょくてき 積極的 적극적	つ 積む 쌓다	超 넘을 초	ちょう か 超過 초과	こ 超える 초과하다
績 길쌈할 적	ぎょうせき 業績 업적	せいせき 成績 성적	越 넘을 월	ちょうえつ 超越 초월	こ 越す 넘다
債 빚 채	さい む 債務 채무	ふ さい 負債 부채	割 벨 할	わりびき 割引 할인	わりあい 割合 비율

害 해할 해	利害 りがい 이해	妨害 ぼうがい 방해
禁 금할 금	禁止 きんし 금지	禁煙 きんえん 금연
断 끊을 단	断絶 だんぜつ 단절	断る ことわる 거절하다
延 늘일 연	延期 えんき 연기	延びる のびる 연장되다
庭 뜰 정	家庭 かてい 가정	庭 にわ 정원, 뜰
間 사이 간	人間 にんげん 인간	世間 せけん 세간
簡 간략할 간	簡単 かんたん 간단	簡潔 かんけつ 간결
交 사귈 교	交換 こうかん 교환	交替 こうたい 교체
校 학교 교	校長 こうちょう 교장	校則 こうそく 교칙
還 돌아올 환	還元 かんげん 환원	
環 고리 환	環境 かんきょう 환경	循環 じゅんかん 순환
周 두루 주	周囲 しゅうい 주위	周り まわり 주변
週 돌 주	毎週 まいしゅう 매주	週末 しゅうまつ 주말
調 고를 조	調子 ちょうし 컨디션	調べる しらべる 조절하다
鏡 거울 경	鏡 かがみ 거울	
境 지경 경	国境 こっきょう 국경	環境 かんきょう 환경
動 움질일 동	行動 こうどう 행동	動く うごく 움직이다
働 굼닐 동	労働 ろうどう 노동	働く はたらく 일하다

衣 옷 의	衣服 いふく 의복	衣類 いるい 의류
依 의지할 의	依頼 いらい 의뢰	
共 함께 공	共同 きょうどう 공동	公共 こうきょう 공공
	共働き ともばたらき 맞벌이	
供 이바지할 공	供給 きょうきゅう 공급	
義 옳을 의	民主主義 みんしゅしゅぎ 민주주의	義務 ぎむ 의무
議 의논할 의	議論 ぎろん 의논	議会 ぎかい 의회
儀 거동 의	儀礼 ぎれい 의례	儀式 ぎしき 의식
犠 희생 희	犠牲 ぎせい 희생	
永 길 영	永久 えいきゅう (17年) 영구	永遠 えいえん 영원
泳 헤엄칠 영	水泳 すいえい 수영	
波 물결 파	電波 でんぱ 전파	波 なみ 파도
到 이를 도	到着 とうちゃく 도착	到来 とうらい 도래
倒 넘어질 도	倒産 とうさん 도산	倒れる たおれる 넘어지다
刻 새길 각	遅刻 ちこく 지각	刻む きざむ 새기다
測 헤아릴 측	観測 かんそく 관측	測る はかる 재다
側 곁 측	側面 そくめん 측면	側 がわ 옆
経 날 경	経済 けいざい 경제	経過 けいか 경과

紹 이을 **소**	しょうかい 紹介 소개	
職 직분 **직**	しょくぎょう 職業 취업	しゅうしょく 就職 취직
識 알 **식**	ち しき 知識 지식	じょうしき 常識 상식
可 옳을 **가**	か のう 可能 가능	きょ か 許可 허가
河 물 **하**	うん が 運河 운하	
対 대할 **대**	たいしょう 対象 대상	ぜったい 絶対 절대
待 기다릴 **대**	たい き 待機 대기	たいぐう 待遇 대우
膚 살갗 **부**	ひ ふ 皮膚 피부	
腐 썩을 **부**	ふ はい 腐敗 부패	くさ 腐る 썩다
反 돌이킬 **반**	はんたい 反対 반대	はんえい 反映 반영
販 팔 **판**	はんばい 販売 판매	はん ろ 販路 판로
版 판목 **판**	しゅっぱん 出版 출판	はんけん 版権 판권
坂 언덕 **판**	さかみち 坂道 언덕길	
板 널빤지 **판**	かんばん 看板 간판	いた まな板 도마
返 돌이킬 **반**	へん じ 返事 대답, 회신	かえ 返す 돌리다
爆 터질 **폭**	ばくはつ 爆発 폭발	ばくだん 爆弾 폭탄
暴 쬘 **폭**	ぼうりょく 暴力 폭력	あば 暴れる 날뛰다
暮 저물 **모**	く 暮らし 살림	く 暮れる 해가 지다

募 모을 **모**	ぼ しゅう 募集 모집	ぼ きん 募金 모금
	つの 募る 모집하다	
制 억제할 **제**	せい ど 制度 제도	き せい 規制 규제
製 지을 **제**	せいひん 製品 제품	せいぞう (16年) 製造 제조
録 기록할 **록**	き ろく 記録 기록	ろくおん 録音 녹음
緑 푸를 **록**	りょくちゃ 緑茶 녹차	みどりいろ 緑色 녹색
留 머무를 **류**	りゅうがく 留学 유학	と 留める 고정시키다
貿 무역할 **무**	ぼうえき 貿易 무역	
症 증세 **증**	しょうじょう 症状 증상	しょうこう 症候 증후
証 증거 **증**	しょう こ 証拠 증거	しょうめい 証明 증명
復 회복할 **복**	ふくしゅう 復習 복습	おう ふく 往復 왕복
複 겹칠 **복**	ふくざつ 複雑 복잡	ふくしゃ 複写 복사
折 꺾을 **절**	こっせつ 骨折 골절	お 折る 접다
技 재주 **기**	ぎじゅつ (18年) 技術 기술	えん ぎ 演技 연기
植 심을 **식**	しょくぶつ 植物 식물	う 植える 심다
標 표할 **표**	ひょうしき 標識 표식	ひょうじゅん 標準 표준
商 장사 **상**	しょうひん 商品 상품	しょうばい 商売 장사
適 맞을 **적**	てきせつ 適切 적절	てきとう 適当 적당

滴 물방울 적	水滴 물방울 (すいてき)	
温 따뜻할 온	温泉 온천 (おんせん)	温暖化 온난화 (おんだんか)
混 섞을 혼	混乱 혼란 (こんらん)	混ぜる 혼합하다 (ま)
湿 축축할 습	湿気 습기 (しっけ)	湿度 습도 (しつど)
安 편안 안	安心 안심 (あんしん)	安価 싼값, 염가 (あんか)
案 책상 안	案外 뜻밖에, 생각 외 (あんがい)	案内 안내 (あんない)
	提案 제안 (ていあん)	
求 구할 구	求職 구직 (きゅうしょく)	求める 구하다 (もと)
救 구원할 구	救助 구조 (きゅうじょ)	救う 구하다 (すく)
球 공 구	野球 야구 (やきゅう)	球 공 (たま)
農 농사 농	農家 농가 (のうか)	農業 농업 (のうぎょう)
濃 짙을 농	濃度 농도 (のうど)	濃い 짙다 (こ)
豊 풍년 풍	豊富(17年) 풍부 (ほうふ)	豊か(18年) 풍부함 (ゆた)
訪 찾을 방	訪問 방문 (ほうもん)	訪れる 방문하다 (おとず)
妨 방해할 방	妨害 방해 (ぼうがい)	妨げる 방해하다 (さまた)
防 막을 방	予防 예방 (よぼう)	防止 방지 (ぼうし)
	防ぐ 막다 (ふせ)	
賃 품삯 임	賃金 임금 (ちんぎん)	賃貸 임대 (ちんたい)

貸 빌릴 대	貸し出し 대출 (か だ)	貸す 빌려주다 (か)
然 그럴 연	自然 자연 (しぜん)	天然 천연 (てんねん)
	偶然 (19年) 우연 (ぐうぜん)	
燃 탈 연	燃料 연료 (ねんりょう)	燃える 타다 (も)
焼 사를 소	燃焼 연소 (ねんしょう)	焼く 태우다, 굽다 (や)
象 코끼리 상	象徴 상징 (しょうちょう)	象 코끼리 (ぞう)
像 모양 상	映像 영상 (えいぞう)	想像 상상 (そうぞう)
険 험할 험	保険 보험 (ほけん)	冒険 모험 (ぼうけん)
	険しい 험하다 (けわ)	
倹 검소할 검	倹約 검약 (けんやく)	倹しい 검소하다 (つま)
検 검사할 검	検査 검사 (けんさ)	検討 검토 (けんとう)
剣 칼 검	剣道 검도 (けんどう)	真剣 진지함 (しんけん)
験 시험 험	受験 수험 (じゅけん)	実験 실험 (じっけん)
主 주인 주	主張 주장 (しゅちょう)	主観 주관 (しゅかん)
注 부을 주	注文 주문 (ちゅうもん)	注射 주사 (ちゅうしゃ)
住 살 주	住所 주소 (じゅうしょ)	住居 주거 (じゅうきょ)
駐 머무를 주	駐車 주차 (ちゅうしゃ)	
相 서로 상	相互 상호 (そうご)	相手 상대 (あいて)

想 생각 상	そうぞう 想像 상상	れんそう 連想 연상
	あいそう 愛想 붙임성	
結 맺을 결	けっきょく 結局 결국	むす 結ぶ 잇다
紹 이을 소	しょうかい 紹介 소개	
経 날 경	けいえい 経営 경영	た 経つ 지나다
辞 말씀 사	じしょ 辞書 사전	や 辞める 그만두다
処 곳 처	しょり 処理 (18年) 처리	たいしょ 対処 대처
延 늘일 연	えんき 延期 연기	えんちょう 延長 (16年) 연장
述 펼 술	きじゅつ 記述 기술	の 述べる 말하다
通 통할 통	つうこう 通行 통행	かよ 通う 다니다
違 어긋날 위	いはん 違反 위반	ちが 違う 다르다
個 낱 개	こじん 個人 개인	こせい 個性 개성
固 굳을 고	こたい 固体 고체	かた 固い 단단하다
景 볕 경	けいき 景気 경기	けしき 景色 경치
影 그림자 영	えいきょう 影響 영향	さつえい 撮影 촬영
悩 괴로워할 뇌	くのう 苦悩 고뇌	なや 悩む 고민하다
憎 미워할 증	ぞうお 憎悪 증오	にく 憎む 미워하다
脳 뇌 뇌	のうし 脳死 뇌사	ずのう 頭脳 두뇌

予 미리 예	よさん 予算 예산	よそく 予測 예측
矛 창 모	むじゅん 矛盾 모순	
燥 마를 조	かんそう 乾燥 건조	
操 잡을 조	たいそう 体操 체조	
比 견줄 비	ひかく 比較 비교	
批 비평할 비	ひはん 批判 비판	ひひょう 批評 비평
容 얼굴 용	ないよう 内容 내용	びよう 美容 미용
溶 녹을 용	ようがん 溶岩 용암	と 溶ける 녹다
連 잇닿을 연	れんぞく 連続 연속	れんらく 連絡 연락
運 옮길 운	うんどう 運動 운동	はこ 運ぶ 운반하다, 옮기다
残 남을 잔	ざんねん 残念 유감스러움	のこ 残す 남기다
浅 얕을 천	あさ 浅い 얕다	
偶 짝 우	ぐうぜん 偶然 (19年) 우연	ぐうすう 偶数 우수, 짝수
隅 모퉁이 우	すみ 隅 구석	
札 편지 찰	かいさつ 改札 개찰	なふだ 名札 명찰
礼 예도 예	れいぎ 礼儀 예의	しつれい 失礼 실례
例 법식 예	れいがい 例外 예외	たと 例える 비유하다
列 벌릴 렬	ぎょうれつ 行列 행렬	れっしゃ 列車 열차

● 연습문제 1

(1) あの映画は有名なじょゆうが出演している。
    1 女優　　　　　　　　　2 女憂

(2) 景気はしだいによくなった。
    1 次第　　　　　　　　　2 次費

(3) あの商品ははんばい中止になった。
    1 版売　　　　　　　　　2 販売

(4) 彼はへんしゅうの仕事をしている。
    1 編集　　　　　　　　　2 偏集

(5) 田中先生のおかげでせいせきが上がった。
    1 成積　　　　　　　　　2 成績

(6) ふうふというのは永遠の友だちのようなものだ。
    1 夫妻　　　　　　　　　2 夫婦

(7) 旅行にひつような物を準備する。
    1 必要　　　　　　　　　2 心要

(8) パーティーにしょうたいされた。
    1 超待　　　　　　　　　2 招待

(9) デパートのわりびき券をもらった。
    1 害引　　　　　　　　　2 割引

(10) 外部者は立ち入りきんしだ。
    1 禁止　　　　　　　　　2 断止

정답　(1) 1　(2) 1　(3) 2　(4) 1　(5) 2　(6) 2　(7) 1　(8) 2　(9) 2　(10) 1

● 연습문제 2

(1) <u>かんきょう</u>を守るためにいろいろ工夫している。

　　1 還鏡　　　　　　　　2 環境

(2) 胃の<u>けんさ</u>を受けに病院へ行く。

　　1 険査　　　　　　　　2 検査

(3) 考えたことを<u>こうどう</u>に移すのは難しい。

　　1 行動　　　　　　　　2 行働

(4) 翻訳を専門家に<u>いらい</u>した。

　　1 依頼　　　　　　　　2 衣頼

(5) これはA社とB社の<u>きょうどう</u>プロジェクトだ。

　　1 共同　　　　　　　　2. 供同

(6) 5時間も<u>ぎろん</u>したが、結論には及ばなかった。

　　1 儀論　　　　　　　　2 議論

(7) 何でも<u>せっきょくてき</u>に行動しなければならない。

　　1 績極的　　　　　　　2 積極的

(8) このアルバムは<u>えいきゅう</u>保存版だ。

　　1 泳久　　　　　　　　2 永久

(9) 飛行機の<u>とうちゃく</u>を知らせるアナウンスが流れた。

　　1 到着　　　　　　　　2 倒着

(10) 今日も会社に<u>ちこく</u>してしまった。

　　1 遅刻　　　　　　　　2 遅到

정답　(1) 2　(2) 2　(3) 1　(4) 1　(5) 1　(6) 2　(7) 2　(8) 2　(9) 1　(10) 1

● 연습문제 3

(1) 星をかんそくするのが好きだ。

1 観側　　　　　　　　　　2 観測

(2) 会社のけいえいは大変だ。

1 境営　　　　　　　　　　2 経営

(3) 今回の行事にはざんねんながら参加できない。

1 残念　　　　　　　　　　2 残捻

(4) 大学卒業と同時にしゅうしょくした。

1 就識　　　　　　　　　　2 就職

(5) 子供のきょういくは未来のために大事だ。

1 教育　　　　　　　　　　2 校育

(6) 長い時間説得してやっときょかをもらった。

1 許可　　　　　　　　　　2 許河

(7) 彼は国民にとってぜったいてきな存在である。

1 絶待的　　　　　　　　　2 絶対的

(8) アレルギーのためにひふ科に通っている。

1 皮膚　　　　　　　　　　2 皮腐

(9) 質問にはかんけつに答えてください。

1 完潔　　　　　　　　　　2 簡潔

(10) しょうじょうから病気を探す。

1 証状　　　　　　　　　　2 症状

정답　(1) 2　(2) 2　(3) 1　(4) 2　(5) 1　(6) 1　(7) 2　(8) 1　(9) 2　(10) 2

연습문제 ①

1 저 영화는 유명한 <u>여배우</u>가 출연하고 있다.
2 경기는 <u>점차</u> 좋아졌다.
3 저 상품은 <u>판매중지</u>가 되었다.
4 그는 <u>편집</u> 일을 하고 있다.
5 다나카 선생님 덕분에 <u>성적</u>이 올랐다.
6 <u>부부</u>란 영원한 친구 같은 것이다.
7 여행에 <u>필요</u>한 물건을 준비한다.
8 파티에 <u>초대</u>됐다.
9 백화점 <u>할인권</u>을 받았다.
10 외부인은 출입<u>금지</u>다.

연습문제 ②

1 <u>환경</u>을 지키기 위해 여러 가지 궁리를 하고 있다.
2 위 <u>검사</u>를 받으러 병원에 간다.
3 생각한 것을 <u>행동</u>으로 옮기는 것은 어렵다.
4 번역을 전문가에게 <u>의뢰</u>했다.
5 이것은 A사와 B사의 <u>공동</u> 프로젝트이다.
6 5시간이나 <u>의논</u>했지만, 결론에 이르지 못했다.
7 무엇이든 <u>적극적</u>으로 행동하지 않으면 안 된다.
8 이 앨범은 <u>영구</u> 보존판이다.
9 비행기의 <u>도착</u>을 알리는 방송이 흘러나왔다.
10 오늘도 회사에 <u>지각</u>해 버렸다.

연습문제 ③

1 별을 <u>관측</u>하는 것을 좋아한다.
2 회사 <u>경영</u>은 힘들다.
3 이번 행사에는 <u>유감</u>이지만 참가할 수 없다.
4 대학졸업과 동시에 <u>취직</u>했다.
5 아이 <u>교육</u>은 미래를 위해 중요하다.
6 긴 시간 설득해서 드디어 <u>허가</u>를 받았다.
7 그는 국민에게 있어서 <u>절대적</u>인 존재이다.
8 알레르기 때문에 <u>피부과</u>에 다니고 있다.
9 질문에는 <u>간결</u>하게 대답해 주세요.
10 <u>증상</u>으로부터 병을 찾는다.

음독명사

あ행			
□ 愛情 애정 _{あいじょう}	□ 悪魔 악마 _{あくま}	□ 意義 의의 _{い ぎ}	□ 以後 이후 _{い ご}
□ 以降 이후 _{い こう}	□ 意向 의향 _{い こう}	□ 意志 의지 _{い し}	□ 意思 의사 _{い し}
□ 医師 의사 _{い し}	□ 以前 이전 _{い ぜん}	□ 一部 일부 _{いち ぶ}	□ 一流 일류 _{いちりゅう}
□ 一家 일가 _{いっ か}	□ 一気 단숨, 한번 (14年) _{いっ き}	□ 一種 일종 _{いっしゅ}	□ 一瞬 순간, 순식간 _{いっしゅん}
□ 一生 일생 _{いっしょう}	□ 一致 일치 _{いっ ち}	□ 一定 일정 _{いってい}	□ 緯度 위도 _{い ど}
□ 衣服 의복 _{い ふく}	□ 以来 이래, 이후 _{い らい}	□ 陰影 음영 _{いんえい}	□ 印象 인상 _{いんしょう}
□ 引力 인력 _{いんりょく}	□ 有無 유무 _{う む}	□ 運河 운하 _{うん が}	□ 運賃 운임 (10年) _{うんちん}
□ 衛生 위생 _{えいせい}	□ 映像 영상 _{えいぞう}	□ 英文 영문 _{えいぶん}	□ 液体 액체 _{えきたい}
□ 宴会 연회 _{えんかい}	□ 園芸 원예 _{えんげい}	□ 演劇 연극 _{えんげき}	□ 円周 원주 _{えんしゅう}
□ 演習 연습 _{えんしゅう}	□ 遠足 소풍 _{えんそく}	□ 煙突 굴뚝 _{えんとつ}	□ 塩分 염분 _{えんぶん}
□ 王子 왕자 _{おう じ}	□ 王女 왕녀 _{おうじょ}	□ 応接 응접 _{おうせつ}	□ 屋外 옥외, 실외 _{おくがい}
□ 恩恵 은혜 _{おんけい}	□ 温室 온실 _{おんしつ}	□ 温帯 온대 _{おんたい}	□ 温度 온도 _{おん ど}

か행			
□ 会員 회원 _{かいいん}	□ 絵画 회화, 그림 _{かい が}	□ 海外 해외 _{かいがい}	□ 会館 회관 _{かいかん}
□ 外見 외견 (11年) _{がいけん}	□ 会合 회합 _{かいごう}	□ 外交 외교 _{がいこう}	□ 回数 횟수 _{かいすう}
□ 快晴 쾌청 _{かいせい}	□ 外部 외부 _{がい ぶ}	□ 海洋 해양 _{かいよう}	□ 概論 개론 _{がいろん}
□ 家屋 가옥 _{か おく}	□ 画家 화가 _{が か}	□ 価格 가격 _{か かく}	□ 化学 화학 _{か がく}
□ 家具 가구 _{か ぐ}	□ 架空 가공 _{か くう}	□ 各自 각자, 저마다 _{かく じ}	□ 学者 학자 _{がくしゃ}
□ 学術 학술 _{がくじゅつ}	□ 各地 각지 _{かく ち}	□ 角度 각도 _{かく ど}	□ 学年 학년 _{がくねん}
□ 革命 혁명 _{かくめい}	□ 学問 학문 _{がくもん}	□ 確率 확률 _{かくりつ}	□ 学力 학력 _{がくりょく}
□ 加減 가감, 정도 _{か げん}	□ 過去 과거 _{か こ}	□ 火口 화구, 분화구 _{か こう}	□ 火災 화재 _{か さい}
□ 火山 화산 _{か ざん}	□ 家事 가사, 집안일 _{か じ}	□ 過失 과실 _{か しつ}	□ 果実 과실 _{か じつ}
□ 歌手 가수 _{か しゅ}	□ 箇所 개소, 곳, 군데 _{か しょ}	□ 下線 밑줄 _{か せん}	□ 価値 가치 _{か ち}
□ 学科 학과 _{がっ か}	□ 学会 학회 _{がっかい}	□ 活気 활기 (11年) _{かっ き}	□ 学期 학기 _{がっ き}

□ 学級（がっきゅう）학급	□ 格好（かっこう）모습, 모양 (13年)	□ 活字（かつじ）활자	□ 活力（かつりょく）활력
□ 課程（かてい）과정 (학과코스)	□ 過程（かてい）과정	□ 科目（かもく）과목	□ 貨物（かもつ）화물
□ 歌謡（かよう）가요	□ 火曜（かよう）화요일	□ 間隔（かんかく）간격	□ 観客（かんきゃく）관객
□ 環境（かんきょう）환경	□ 観光（かんこう）관광	□ 関西（かんさい）관서	□ 元日（がんじつ）설날
□ 感謝（かんしゃ）감사	□ 患者（かんじゃ）환자	□ 感情（かんじょう）감정	□ 間接（かんせつ）간접
□ 肝臓（かんぞう）간장, 간	□ 寒帯（かんたい）한대	□ 官庁（かんちょう）관청	□ 関東（かんとう）관동
□ 観念（かんねん）관념	□ 看板（かんばん）간판	□ 気圧（きあつ）기압	□ 議員（ぎいん）의원
□ 気温（きおん）기온	□ 器械（きかい）기계	□ 議会（ぎかい）의회	□ 期間（きかん）기간
□ 機関（きかん）기관	□ 企業（きぎょう）기업	□ 器具（きぐ）기구	□ 期限（きげん）기한
□ 記号（きごう）기호	□ 技師（ぎし）기사, 엔지니어	□ 儀式（ぎしき）의식	□ 記者（きしゃ）기자
□ 基準（きじゅん）기준	□ 規準（きじゅん）규준, 행위 따위의 기준이 되는 규칙		□ 起床（きしょう）기상
□ 奇数（きすう）기수, 홀수	□ 基礎（きそ）기초	□ 規則（きそく）규칙	□ 気体（きたい）기체
□ 基地（きち）기지	□ 議長（ぎちょう）의장	□ 機能（きのう）기능	□ 基盤（きばん）기반
□ 規模（きぼ）규모 (10年)	□ 基本（きほん）기본	□ 気味（きみ）기미, 기색	□ 義務（ぎむ）의무
□ 客席（きゃくせき）객석	□ 給与（きゅうよ）급여	□ 休暇（きゅうか）휴가	□ 給料（きゅうりょう）임금, 급여
□ 求人（きゅうじん）구인 (18年)	□ 境界（きょうかい）경계	□ 行儀（ぎょうぎ）예의범절	□ 行事（ぎょうじ）행사 (15年)
□ 教授（きょうじゅ）교수	□ 教養（きょうよう）교양	□ 共用（きょうよう）공용	□ 許可（きょか）허가
□ 距離（きょり）거리 (15年)	□ 規律（きりつ）규율	□ 金魚（きんぎょ）금붕어	□ 金庫（きんこ）금고
□ 金銭（きんせん）금전	□ 金属（きんぞく）금속	□ 近代（きんだい）근대	□ 筋肉（きんにく）근육
□ 金融（きんゆう）금융	□ 金曜（きんよう）금요일	□ 偶数（ぐうすう）우수, 짝수	□ 空中（くうちゅう）공중
□ 苦情（くじょう）불평, 불만 (18年)	□ 苦痛（くつう）고통	□ 軍隊（ぐんたい）군대	□ 敬意（けいい）경의
□ 契機（けいき）계기 (17年)	□ 敬語（けいご）경어	□ 傾向（けいこう）경향	□ 刑事（けいじ）형사
□ 芸術（げいじゅつ）예술	□ 経度（けいど）경도	□ 系統（けいとう）계통 (18年)	□ 競馬（けいば）경마
□ 警備（けいび）경비 (18年)	□ 外科（げか）외과	□ 劇場（げきじょう）극장	□ 景色（けしき）경치, 풍경 (10年)
□ 下旬（げじゅん）하순 (19年)	□ 下水（げすい）하수	□ 下駄（げた）나막신	□ 血圧（けつあつ）혈압

□ 欠陥 けっかん 결함	□ 月給 げっきゅう 월급	□ 傑作 けっさく 걸작	□ 月末 げつまつ 월말
□ 月曜 げつよう 월요일	□ 結論 けつろん 결론	□ 気配 けはい 기척, 낌새	□ 見解 けんかい 견해
□ 限界 げんかい 한계	□ 現金 げんきん 현금	□ 言語 げんご 언어	□ 原稿 げんこう 원고
□ 現在 げんざい 현재	□ 原産 げんさん 원산	□ 原始 げんし 원시	□ 現実 げんじつ 현실
□ 現象 げんしょう 현상 (15年)	□ 現状 げんじょう 현상(현재의 상태)	□ 幻想 げんそう 환상	□ 現代 げんだい 현대
□ 現地 げんち 현지	□ 限度 げんど 한도	□ 見当 けんとう 짐작, 예상 (13年)	□ 現場 げんば 현장
□ 権利 けんり 권리	□ 原理 げんり 원리	□ 原料 げんりょう 원료	□ 工員 こういん 공원, 공장의 직원
□ 硬貨 こうか 동전, 주화 (16年)	□ 公害 こうがい 공해	□ 公共 こうきょう 공공	□ 光景 こうけい 광경
□ 工芸 こうげい 공예	□ 講師 こうし 강사 (15年)	□ 公式 こうしき 공식	□ 後者 こうしゃ 후자
□ 校舎 こうしゃ 교사, 학교 건물	□ 公衆 こうしゅう 공중	□ 香水 こうすい 향수	□ 功績 こうせき 공적
□ 光線 こうせん 광선	□ 高速 こうそく 고속	□ 構造 こうぞう 구조	□ 耕地 こうち 경지, 경작지
□ 校庭 こうてい 교정	□ 合成 ごうせい 합성	□ 強盗 ごうとう 강도	□ 合同 ごうどう 합동 (12年)
□ 後輩 こうはい 후배	□ 幸福 こうふく 행복	□ 鉱物 こうぶつ 광물	□ 候補 こうほ 후보
□ 公務 こうむ 공무	□ 項目 こうもく 항목	□ 紅葉 こうよう 단풍	□ 合理 ごうり 합리
□ 効力 こうりょく 효력	□ 語学 ごがく 어학	□ 国王 こくおう 국왕	□ 国語 こくご 국어
□ 国境 こっきょう 국경	□ 国籍 こくせき 국적	□ 黒板 こくばん 칠판	□ 国民 こくみん 국민
□ 穀物 こくもつ 곡물	□ 国立 こくりつ 국립	□ 胡椒 こしょう 후춧가루	□ 固体 こたい 고체
□ 国家 こっか 국가	□ 国会 こっかい 국회	□ 古典 こてん 고전	□ 御免 ごめん 실례, 용서, 미안
□ 御覧 ごらん 「見る(보다)」의 높임말 보심	□ 今回 こんかい 이번	□ 今後 こんご 금후, 차후, 이후
□ 混合 こんごう 혼합	□ 困難 こんなん 곤란	□ 今日(今日) こんにち きょう 금일, 오늘날	

さ행	□ 災害 さいがい 재해	□ 財産 ざいさん 재산	□ 祭日 さいじつ (종교적인) 국경일	□ 最終 さいしゅう 최종
	□ 在籍 ざいせき 재적 (18年)	□ 最中 さいちゅう 한창인 때	□ 災難 さいなん 재난	□ 材木 ざいもく 재목
	□ 材料 ざいりょう 재료	□ 索引 さくいん 색인	□ 作者 さくしゃ 작자, 작가	□ 座席 ざせき 좌석
	□ 雑音 ざつおん 잡음	□ 作家 さっか 작가	□ 砂漠 さばく 사막	□ 差別 さべつ 차별

□ 三角 <ruby>삼각</ruby>	□ 算数 산수	□ 酸性 산성	□ 酸素 산소
□ 産地 산지	□ 山林 산림	□ 自衛 자위	□ 司会 사회
□ 四角 사각	□ 四季 사계절	□ 資源 자원	□ 時刻 시각
□ 支持 지지 (14年)	□ 事実 사실	□ 磁石 자석	□ 支出 지출
□ 支障 지장	□ 市場 시장 (경제 시장)	□ 事情 사정	□ 詩人 시인
□ 自身 자신	□ 姿勢 자세 (13年)	□ 自然 자연	□ 思想 사상
□ 時速 시속	□ 子孫 자손	□ 死体 시체	□ 事態 사태
□ 自宅 자택	□ 自治 자치	□ 湿気 습기	□ 実際 실제
□ 実績 실적	□ 実物 실물	□ 実用 실용	□ 実力 실력
□ 実例 실례	□ 支店 지점	□ 自動 자동	□ 地盤 지반, 지면
□ 紙幣 지폐	□ 資本 자본	□ 事務 사무	□ 氏名 성명
□ 地面 지면, 땅	□ 視野 시야 (11年)	□ 弱点 약점	□ 車庫 차고
□ 車掌 차장	□ 社説 사설	□ 車道 차도	□ 邪魔 방해, 장애 (16年)
□ 車輪 차륜, 수레바퀴	□ 洒落 익살	□ 住居 주거	□ 宗教 종교
□ 習字 습자, 서예	□ 収納 수납 (15年)	□ 重体 중태	□ 集団 집단
□ 終点 종점	□ 重点 중점	□ 収入 수입	□ 重役 중역
□ 重力 중력	□ 主義 주의	□ 熟語 숙어	□ 祝日 국경일
□ 熟睡 숙면	□ 主語 주어	□ 述語 술어	□ 出身 출신
□ 手段 수단	□ 首都 수도	□ 主婦 주부	□ 主役 주인공, 주역
□ 需要 수요	□ 種類 종류	□ 瞬間 순간	□ 巡査 순사
□ 順序 순서	□ 純情 순정	□ 障害 장해	□ 将棋 장기 (놀이)
□ 蒸気 증기	□ 定規 자	□ 乗客 승객	□ 上級 상급
□ 商業 상업	□ 賞金 상금	□ 上下 상하	□ 正午 정오
□ 詳細 상세	□ 障子 장지	□ 常識 상식	□ 商社 상사
□ 上旬 상순	□ 少女 소녀	□ 症状 증상 (16年)	□ 少数 소수

□ 状態 じょうたい 상태	□ 冗談 じょうだん 농담	□ 象徴 しょうちょう 상징 (11年)	□ 商店 しょうてん 상점
□ 焦点 しょうてん 초점 (12年)	□ 商人 しょうにん 상인	□ 少年 しょうねん 소년	□ 勝敗 しょうはい 승패
□ 商売 しょうばい 장사	□ 賞品 しょうひん 상품	□ 勝負 しょうぶ 승부	□ 小便 しょうべん 소변, 오줌
□ 消防 しょうぼう 소방	□ 女王 じょおう 여왕	□ 初級 しょきゅう 초급	□ 食塩 しょくえん 식염
□ 職業 しょくぎょう 직업	□ 食卓 しょくたく 식탁	□ 職人 しょくにん 장인	□ 食品 しょくひん 식품
□ 植物 しょくぶつ 식물	□ 食物 しょくもつ 음식물	□ 食欲 しょくよく 식욕	□ 食料 しょくりょう 식료, 식재료
□ 食糧 しょくりょう 식량	□ 書斎 しょさい 서재	□ 女子 じょし 여자	□ 助手 じょしゅ 조수
□ 初旬 しょじゅん 초순	□ 書籍 しょせき 서적	□ 食器 しょっき 식기	□ 書店 しょてん 서점
□ 書道 しょどう 서도, 서예	□ 所得 しょとく 소득	□ 初歩 しょほ 초보, 첫걸음	□ 書物 しょもつ 서적, 도서
□ 書類 しょるい 서류	□ 私立 しりつ 사립	□ 真空 しんくう 진공	□ 神経 しんけい 신경
□ 信仰 しんこう 신앙	□ 信号 しんごう 신호	□ 人工 じんこう 인공	□ 人事 じんじ 인사
□ 人種 じんしゅ 인종	□ 心身 しんしん 심신	□ 人生 じんせい 인생	□ 親戚 しんせき 친척
□ 人造 じんぞう 인조	□ 身体 しんたい 신체	□ 寝台 しんだい 침대	□ 身長 しんちょう 신장
□ 審判 しんぱん 심판	□ 人物 じんぶつ 인물	□ 人命 じんめい 인명	□ 深夜 しんや 심야
□ 親友 しんゆう 친한 친구	□ 心理 しんり 심리	□ 親類 しんるい 친척	□ 針路 しんろ 침로, 항로, 방향
□ 神話 しんわ 신화	□ 水産 すいさん 수산	□ 炊事 すいじ 취사	□ 水準 すいじゅん 수준
□ 水素 すいそ 수소	□ 水筒 すいとう 물통	□ 随筆 ずいひつ 수필	□ 水分 すいぶん 수분
□ 睡眠 すいみん 수면	□ 水面 すいめん 수면	□ 水曜 すいよう 수요일	□ 数学 すうがく 수학
□ 図鑑 ずかん 도감	□ 図形 ずけい 도형	□ 頭痛 ずつう 두통	□ 頭脳 ずのう 두뇌
□ 図表 ずひょう 도표	□ 寸法 すんぽう 치수, 길이	□ 税関 ぜいかん 세관	□ 世紀 せいき 세기
□ 精算 せいさん 정산 (18年)	□ 性質 せいしつ 성질	□ 精神 せいしん 정신	□ 成人 せいじん 성인
□ 整数 せいすう 정수	□ 制度 せいど 제도	□ 青年 せいねん 청년	□ 生物 せいぶつ 생물
□ 成分 せいぶん 성분	□ 生命 せいめい 생명	□ 正門 せいもん 정문	□ 西暦 せいれき 서력, 서기
□ 石炭 せきたん 석탄	□ 赤道 せきどう 적도	□ 責任 せきにん 책임	□ 石油 せきゆ 석유
□ 政党 せいとう 정당	□ 世間 せけん 세간, 세상 (11年)	□ 接種 せっしゅ 접종	□ 設備 せつび 설비

□ 全員 ぜんいん 전원	□ 前後 ぜんご 전후	□ 洗剤 せんざい 세제	□ 先日 せんじつ 전일, 요전날
□ 前者 ぜんしゃ 전자	□ 全集 ぜんしゅう 전집	□ 全身 ぜんしん 전신	□ 扇子 せんす 부채
□ 専制 せんせい 전제	□ 先祖 せんぞ 선조, 조상	□ 先頭 せんとう 선두	□ 先輩 せんぱい 선배
□ 全般 ぜんぱん 전반	□ 洗面 せんめん 세면, 세수	□ 全力 ぜんりょく 전력	□ 線路 せんろ 선로
□ 相違 そうい 상이, 서로 다름 (15年)		□ 騒音 そうおん 소음	□ 雑巾 ぞうきん 걸레
□ 増減 ぞうげん 증감	□ 倉庫 そうこ 창고	□ 相互 そうご 상호 (10年)	□ 葬式 そうしき 장례식
□ 造船 ぞうせん 조선	□ 送別 そうべつ 송별	□ 送料 そうりょう 송료, 운송 요금	□ 速達 そくたつ 속달, 빠른 우편
□ 速度 そくど 속도	□ 速力 そくりょく 속력	□ 組織 そしき 조직 (12年)	□ 素質 そしつ 소질
□ 祖先 そせん 조상, 선조	□ 損害 そんがい 손해 (15年)	□ 損失 そんしつ 손실	

た행				
	□ 体育 たいいく 체육	□ 体温 たいおん 체온	□ 大会 たいかい 대회	□ 体格 たいかく 체격 (14年)
	□ 大気 たいき 대기	□ 代金 だいきん 대금	□ 大工 だいく 목수	□ 体系 たいけい 체계
	□ 太鼓 たいこ 북	□ 大使 たいし 대사	□ 体重 たいじゅう 체중	□ 対照 たいしょう 대조
	□ 対象 たいしょう 대상	□ 大小 だいしょう 대소	□ 体制 たいせい 체제	□ 体積 たいせき 체적, 부피
	□ 大戦 たいせん 대전	□ 大半 たいはん 대부분	□ 大木 たいぼく 대목, 거목	□ 題名 だいめい 제목, 표제명
	□ 楕円 だえん 타원	□ 多少 たしょう 다소	□ 単位 たんい 단위, 학점	□ 段階 だんかい 단계
	□ 短期 たんき 단기	□ 単語 たんご 단어	□ 炭鉱 たんこう 탄광	□ 男子 だんし 남자
	□ 単身 たんしん 단신	□ 短所 たんしょ 단점	□ 淡水 たんすい 담수, 민물	□ 断水 だんすい 단수
	□ 単数 たんすう 단수	□ 団地 だんち 단지	□ 短編 たんぺん 단편	□ 治安 ちあん 치안
	□ 地位 ちい 지위	□ 地下 ちか 지하	□ 地区 ちく 지구	□ 地球 ちきゅう 지구
	□ 知事 ちじ 지사	□ 知識 ちしき 지식	□ 地質 ちしつ 지질	□ 知人 ちじん 지인
	□ 地帯 ちたい 지대	□ 地点 ちてん 지점	□ 知能 ちのう 지능	□ 地方 ちほう 지방
	□ 地名 ちめい 지명	□ 中央 ちゅうおう 중앙	□ 中学 ちゅうがく 중학교	□ 中間 ちゅうかん 중간
	□ 中古 ちゅうこ 중고	□ 注射 ちゅうしゃ 주사	□ 中旬 ちゅうじゅん 중순	□ 抽象 ちゅうしょう 추상 (12年)
	□ 昼食 ちゅうしょく 중식	□ 中世 ちゅうせい 중세	□ 中性 ちゅうせい 중성	□ 抽選 ちゅうせん 추첨 (18年)
	□ 中途 ちゅうと 중도	□ 朝刊 ちょうかん 조간	□ 長期 ちょうき 장기	□ 調子 ちょうし 상태

□ 長所 ちょうしょ 장점　□ 長女 ちょうじょ 장녀　□ 長短 ちょうたん 장단(점)　□ 町内 ちょうない 동네

□ 長男 ちょうなん 장남　□ 直後 ちょくご 직후　□ 直接 ちょくせつ 직접　□ 直線 ちょくせん 직선

□ 直前 ちょくぜん 직전　□ 直通 ちょくつう 직통　□ 直流 ちょくりゅう 직류　□ 直角 ちょっかく 직각

□ 直径 ちょっけい 직경　□ 賃貸 ちんたい 임대　□ 通貨 つうか 통화　□ 通帳 つうちょう 통장

□ 通路 つうろ 통로　□ 定員 ていいん 정원　□ 定価 ていか 정가　□ 定期 ていき 정기

□ 程度 ていど 정도　□ 哲学 てつがく 철학　□ 鉄道 てつどう 철도　□ 鉄砲 てっぽう 총, 총포류

□ 徹夜 てつや 철야　□ 伝記 でんき 전기(일생의 기록)　□ 電球 でんきゅう 전구　□ 典型 てんけい 전형

□ 点検 てんけん 점검 (18年)　□ 電子 でんし 전자　□ 天井 てんじょう 천장　□ 点数 てんすう 점수

□ 電線 でんせん 전선　□ 電卓 でんたく (전자식 탁상) 계산기　□ 電池 でんち 전지

□ 電柱 でんちゅう 전신주　□ 点々 てんてん 몇 개의 점, 점선　□ 伝統 でんとう 전통 (10年)　□ 天然 てんねん 천연

□ 電波 でんぱ 전파　□ 電流 でんりゅう 전류　□ 電力 でんりょく 전력　□ 答案 とうあん 답안

□ 同一 どういつ 동일　□ 同格 どうかく 동격　□ 統計 とうけい 통계　□ 動作 どうさ 동작

□ 東西 とうざい 동서　□ 当時 とうじ 당시　□ 動詞 どうし 동사　□ 当日 とうじつ 당일

□ 当然 とうぜん 당연　□ 灯台 とうだい 등대　□ 道徳 どうとく 도덕　□ 当番 とうばん 당번

□ 等分 とうぶん 등분　□ 逃亡 とうぼう 도망 (13年)　□ 灯油 とうゆ 등유　□ 東洋 とうよう 동양

□ 同様 どうよう 같음, 마찬가지임　□ 童謡 どうよう 동요　□ 道路 どうろ 도로　□ 童話 どうわ 동화

□ 都会 とかい 도회, 도시　□ 特技 とくぎ 특기　□ 特色 とくしょく 특색 (15年)　□ 独身 どくしん 독신

□ 特徴 とくちょう 특징　□ 特典 とくてん 특전　□ 特売 とくばい 특매　□ 都市 とし 도시

□ 都心 としん 도심

な행　□ 内科 ないか 내과　□ 内線 ないせん 내선　□ 南極 なんきょく 남극　□ 南米 なんべい 남미

□ 南北 なんぼく 남북　□ 日時 にちじ 일시　□ 日曜 にちよう 일요일　□ 日課 にっか 일과 (18年)

□ 日光 にっこう 일광　□ 日中 にっちゅう 주간, 대낮　□ 日程 にってい 일정　□ 日本 にほん 일본

□ 女房 にょうぼう 아내, 처　□ 人気 にんき 인기　□ 人間 にんげん 인간　□ 年間 ねんかん 연간

□ 年月 ねんげつ 년월, 세월　□ 年代 ねんだい 연대　□ 年度 ねんど 연도　□ 燃料 ねんりょう 연료

☐ 年齢 연령 ねんれい	☐ 農家 농가 のうか	☐ 農村 농촌 のうそん	☐ 濃度 농도 のうど
☐ 農民 농민 のうみん	☐ 農薬 농약 のうやく	☐ 能率 능률 のうりつ	☐ 能力 능력 のうりょく

は행

☐ 梅雨(梅雨) 장마 ばい う つゆ	☐ 俳句 하이쿠 (문학 5·7·5의 3구 17음절로 된 일본 고유의 단시) はいく		
☐ 廃止 폐지 (12年) はいし	☐ 売店 매점 ばいてん	☐ 俳優 배우 はいゆう	☐ 発想 발상 はっそう
☐ 場面 장면 (12年) ばめん	☐ 範囲 범위 (11年) はん い	☐ 繁栄 번영 はんえい	☐ 反響 반향 はんきょう
☐ 半径 반경 はんけい	☐ 犯罪 범죄 はんざい	☐ 万歳 만세 ばんざい	☐ 判事 판사 はん じ
☐ 番地 번지 ばんち	☐ 半島 반도 はんとう	☐ 犯人 범인 はんにん	☐ 被害 피해 ひがい
☐ 比較 비교 ひかく	☐ 美人 미인 びじん	☐ 筆者 필자 ひっしゃ	☐ 非難 비난 ひなん
☐ 美容 미용 びよう	☐ 表紙 표지 ひょうし	☐ 標準 표준 ひょうじゅん	☐ 表情 표정 ひょうじょう
☐ 評判 평판 (10年) ひょうばん	☐ 標本 표본 ひょうほん	☐ 表面 표면 ひょうめん	☐ 評論 평론 ひょうろん
☐ 便箋 편지지 びんせん	☐ 貧富 빈부 ひんぷ	☐ 風景 풍경 ふうけい	☐ 風船 풍선 ふうせん
☐ 不運 불운 ふうん	☐ 不可 불가 ふ か	☐ 武器 무기 ぶき	☐ 副詞 부사 ふくし
☐ 福祉 복지 (11, 18年) ふくし	☐ 複数 복수 ふくすう	☐ 符号 부호 ふごう	☐ 夫妻 부부 ふさい
☐ 武士 무사 ぶし	☐ 部首 (한자의) 부수 ぶしゅ	☐ 夫人 부인 ふじん	☐ 婦人 부인, 여성 ふじん
☐ 不審物 수상한 물건 ふしんぶつ	☐ 普段 평소 ふだん	☐ 不通 불통 ふつう	☐ 物価 물가 ぶっか
☐ 物理 물리 ぶつり	☐ 不平 불평 (18年) ふへい	☐ 父母 부모 ふぼ	☐ 文芸 문예 ぶんげい
☐ 文献 문헌 ぶんけん	☐ 噴水 분수 ふんすい	☐ 分数 분수 ぶんすう	☐ 文体 문체 ぶんたい
☐ 文脈 문맥 ぶんみゃく	☐ 文明 문명 ぶんめい	☐ 分野 분야 (13年) ぶんや	☐ 分量 분량 ぶんりょう
☐ 平日 평일 へいじつ	☐ 兵隊 군대, 병대 へいたい	☐ 平野 평야 へいや	☐ 別荘 별장 べっそう
☐ 返済 반제, 꾸어 쓴 돈이나 빌려 쓴 물건을 갚음 へんさい		☐ 返事 답변, 답장 へんじ	☐ 返品 반품 へんぴん
☐ 弁当 도시락 べんとう	☐ 貿易 무역 (14年) ぼうえき	☐ 方角 방위, 방향 ほうがく	☐ 方言 방언, 사투리 ほうげん
☐ 方向 방향 ほうこう	☐ 防災 방재 (10年) ぼうさい	☐ 方針 방침 (11年) ほうしん	☐ 法則 법칙 ほうそく
☐ 包帯 붕대 ほうたい	☐ 包丁 부엌칼, 식칼 ほうちょう	☐ 方面 방면 ほうめん	☐ 牧場 목장 ぼくじょう
☐ 牧畜 목축 ぼくちく	☐ 保健 보건 ほけん	☐ 保証 보증 (16年) ほしょう	☐ 北極 북극 ほっきょく
☐ 歩道 보도 ほどう	☐ 本気 본심 ほんき	☐ 本質 본질 ほんしつ	☐ 盆地 분지 ぼんち

☐ 本人 본인　☐ 本音 속마음　☐ 本物 진짜　☐ 本部 본부

☐ 本来 본래

ま행			
☐ 枚数 매수, 장수	☐ 毎度 매번, 항상	☐ 満員 만원	☐ 満点 만점
☐ 未満 미만	☐ 名字 성씨	☐ 未来 미래	☐ 魅力 매력
☐ 民間 민간	☐ 民謡 민요	☐ 無限 무한	☐ 無地 무지(무늬가 없음)
☐ 無駄 쓸데없음	☐ 無知 무지(지식이 없음)	☐ 矛盾 모순	☐ 無数 무수
☐ 無用 무용	☐ 名作 명작	☐ 名刺 명함	☐ 名詞 명사
☐ 名所 명소 (18年)	☐ 迷信 미신	☐ 名人 명인	☐ 名物 명물
☐ 名誉 명예	☐ 免税 면세	☐ 面積 면적	☐ 毛布 모포, 담요
☐ 木材 목재	☐ 目次 목차	☐ 目標 목표	☐ 木曜 목요일
☐ 文字 문자	☐ 模範 모범 (13年)	☐ 模様 무늬, 상황	☐ 文句 불평 (18年)
☐ 問答 문답			

や행			
☐ 夜間 야간	☐ 役者 배우	☐ 役所 관청, 관공서	☐ 役人 공무원
☐ 薬品 약품	☐ 夜行 야행	☐ 薬局 약국	☐ 唯一 유일
☐ 夕刊 석간	☐ 勇気 용기	☐ 友好 우호	☐ 友情 우정
☐ 友人 친구	☐ 郵便 우편	☐ 有料 유료	☐ 油断 방심, 부주의 (15年)
☐ 溶岩 용암	☐ 容器 용기	☐ 要求 요구	☐ 用紙 용지
☐ 容姿 용모와 자태 (16年)	☐ 要旨 요지	☐ 用事 용무	☐ 容積 용적, 용량
☐ 要素 요소	☐ 要点 요점	☐ 用途 용도 (15年)	☐ 養分 양분
☐ 羊毛 양모	☐ 要約 요약	☐ 要領 요령	☐ 予算 예산
☐ 余地 여지	☐ 予備 예비	☐ 予報 예보	☐ 余分 여분
☐ 余裕 여유			

ら행

□ 利益 이익 (11年) <ruby>り<rt></rt></ruby>えき	□ 理科 이과 り か	□ 利害 이해 り がい	□ 理想 이상 り そう
□ 流域 유역 りゅういき	□ 漁師 어부 りょう し	□ 領事 영사 りょう じ	□ 臨時 임시 りん じ
□ 礼儀 예의 (10年) れい ぎ	□ 零点 득점이 없음, 빵점 れいてん	□ 列車 열차 れっしゃ	□ 連合 연합 れんごう
□ 話題 화제 わ だい	□ 和服 일본 옷 わ ふく		

3자 한자어

□ 悪天候 악천후 あくてんこう	□ 委員会 위원회 い いんかい	□ 衣食住 의식주 い しょくじゅう	□ 一昨年 재작년 いっさくねん
□ 一昨日 그저께 いっさくじつ	□ 海水浴 해수욕 かいすいよく	□ 回数券 회수권 かいすうけん	□ 加速度 가속도 か そく ど
□ 過半数 과반수 か はんすう	□ 乾電池 건전지 かんでん ち	□ 機関車 기관차 き かんしゃ	□ 教科書 교과서 きょう か しょ
□ 句読点 구두점 く とうてん	□ 蛍光灯 형광등 けいこうとう	□ 形容詞 형용사 けいよう し	□ 解熱剤 해열제 げ ねつざい
□ 顕微鏡 현미경 けん び きょう	□ 高血圧 고혈압 こうけつあつ	□ 五十音 오십음 ご じゅうおん	□ 個人的 개인적 こ じんてき
□ 従業員 종업원 じゅうぎょういん	□ 拾得物 습득물 しゅうとくぶつ	□ 出版社 출판사 しゅっぱんしゃ	□ 受話器 수화기 じゅ わ き
□ 奨学金 장학금 しょうがくきん	□ 小学生 초등학생 しょうがくせい	□ 消防署 소방서 しょうぼうしょ	□ 助教授 조교수 じょきょうじゅ
□ 新幹線 신칸센 しんかんせん	□ 水蒸気 수증기 すいじょう き	□ 水平線 수평선 すいへいせん	□ 青少年 청소년 せいしょうねん
□ 正方形 정사각형 せいほうけい	□ 先々月 지지난달 せんせんげつ	□ 先々週 지지난주 せんせんしゅう	□ 扇風機 선풍기 せんぷう き
□ 総人口 총인구 そうじんこう	□ 大学院 대학원 だいがくいん	□ 耐久性 내구성 たいきゅうせい	□ 大統領 대통령 だいとうりょう
□ 大部分 대부분 だい ぶ ぶん	□ 代名詞 대명사 だいめい し	□ 地下水 지하수 ち か すい	□ 地平線 지평선 ち へいせん
□ 長方形 직사각형 ちょうほうけい	□ 調味料 조미료 ちょう み りょう	□ 定期券 정기권 てい き けん	□ 定休日 정기휴일 ていきゅう び
□ 停留所 정류소 ていりゅうじょ	□ 手数料 수수료 て すうりょう	□ 日用品 일용품 にちようひん	□ 農産物 농산물 のうさんぶつ
□ 博物館 박물관 はくぶつかん	□ 必需品 필수품 ひつじゅひん	□ 一晩中 밤새도록 ひとばんじゅう	□ 平社員 평사원 ひらしゃいん
□ 不規則 불규칙 ふ き そく	□ 雰囲気 분위기 ふん い き	□ 文房具 문방구 ぶんぼう ぐ	□ 望遠鏡 망원경 ぼうえんきょう
□ 報告書 보고서 ほうこくしょ	□ 方程式 방정식 ほうていしき	□ 未使用 미사용 (16年) み し よう	□ 遊園地 유원지 ゆうえん ち
□ 幼稚園 유치원 よう ち えん	□ 留守番 집에서 남아서 집을 지키는 사람, 집보기 る す ばん		
□ 優先席 우선석, 노약자 보호석 ゆうせんせき			

4자 한자어

- ☐ 横断歩道 (おうだんほどう) 횡단보도
- ☐ 交通機関 (こうつうきかん) 교통기관
- ☐ 高等学校 (こうとうがっこう) 고등학교
- ☐ 四捨五入 (ししゃごにゅう) 사사오입, 반올림
- ☐ 自然科学 (しぜんかがく) 자연과학
- ☐ 社会科学 (しゃかいかがく) 사회과학
- ☐ 人文科学 (じんぶんかがく) 인문과학
- ☐ 深夜営業 (しんやえいぎょう) 심야영업
- ☐ 生年月日 (せいねんがっぴ) 생년월일
- ☐ 総理大臣 (そうりだいじん) 총리대신
- ☐ 百科事典 (ひゃっかじてん) 백과사전

훈독동사

〜く
- ☐ 浮く (う) 뜨다
- ☐ 上向く (うわむ) 위를 향하다, 능률이 오르다
- ☐ 置く (お) 놓다, 두다
- ☐ 泳ぐ (およ) 헤엄치다
- ☐ 傾く (かたむ) 기울다, 치우치다 (13年)
- ☐ 担ぐ (かつ) 메다, 짊어지다
- ☐ 乾く (かわ) 마르다, 건조하다
- ☐ 効く (き) 약이 듣다, 약이 효력이 있다
- ☐ 咲く (さ) 피다
- ☐ 裂く (さ) 찢다
- ☐ 突く (つ) 찌르다
- ☐ 解く (と) 풀다, (매듭을) 끄르다
- ☐ 届く (とど) 닿다, 도착하다
- ☐ 鳴く (な) (새, 벌레, 짐승 등이) 울다
- ☐ 泣く (な) 울다
- ☐ 働く (はたら) 일하다
- ☐ 省く (はぶ) 줄이다, 생략하다 (18年)
- ☐ 拭く (ふ) 닦다
- ☐ 吹く (ふ) (바람이) 불다
- ☐ 防ぐ (ふせ) 막다, 방지하다
- ☐ 巻く (ま) 말다, 감다
- ☐ 招く (まね) 초대하다, 초래하다 (16年)
- ☐ 磨く (みが) 닦다, 연마하다
- ☐ 導く (みちび) 인도하다 (12年)
- ☐ 沸く (わ) (물이) 끓다, 뜨거워지다
- ☐ 基づく (もと) 바탕을 두다, 근거하다
- ☐ 割引く (わりび) 할인하다, 값을 깎다

〜う
- ☐ 洗う (あら) 씻다
- ☐ 争う (あらそ) 다투다, 경쟁하다 (15年)
- ☐ 失う (うしな) 상실하다, 잃어버리다
- ☐ 伺う (うかが) 「聞く(묻다, 듣다)의 겸양어, 訪ねる(방문하다)의 겸양어」
- ☐ 疑う (うたが) 의심하다
- ☐ 敬う (うやま) 존경하다, 숭배하다
- ☐ 占う (うらな) 점치다, 예언하다
- ☐ 追う (お) 쫓다
- ☐ 補う (おぎな) 보충하다, 부족한 것을 메우다 (11年)
- ☐ 競う (きそ) 다투다, 경쟁하다 (13年)
- ☐ 逆らう (さか) 역행하다, 거스르다 (14年)
- ☐ 吸う (す) (기체나 액체를) 들이마시다, 빨다
- ☐ 背負う (せお) 짊어지다
- ☐ 立ち去る (たちさ) 떠나가다
- ☐ 違う (ちが) 다르다, 상이하다

□ 習う 배우다, 익히다	□ 賑わう 번화하다, 번창하다	□ 願う 바라다
□ 払う 없애다, 지불하다, 털다	□ 拾う 줍다, 습득하다	□ 間違う 틀리다, 잘못되다
□ 迷う 길을 잃다, 망설이다	□ 向かう 향하다	□ 雇う 고용하다
□ 酔う (술에) 취하다, 멀미하다		

～む

□ 編む 엮다, 뜨다	□ 拝む 배례하다, 두 손 모아 빌다	□ 囲む 둘러싸다, 포위하다 (15年)
□ 刻む 잘게 썰다, 조각하다	□ 悔やむ 뉘우치다, 후회하다 (17年)	□ 好む 좋아하다, 즐기다
□ 沈む 가라앉다, (해, 달이) 지다	□ 進む 나아가다, 진행되다	□ 頼む 부탁하다, 의뢰하다
□ 積む 쌓다, 거듭하다 (13年)	□ 悩む 고민하다	□ 盗む 훔치다, 도둑질하다
□ 望む 바라다, 원하다	□ 挟む 끼우다, 사이에 두다	□ 含む 포함하다, 입에 물다 (10年)
□ 申し込む 신청하다		

～す

□ 著す 저술하다	□ 動かす 움직이다, 옮기다	□ 打ち消す 부정하다, 없애다 (18年)
□ 写す 베끼다, 그리다	□ 追い越す 앞지르다, 추월하다	□ 押す 밀다, 누르다
□ 及ぼす 미치게 하다, 끼치다	□ 返す (빌린 것을) 돌려주다	□ 貸す 빌려주다
□ 繰り返す 되풀이하다, 반복하다	□ 乾かす 말리다	□ 暮らす 살다, 지내다 (10年)
□ 越す 넘다, 넘기다	□ 殺す 살해하다, 죽이다	□ 探す 찾다
□ 捜す 찾다	□ 刺す 찌르다, 꿰다	□ 示す (나타내) 보이다, 가리키다
□ 倒す 쓰러뜨리다, 넘어뜨리다	□ 耕す (논밭을) 갈다, 경작하다	□ 試す 시험해보다
□ 照らす 비추다, 비추어서 밝히다	□ 通す 통하게 하다, 통과시키다	□ 直す 고치다, 바로잡다
□ 流す 흘리다, 흐르게 하다	□ 逃がす 놓아주다, 놓치다	□ 残す 남기다, 남게하다
□ 引き返す 되돌아가다	□ 引き出す 꺼내다, 끌어내다	□ 増やす 늘리다, 불리다
□ 増す 많아지다, 늘다	□ 申す 「言う(말하다)의 겸양어」	□ 戻す 되돌리다, 돌려주다, 토하다 (14年)
□ 燃やす 불태우다	□ 許す 허가하다, 허락하다	□ 汚す 더럽히다
□ 渡す 건네다, 넘기다		

~る		
□ 明ける (날이) 밝다	□ 預ける 맡기다, 보관시키다	□ 焦る 안달하다, 초조해 하다 (10年)
□ 与える 주다, 부여하다	□ 温まる 따뜻해지다	□ 暖まる 따뜻해지다
□ 温める 따뜻하게 하다, 데우다	□ 暖める 따스하게 하다	□ 暴れる 날뛰다, 난폭하게 굴다
□ 浴びる 끼얹다, 뒤집어쓰다	□ 余る 남다	□ 誤る 실수하다
□ 改める 고치다, 변경하다 (13年)	□ 現れる 나타나다, 출현하다	□ 慌てる 당황하다 (18年)
□ 承る「受ける(받다)의겸양어」	□ 植える (나무 등) 심다	□ 祈る 기도하다, 기원하다
□ 受ける 받다, 받아들이다	□ 移る 옮기다, 이동하다	□ 映る (모습, 그림자 등이) 비치다 (19年)
□ 埋める 묻다, 메우다	□ 贈る 선사하다, 보내다	□ 遅れる 늦다, 지각하다
□ 怒る 화내다, 성내다 (18年)	□ 抑える 누르다, 억제하다	□ 収める 넣다, 거두다
□ 納める 납부하다 (16年)	□ 恐れる 겁내다, 우려하다	□ 落ちる 떨어지다
□ 訪れる 방문하다 (12年)	□ 踊る 춤추다	□ 覚える 느끼다, 기억하다 (18年)
□ 折る 접다, 꺾다	□ 換える 바꾸다, 교체하다	□ 抱える 안다, 껴안다
□ 限る 한정하다, 한하다	□ 重なる 포개어지다, 겹치다	□ 重ねる 겹치다, 반복하다
□ 固まる 단단해지다, 확고해지다	□ 頑張る 힘내다, 열심히 하다	□ 消える 사라지다, 없어지다
□ 決まる 결정되다	□ 腐る 썩다, 상하다	□ 砕ける 부서지다, 깨지다
□ 配る 나누어주다, 배부하다	□ 比べる 비교하다, 견주다	□ 加える 더하다, 보태다
□ 超える 넘다, 넘어가다	□ 凍る 얼다, 차게 느껴지다 (17年)	□ 凍える (추위로 손·발 등이) 얼다
□ 答える 답하다	□ 異なる 다르다	□ 断る 거절하다
□ 困る 어려움을 겪다, 곤란하다	□ 転がる 구르다	□ 探る 더듬다, 찾다, 탐색하다
□ 避ける 피하다, 멀리하다	□ 支える 받치다, 지탱하다	□ 冷める 식다
□ 触る 닿다, 접촉하다	□ 湿る 축축해지다, 습기차다 (18年)	□ 占める 차지하다 (12年)
□ 調べる 조사하다, 검토하다	□ 過ぎる 지나다, 지나치다	□ 優れる 뛰어나다, 우수하다
□ 捨てる 버리다	□ 責める 꾸짖다, 나무라다 (13年)	□ 備える 대비하다 (10年)
□ 倒れる 넘어지다, 쓰러지다	□ 尋ねる 묻다, 찾다	□ 訪ねる 방문하다
□ 達する 이르다, 도달하다 (18年)	□ 束ねる 묶다, 한 뭉치로 하다 (18年)	□ 散る (꽃잎 등이) 지다, 흩어지다

□ 捕まえる 잡다, 붙잡다	□ 努める 노력하다, 힘쓰다 (13年)	□ 務める 소임을 맡다, 역할을 하다
□ 勤める 근무하다, 종사하다	□ 連れる 동반하다	□ 溶ける 녹다
□ 閉じる 닫히다	□ 止まる 멈추다, 그치다	□ 泊める 묵게하다, 숙박시키다
□ 伴う 동반하다 (15年)	□ 取り上げる 집어들다, 채택하다, 빼앗다	
□ 治る (병이) 낫다, 치유되다	□ 眺める 조망하다	□ 流れる 흐르다, 흘러내리다
□ 亡くなる 돌아가시다, 죽다	□ 投げる 던지다, 내던지다	□ 慣れる 길들이다, 숙달되다
□ 逃げる 도망치다, 달아나다	□ 似る 닮다, 비슷하다	□ 抜く 뽑다, 빼내다
□ 塗る 칠하다, 바르다	□ 眠る 자다, 잠들다	□ 残る 남다, 떠나지 않다
□ 寝る 잠자다	□ 延びる 연장되다, 연기되다	□ 伸びる 자라다, 성장하다
□ 述べる 말하다, 진술하다	□ 昇る 오르다, 이르다	□ 登る 오르다, 올라가다
□ 乗り越える 타고넘다, 극복하다		□ 生える 나다, 자라다
□ 測る (무게를) 달다, (길이를) 재다	□ 果たす 완수하다, 달성하다 (13年)	□ 離れる 떨어지다, 멀어지다 (18年)
□ 張る 뻗다, 덮이다, 부풀다	□ 晴れる 날씨가 개다, 혐의가 풀리다	
□ 控える 삼가다, 기다리다	□ 広がる 넓어지다, 퍼지다	□ 増える 늘다, 늘어나다
□ 太る 살찌다	□ 震える 흔들리다, 떨리다	□ 触れる 닿다, 스치다, 접촉하다 (10年)
□ 減る 줄다, 적어지다	□ 掘る 파다, 캐다	□ 吠える (개, 짐승 등이) 짖다
□ 参る 「行く(가다), 来る(오다)」의 겸양어		□ 任せる 맡기다
□ 曲がる 구부러지다	□ 交じる 섞이다	□ 混じる 섞이다 (19年)
□ 守る 지키다	□ 回る (둘레를) 돌다, 회전하다	□ 乱れる 흐트러지다, 혼란해지다 (10年)
□ 満ちる 차다, 가득차다	□ 認める 인정하다	□ 見慣れる 낯익다
□ 実る 열매를 맺다, 노력의 보람이 나타나다		□ 迎える 맞이하다 (18年)
□ 恵まれる 모자람이 없다, (좋은 환경, 재능 등이) 주어지다 (15年)		□ 燃える 불타다, 피어오르다
□ 召し上がる 「食べる(먹다)」의 존경어		□ 漏れる 새다, 누락되다
□ 用いる 쓰다, 사용하다	□ 求める 구하다, 바라다	□ 焼ける (불)타다, 구워지다
□ 破る 찢다, 깨다	□ 破れる 찢어지다, 해지다 (18年)	□ 敗れる 패하다, 지다 (11, 14年)

□ 辞める 사직하다, 그만두다　□ 讓る 물려주다, 양보하다, 팔아넘기다 (17年)

□ 汚れる 더러워지다　□ 寄せる 접근하다, 다가오다, 가까이 대다

□ 寄る 다가서다, 들르다　□ 別れる 헤어지다, 이별하다　□ 忘れる 잊어버리다, 망각하다

□ 割る 쪼개다, 나누다　□ 割れる 깨지다

~つ
□ 打つ 치다, 두드리다　□ 勝つ 이기다, 극복하다　□ 育つ 자라다, 성장하다

□ 絶つ 자르다, 끊다　□ 発つ 출발하다, 떠나다

~ぶ
□ 遊ぶ 놀다　□ 選ぶ 고르다, 뽑다　□ 叫ぶ 외치다, 부르짖다

□ 飛ぶ 날다　□ 並ぶ 줄을 서다, 늘어서다　□ 学ぶ 배우다

□ 結ぶ 매다, 묶다, 연결하다　□ 呼ぶ 부르다　□ 喜ぶ 기뻐하다

훈독명사

□ 合図 신호 (14年)　□ 足跡 발자취, 종적　□ 足音 발소리　□ 足元 발 밑, 처지

□ 足早 발이 빠름　□ 宛名 (편지·서류 등에 쓰는) 수신인명, 주소와 성명　□ 雨戸 덧문

□ 網 그물, 망　□ 編物 뜨개질　□ 勢い 기세, 힘 (12年)　□ 市場 시장

□ 井戸 우물　□ 居間 거실　□ 植木 정원수　□ 裏口 뒷문

□ 笑顔 웃는 얼굴　□ 王様 임금님　□ 大家 집주인　□ 奥様 사모님

□ 親指 엄지손가락　□ 書留 등기　□ 垣根 울타리　□ 籠 바구니, 소쿠리

□ 肩 어깨 (12年)　□ 貸間 셋방　□ 貸家 셋집　□ 方々 여러분들

□ 片道 편도　□ 仮名 가나(=히라가나)　□ 株主 주주　□ 神様 하느님, 신

□ 為替 환, 환율　□ 生地 옷감, 천　□ 客間 응접실, 객실　□ 薬指 약지, 약손가락

□ 口紅 입술연지, 립스틱　□ 組合 조합　□ 毛糸 털실　□ 毛皮 털가죽

□ 恋人 애인　□ 小屋 오두막집, 우리　□ 小指 새끼손가락　□ 献立 식단

□ 衣替え 철따라 옷을 갈아입음, 새단장　□ 逆様 거꾸로 됨, 반대로 됨

□ 酒場 (さかば) 술집, 바	□ 先程 (さきほど) 아까, 조금 전	□ 座敷 (ざしき) 다다미방, 객실	□ 刺身 (さしみ) 사시미, 회
□ 敷地 (しきち) 부지, 대지	□ 下町 (したまち) (도시에서) 낮은 지대에 있는 시가. 상인이나 장인들이 많이 사는 지역		
□ 芝居 (しばい) 연극	□ 芝生 (しばふ) 잔디밭	□ 地元 (じもと) 지방, 고장 (12年)	□ 蛇口 (じゃぐち) 수도꼭지
□ 素人 (しろうと) 아마추어, 비(非)전문가		□ 相撲 (すもう) 스모(일본 씨름)	□ 栓 (せん) 마개
□ 立場 (たちば) 입장	□ 種 (たね) 씨앗, 원인	□ 近頃 (ちかごろ) 요즈음, 최근	□ 父親 (ちちおや) 아버지
□ 月日 (つきひ) 세월, 시일	□ 梅雨 (つゆ) 장마	□ 手首 (てくび) 손목	□ 弟子 (でし) 제자
□ 手品 (てじな) 마술, 속임수	□ 手帳 (てちょう) 수첩	□ 年月(歳月) (としつき(としつき)) 연월	□ 年寄り (としより) 노인, 어르신
□ 戸棚 (とだな) 안에 선반을 단장 (찬장 · 신발장 · 책장 등의 총칭)		□ 隣 (となり) 옆, 곁 (10年)	□ 仲間 (なかま) 동료
□ 中身 (なかみ) 알맹이, 내용물	□ 中指 (なかゆび) 중지, 가운뎃손가락	□ 名札 (なふだ) 명찰	□ 灰色 (はいいろ) 회색, 잿빛
□ 歯車 (はぐるま) 톱니바퀴	□ 肌 (はだ) 피부	□ 花火 (はなび) 불꽃놀이	□ 花嫁 (はなよめ) 신부
□ 母親 (ははおや) 어머니	□ 場面 (ばめん) 장면	□ 早口 (はやくち) 말이 빠름	□ 針 (はり) 바늘 (12年)
□ 針金 (はりがね) 철사	□ 判子 (はんこ) 도장	□ 日付 (ひづけ) 날짜	□ 一言 (ひとこと) 한마디
□ 紐 (ひも) 끈	□ 昼寝 (ひるね) 낮잠	□ 広場 (ひろば) 광장	□ 双子 (ふたご) 쌍둥이
□ 船便 (ふなびん) 배편	□ 吹雪 (ふぶき) 눈보라	□ 本物 (ほんもの) 진짜, 진품	□ 迷子 (まいご) 미아, 길을 잃음
□ 街角 (まちかど) 길모퉁이	□ 窓口 (まどぐち) 창구	□ 周り (まわり) 주위, 둘레	□ 見方 (みかた) 견해, 관점
□ 水着 (みずぎ) 수영복	□ 店屋 (みせや) 가게, 상점	□ 道順 (みちじゅん) 가는 순서, 코스	□ 身分 (みぶん) 신분
□ 土産 (みやげ) 특산물	□ 虫歯 (むしば) 충치	□ 目上 (めうえ) 윗사람 (16年)	□ 目印 (めじるし) 표지, 표시
□ 目安 (めやす) 표준, 기준	□ 物置 (ものおき) 광, 곳간	□ 物音 (ものおと) (뭔가의) 소리	□ 物事 (ものごと) 사물, 세상사
□ 役目 (やくめ) 임무, 직무, 역할 (18年)		□ 矢印 (やじるし) 화살표	□ 家主 (やぬし) 집주인
□ 屋根 (やね) 지붕	□ 夕立 (ゆうだち) 소나기	□ 夕日 (ゆうひ) 석양	□ 湯気 (ゆげ) 김, 수증기
□ 行方 (ゆくえ) 행방 (15年)	□ 世の中 (よのなか) 세상. 세간 (13年)	□ 両側 (りょうがわ) 양쪽, 양측	□ 悪口 (わるくち) 욕, 험담

ナ 형용사

□ 明^{あき}らかな 분명한, 명백한　□ 鮮^{あざ}やかな 산뜻한, 선명한 (15年)　□ 偉大^{い だい}な 위대한

□ 大幅^{おおはば}な (수량, 가격 등 변동이) 대폭적인 (14年)　□ 温厚^{おんこう}な 온후한 (10年)

□ 温暖^{おんだん}な 온난한 (15年)　□ 確実^{かくじつ}な 확실한　□ 活発^{かっぱつ}な 활발한 (16年)

□ 過剰^{か じょう}な 과잉된 (17年)　□ 簡単^{かんたん}な 간단한　□ 貴重^{き ちょう}な 귀중한 (16年)

□ 急激^{きゅうげき}な 급격한　□ 極端^{きょくたん}な 극단적인 (14年)　□ 巨大^{きょだい}な 거대한

□ 気楽^{き らく}な 편안한, 홀가분한　□ 苦痛^{く つう}な 고통스런　□ 謙虚^{けんきょ}な 겸허한

□ 厳重^{げんじゅう}な 엄중한　□ 懸命^{けんめい}な 현명한　□ 高価^{こう か}な 고가의

□ 豪華^{ごう か}な 호화스런　□ 高級^{こうきゅう}な 고급스런　□ 公正^{こうせい}な 공정한

□ 高等^{こうとう}な 고등한　□ 高度^{こう ど}な 고도의　□ 幸福^{こうふく}な 행복한

□ 困難^{こんなん}な 곤란한　□ 幸^{さいわ}いな 다행히　□ 盛^{さか}んな 번성한, 번창한

□ 残念^{ざんねん}な 유감스러운　□ 静^{しず}かな 조용한　□ 自然^{し ぜん}な 자연스러운

□ 地味^{じ み}な 수수한　□ 重大^{じゅうだい}な 중대한　□ 重要^{じゅうよう}な 중요한

□ 主要^{しゅよう}な 주요한　□ 純粋^{じゅんすい}な 순수한　□ 順調^{じゅんちょう}な 순조로운 (16年)

□ 正直^{しょうじき}な 정직한　□ 上等^{じょうとう}な 뛰어난, 훌륭한　□ 上品^{じょうひん}な 품위있는, 고상한

□ 真剣^{しんけん}な 진정한, 진지한 (13年)　□ 新鮮^{しんせん}な 신선한　□ 深刻^{しんこく}な 심각한 (11年)

□ 慎重^{しんちょう}な 신중한　□ 垂直^{すいちょく}な 수직인 (17年)　□ 水平^{すいへい}な 수평한

□ 素直^{す なお}な 솔직한, 고분고분한　□ 正確^{せいかく}な 정확한　□ 清潔^{せいけつ}な 청결한 (13年)

□ 正式^{せいしき}な 정식인　□ 誠実^{せいじつ}な 성실한　□ 積極的^{せっきょくてき}な 적극적인 (12年)

□ 相当^{そうとう}な 상당한　□ 率直^{そっちょく}な 솔직한 (11年)　□ 粗末^{そ まつ}な 변변치 못한

□ 対照的^{たいしょうてき}な 대조적인　□ 単純^{たんじゅん}な 단순한　□ 強気^{つよ き}な 강한

□ 手軽^{て がる}な 간편한, 간단한 (14年)　□ 的確^{てきかく}な 정확한　□ 適確^{てきかく}な 확실한

□ 適切^{てきせつ}な 적절한　□ 適度^{てき ど}な 적당한 (12年)　□ 適当^{てきとう}な 적당한

□ 得意^{とく い}な 자신있는, 의기양양한　□ 特殊^{とくしゅ}な 특수한 (19年)　□ 独特^{どくとく}な 독특한

□ 和やかな 온화한, 부드러운 (18年)	□ 莫大な 막대한	□ 卑怯な 비겁한 (16年)
□ 皮肉な 비웃는, 비꼬는	□ 平等な 평등한	□ 不完全な 불완전한
□ 不規則な 불규칙한	□ 複雑な 복잡한	□ 不潔な 불결한
□ 不幸な 불행한	□ 不思議な 신기한	□ 不自由な 부자연스러운
□ 不正な 부정한	□ 物騒な 뒤숭숭한 (19年)	□ 不利な 불리한
□ 平気な 태연한, 아무렇지도 않은	□ 平凡な 평범한	□ 膨大な 방대한
□ 豊富な 풍부한 (11, 17年)	□ 満足な 만족한	□ 密接な 밀접한 (11年)
□ 未熟な 미숙한	□ 迷惑な 성가신, 민폐인	□ 面倒な 번거로운, 귀찮은 (14年)
□ 有害な 유해한	□ 有効な 유효한 (10年)	□ 優秀な 우수한
□ 有能な 유능한	□ 有利な 유리한 (18年)	□ 愉快な 유쾌한
□ 容易な 용이한, 쉬운	□ 陽気な 명랑한, 밝은 (19年)	□ 幼稚な 유치한 (14年)
□ 余計な 불필요한, 쓸데없는	□ 利口な 영리한 (18年)	□ 冷静な 냉정한 (12年)

イ 형용사

□ 青い 파랗다	□ 赤い 빨갛다	□ 浅い 얕다
□ 温かい 따뜻하다	□ 暖かい 따뜻하다	□ 暑い 덥다
□ 厚い 두껍다	□ 危ない 위험하다	□ 甘い 달다
□ 怪しい 수상하다 (16年)	□ 荒い 거칠다, 난폭하다 (18年)	□ 慌しい 어수선하다 (13年)
□ 勇ましい 용감하다, 씩씩하다	□ 忙しい 바쁘다	□ 痛い 아프다
□ 薄い 얇다	□ 美しい 아름답다	□ 羨ましい 부럽다
□ 嬉しい 기쁘다	□ 偉い 훌륭하다	□ 幼い 어리다 (17年)
□ 惜しい 아깝다	□ 遅い 늦다, 드리다	□ 恐ろしい 두렵다
□ 重たい 무겁다	□ 輝かしい 빛나다, 훌륭하다 (15年)	
□ 賢い 현명하다	□ 固い 딱딱하다	□ 辛い 맵다 (10年)
□ 汚い 더럽다	□ 臭い 냄새나다, 구리다	□ 悔しい 분하다, 속상하다 (14年)

□ 暗い 어둡다　□ 苦しい 고통스럽다, 괴롭다　□ 黒い 검다

□ 詳しい 상세하다 (14年)　□ 煙い 냅다　□ 険しい 험하다

□ 濃い 진하다 (19年)　□ 恋しい 그립다　□ 快い 기분 좋다, 상쾌하다 (13, 16年)

□ 細かい 섬세하다　□ 怖い 무섭다 (18年)　□ 寂しい 쓸쓸하다

□ 親しい 친하다　□ 湿っぽい 눅눅하다, 우울하다 (14年)

□ 涼しい 시원하다　□ 鋭い 날카롭다 (15年)　□ 辛い 괴롭다

□ 乏しい 부족하다 (12, 15年)　□ 憎らしい 얄밉다　□ 鈍い 둔하다

□ 激しい 격렬하다 (11年)　□ 細い 가늘다　□ 貧しい 가난하다

□ 眩しい 눈부시다　□ 珍しい 드물다　□ 優しい 상냥하다

□ 柔らかい 부드럽다　□ 若い 젊다

부사

□ 予め 미리, 사전에 (14年)　□ 幾分 일부분, 약간　□ 一応 일단

□ 一時 일시, 한때　□ 一段と 한층 더　□ 一度に 한번에

□ 一見 일견, 언뜻 봄　□ 一切 일체, 모두, 전부, 일절　□ 一斉に 일제히 (18年)

□ 一層 한층 더, 더욱　□ 一旦 일단　□ 主に 주로

□ 再度 재차, 두 번 (18年)　□ 至急 시급 (11年)　□ 始終 시종, 처음과 끝

□ 若干 약간, 다소　□ 第一 제일　□ 多少 다소

□ 当然 당연　□ 再び 다시, 재차　□ 本来 본래, 원래

2019

- [ ] 等しい 같다, 동등하다
- [ ] 軽傷 경상
- [ ] 負担 부담
- [ ] 映る 비치다
- [ ] 下旬 하순
- [ ] 憎む 미워하다
- [ ] 偶然 우연
- [ ] 刺激 자극
- [ ] 恥 부끄러움, 수치
- [ ] 圧倒的 압도적

2018

- [ ] 離れる 떨어지다, 멀어지다
- [ ] 企画 기획
- [ ] 再度 재차, 두 번
- [ ] 和やかだ 온화하다, 부드럽다
- [ ] 処理 처리
- [ ] 怖い 무섭다
- [ ] 冷蔵庫 냉장고
- [ ] 総額 총액
- [ ] 湿る 축축해지다, 습기 차다
- [ ] 抽選 추첨

2017

- [ ] 乱れる 흐트러지다, 혼란해지다
- [ ] 柔軟 유연함
- [ ] 強火 강한 불
- [ ] 抱える 껴안다, 맡다
- [ ] 求人 구인
- [ ] 幼い 어리다
- [ ] 握る 쥐다, 잡다
- [ ] 密閉 밀폐
- [ ] 絞る (쥐어)짜다, 좁히다
- [ ] 垂直 수직

2016

- [ ] 貴重な 귀중한
- [ ] 怪しい 이상하다, 신비스럽다
- [ ] 伴う 따라가다
- [ ] 容姿 용자, 용모와 자태
- [ ] 願望 원망, 소원
- [ ] 治療 치료
- [ ] 競う 다투다, 경쟁하다
- [ ] 批評 비평
- [ ] 納める 납입하다
- [ ] 劣る 뒤떨어지다

2015

- [ ] 省略 생략
- [ ] 含める 포함시키다
- [ ] 油断 방심, 부주의
- [ ] 行事 행사
- [ ] 乏しい 모자라다, 부족하다
- [ ] 囲む 둘러싸다

□ 憎い 밉다　　□ 現象 현상　　□ 損害 손해

□ 拒否 거부

2014

□ 大幅に 큰 폭으로　　□ 傷む 아프다, 괴롭다　　□ 継続 계속

□ 悔しい 분하다　　□ 極端 극단　　□ 除く 제거하다

□ 幼稚 유치　　□ 戻す 되돌리다　　□ 貿易 무역

□ 圧勝 압승

2013

□ 世の中 세상, 세간　　□ 模範 모범　　□ 姿勢 자세

□ 勧誘 권유　　□ 清潔 청결　　□ 積む 쌓다, 싣다

□ 改める 고치다, 개선하다　　□ 隠す 감추다, 숨기다　　□ 逃亡 도망

□ 拡充 확충

2012~2010

□ 装置 장치　　□ 破片 파편　　□ 針 바늘

□ 占める 차지하다, 얻다　　□ 抽象的 추상적　　□ 撮影 촬영

□ 削除 삭제　　□ 返却 반환　　□ 略する 생략하다

□ 焦点 초점　　□ 敗れる 지다, 패배하다　　□ 至急 지급, 급히

□ 豊富 풍부　　□ 要求 요구　　□ 地元 그 고장, 근거지

□ 補う 보충하다　　□ 祝う 축하하다　　□ 密接な 밀접한

□ 率直な 솔직한　　□ 調節 조절　　□ 相互 상호

□ 防災 방재　　□ 尊重 존중　　□ 辛い 맵다

□ 規模 규모　　□ 治療 치료　　□ 景色 경치, 풍경

□ 触れる 닿다, 접촉하다　　□ 隣 옆　　□ 備える 준비하다

2019

- ☐ 違反 위반
- ☐ 勇ましい 용감하다
- ☐ 陽気な 명랑한, 쾌활한
- ☐ 見逃す 간과하다
- ☐ 拡張 확장
- ☐ 趣味 취미
- ☐ 濃い 진하다
- ☐ 混じる 섞이다
- ☐ 損 손해
- ☐ 演技 연기

2018

- ☐ 迎える 맞이하다, 마중하다
- ☐ 介護 간호, 병구완
- ☐ 系統 계통
- ☐ 束ねる 묶다, 다발을 짓다
- ☐ 精算 정산
- ☐ 豊かな 풍요로운
- ☐ 養う 양육하다, 기르다
- ☐ 破片 파편
- ☐ 警備 경비
- ☐ 省く 줄이다

2017

- ☐ 在籍 재적
- ☐ 従う 따르다
- ☐ 福祉 복지
- ☐ 領収書 영수증
- ☐ 荒い 거칠다
- ☐ 凍る 얼다
- ☐ 討論 토론
- ☐ 救う 구하다
- ☐ 好調 호조
- ☐ 永久 영구

2016

- ☐ 招く 초대하다, 초래하다
- ☐ 保証 보증
- ☐ 催し 행사, 개최
- ☐ 硬貨 경화 (금속 화폐)
- ☐ 製造 제조
- ☐ 簡潔な 간결한
- ☐ 参照 참조
- ☐ 焦げる 타다
- ☐ 症状 증상
- ☐ 快い 상쾌하다

2015

- ☐ 距離 거리
- ☐ 恵まれる 혜택 받다, 모자람이 없다
- ☐ 争う 싸우다
- ☐ 驚かせる 놀라게 하다
- ☐ 順調 순조

□ 混乱 혼란 □ 講師 강사 □ 指摘 지적

□ 鮮やかな 산뜻한, 선명한 □ 腕 팔

2014

□ 湿っぽい 축축하다, 눅눅하다 □ 劣る 뒤떨어지다 □ 破れる 찢어지다, 깨지다

□ 接続 접속 □ 詳しい 상세하다 □ 面倒だ 성가시다, 귀찮다

□ 逆らう 거스르다 □ 援助 원조 □ 疲労 피로

□ 批判 비판

2013

□ 削る 깎다, 줄이다 □ 招待 초대 □ 寄付 기부

□ 講義 강의 □ 真剣 진지함 □ 即座に 당장, 즉시

□ 傾く 기울다 □ 努める 힘쓰다, 노력하다 □ 責める 비난(책망)하다

□ 果たす 완수하다, 달성하다

2012~2010

□ 導く 인도하다 □ 肩 어깨 □ 勢い 기세, 힘

□ 扱う 다루다, 취급하다 □ 訪れる 방문하다 □ 組織 조직

□ 積極的 적극적 □ 収穫 수확 □ 至る 이르다

□ 抵抗 저항 □ 象徴 상징 □ 変更 변경

□ 福祉 복지 □ 激しい 격하다 □ 与える 주다

□ 討論 토론 □ 登録 등록 □ 管理 관리

□ 属する 속하다 □ 誘う 권유하다, 꾀다 □ 礼儀 예의

□ 暮らす 살다 □ 乱れ 혼란, 어지러움 □ 出世 출세

□ 開催 개최 □ 運賃 운임 □ 伝統 전통

□ 頼り 의지 □ 撮影 촬영 □ 焦る 안달하다, 초조해하다

問題1 ＿＿＿＿＿の言葉の読み方として最もよいものを、1・2・3・4から一つ選びなさい。

1 横浜は、港町として繁栄している。
　1 はんいえ　　　2 はんえい　　　3 はいえい　　　4 はいえ

2 地下鉄が隣の駅まで延長された。
　1 えいちょう　　2 えいちょ　　　3 えんちょう　　4 えんちょ

3 本年度の予算案が国会で可決された。
　1 かけつ　　　　2 がけつ　　　　3 かげつ　　　　4 がげつ

4 4月から地下鉄の運賃が改定された。
　1 かいけい　　　2 かいてい　　　3 がいけい　　　4 がいてい

5 福祉団体に、父の遺産を寄付する。
　1 きふ　　　　　2 きぶ　　　　　3 ぎふ　　　　　4 ぎぶ

6 年々、子供の数が減少している。
　1 けんしょう　　2 げんしょう　　3 かんしょう　　4 がんしょう

7 就職の時、女性が差別されることが多い。
　1 さばつ　　　　2 しゃばつ　　　3 さべつ　　　　4 しゃべつ

8 癌を告知してほしいという人が増えている。
　1 きょくち　　　2 きょくじ　　　3 こくち　　　　4 こくじ

9 会社を再建するため、銀行からお金を借りる。
　1 さいげん　　　2 さいけん　　　3 さいこん　　　4 さいごん

10 詳しく話をして、みんなにも納得してもらった。
　1 せっとく　　　2 のうとく　　　3 えとく　　　　4 なっとく

| 정답 | 1② | 2③ | 3① | 4② | 5① | 6② | 7③ | 8③ | 9② | 10④ |

問題1 ＿＿＿＿の言葉の読み方として最もよいものを、1・2・3・4から一つ選びなさい。

1 自動車が普及すると旅行も活発になった。

1　ふきゅう　　　2　ふっきゅう　　　3　ふきょう　　　4　ふっきょう

2 科学技術はどんどん進歩している。

1　しんほ　　　2　しんぼ　　　3　しんぽ　　　4　しんぽう

3 アラーム機能を使って時間を設定した。

1　けってい　　　2　そくてい　　　3　せってい　　　4　かくてい

4 社会に貢献できるような仕事がしたい。

1　こげん　　　2　こけん　　　3　こうけん　　　4　こうげん

5 彼は裁判で無罪を主張した。

1　しゅちょう　　　2　しゅじょう　　　3　しゅうちょう　　　4　しゅうじょう

6 これは牛革でもわに革でもありません。合成の革です。

1　こうせい　　　2　こうしょう　　　3　ごうせい　　　4　ごうしょう

7 許可がなければ、ここには入れません。

1　きょか　　　2　きょが　　　3　きょうか　　　4　きょうが

8 酒を飲みすぎて肝臓を悪くしてしまった。

1　かんじょう　　　2　かんぞう　　　3　がんじょう　　　4　がんぞう

9 大阪の方言は東京の人も時々使います。

1　ほうごん　　　2　ほうけん　　　3　ほうこと　　　4　ほうげん

10 この国は貧富の差がはげしい。

1　ひんふ　　　2　ひんぷ　　　3　ひんぶ　　　4　びんふ

정답　　1①　　2③　　3③　　4③　　5①　　6③　　7①　　8②　　9④　　10②

問題1　＿＿＿＿の言葉の読み方として最もよいものを、1・2・3・4から一つ選びなさい。

1 新型ワクチンの予防接種が始まった。

　1 せっしゅ　　　2 せっしゅう　　　3 せつしゅ　　　4 せつしゅう

2 長い人生の間には色々なことが起きる。

　1 にんせい　　　2 にんしょう　　　3 じんせい　　　4 じんしょう

3 携帯電話に関する市場調査をした。

　1 しば　　　　　2 しじょう　　　　3 いちば　　　　4 いちじょう

4 彼の親孝行ぶりはこの町内でも有名だ。

　1 ちょうない　　2 ちょううち　　　3 まちない　　　4 まちうち

5 夫は今、単身で海外支社で働いている。

　1 どくみ　　　　2 たんみ　　　　　3 どくしん　　　4 たんしん

6 彼女は誰にも素顔を見せたことがない。

　1 すがお　　　　2 えがお　　　　　3 まがお　　　　4 そがお

7 血圧が高い人は塩分はあまり取らない方がいい。

　1 しおふん　　　2 しおぶん　　　　3 えんふん　　　4 えんぶん

8 公共料金が大幅に値上がった。

　1 おおはば　　　2 おおふく　　　　3 だいはば　　　4 だいふく

9 人を外見で判断してはいけません。

　1 がいかん　　　2 そとけん　　　　3 がいみ　　　　4 がいけん

10 わたしの立場も考えてほしいと思った。

　1 りつじょう　　2 りつば　　　　　3 たちじょう　　4 たちば

正답　　1①　　2③　　3②　　4①　　5④　　6①　　7④　　8①　　9④　　10④

問題1 ＿＿＿＿＿の言葉の読み方として最もよいものを、1・2・3・4から一つ選びなさい。

1 彼女はアメリカと日本の<u>比較</u>文学を勉強している。
　　1 ひやく　　　　2 ひかく　　　　3 ひきゃく　　　　4 ひこう

2 毎月、家のローンを<u>返済</u>しなければならない。
　　1 はんさい　　　2 はんざい　　　3 へんさい　　　　4 へんざい

3 最近、若者の<u>犯罪</u>が増えている。
　　1 はんさい　　　2 はんざい　　　3 はんせい　　　　4 はんぜい

4 <u>都市</u>の人口は増え続けている。
　　1 どし　　　　　2 どうし　　　　3 とし　　　　　　4 とうし

5 <u>至急</u>ご連絡をお願いします。
　　1 しきゅ　　　　2 しきゅう　　　3 じきゅ　　　　　4 じきゅう

6 熱が高いので、病院で<u>注射</u>してもらった。
　　1 じゅしゃ　　　2 じゅうしゃ　　3 ちゅしゃ　　　　4 ちゅうしゃ

7 口には出さないが、妻には、<u>感謝</u>している。
　　1 かんさ　　　　2 がんさ　　　　3 かんしゃ　　　　4 がんしゃ

8 彼の行動は<u>常識</u>に欠けている。
　　1 しょうしき　　2 しょしき　　　3 じょうしき　　　4 じょしき

9 うちの子は<u>標準</u>より、かなり大きい。
　　1 へいずん　　　2 へいじゅん　　3 ひょうずん　　　4 ひょうじゅん

10 <u>起床</u>や就寝の時間を守ってください。
　　1 きそう　　　　2 ぎそう　　　　3 きしょう　　　　4 ぎしょう

정답　　1②　　2③　　3②　　4③　　5②　　6④　　7③　　8③　　9④　　10③

問題1 _____ の言葉の読み方として最もよいものを、1・2・3・4から一つ選びなさい。

1 従業員の慰労のため、年に一回旅行をする。
   1 じゅぎょいん   2 じゅうぎょいん   3 じゅぎょういん   4 じゅうぎょういん

2 拾得物を警察に届けた。
   1 しゅとくぶつ   2 しゅどくぶつ   3 しゅうとくぶつ   4 しゅうどくぶつ

3 祖母は高血圧で、病院に通っています。
   1 こうけつえつ   2 こうけちあつ   3 こうけつあつ   4 こけつえつ

4 熱が下がらないので、解熱剤を飲んだ。
   1 げねつざい   2 びねつざい   3 だんねつざい   4 かいねつざい

5 台所には、耐久性のあるステンレスを使う。
   1 たいきゅせい   2 たいきゅうせい   3 たいくせい   4 たいくうせい

6 日曜日の遊園地は家族連れでいっぱいだ。
   1 ゆえんち   2 ゆうえんち   3 ゆえんじ   4 ゆうえんじ

7 10年たっても、平社員なので、給料が安い。
   1 へいしゃいん   2 べいしゃいん   3 ひらしゃいん   4 びらしゃいん

8 近所に深夜営業のレストランができた。
   1 しんやえいぎょ   2 しんやえいぎょう
   3 ふかやえいぎょう   4 ふかやえいぎょ

9 小数点以下を四捨五入しなさい。
   1 ししゃごにゅう   2 ししゅごにゅう
   3 よんしゃごにゅう   4 よんしゅごにゅう

10 銀行でお金を送金する時には手数料がかかります。
   1 てかずりょう   2 てすうりょう   3 しゅかずりょう   4 しゅすうりょう

정답	1④	2③	3③	4①	5②	6②	7③	8②	9①	10②

問題1 ＿＿＿＿の言葉の読み方として最もよいものを、1・2・3・4から一つ選びなさい。

1 大手企業の株主になる。
おおて きぎょう

1 しゅしゅ　　　　2 しゅぬし　　　　3 かぶしゅ　　　　4 かぶぬし

2 会場の中では、名札をつけてください。

1 なさつ　　　　2 みょうさつ　　　　3 なふだ　　　　4 みょうふだ

3 矢印に従って会場をまわる。
したが

1 やしるし　　　　2 やじるし　　　　3 ししるし　　　　4 しじるし

4 6月1日は衣替えで、みんな夏服になる。

1 ふくかえ　　　　2 ふくがえ　　　　3 ころもかえ　　　　4 ころもがえ

5 花の種を買ってきた。

1 たね　　　　2 だね　　　　3 しゅ　　　　4 じゅ

6 洗濯物はその籠に入れてください。

1 はこ　　　　2 かご　　　　3 ひも　　　　4 たば

7 虫を網で取った。

1 あみ　　　　2 ひも　　　　3 つな　　　　4 なわ

8 ビールの瓶の栓をぬいた。
びん

1 せん　　　　2 ぜん　　　　3 ふた　　　　4 ふだ

9 プレゼントを入れた箱をきれいな紐で結んだ。

1 ひも　　　　2 なわ　　　　3 あみ　　　　4 つな

10 彼女はとても肌がきれいです。

1 ひふ　　　　2 かた　　　　3 はだ　　　　4 こし

정답　　1④　　2③　　3②　　4④　　5①　　6②　　7①　　8①　　9①　　10③

問題1 ＿＿＿＿の言葉の読み方として最もよいものを、1・2・3・4から一つ選びなさい。

1 あの人はコミュニケーション能力(のうりょく)に優れている。
　　1 ありふれている　2 めぐまれている　3 かくれている　4 すぐれている

2 彼女はとても恵まれた環境(かんきょう)で育った。
　　1 つつまれた　　　2 めぐまれた　　　3 かこまれた　　　4 はさまれた

3 新しい従業員(じゅうぎょういん)を雇った。
　　1 やしなった　　　2 やとった　　　　3 とった　　　　　4 かこった

4 何度も失敗を重ねて、ついに成功した。
　　1 おもねて　　　　2 じゅうねて　　　3 かさねて　　　　4 かねて

5 危ないところを救われた。
　　1 おそわれた　　　2 むくわれた　　　3 さそわれた　　　4 すくわれた

6 景気(けいき)は徐々(じょじょ)に上向いている。
　　1 うえむいて　　　2 うわむいて　　　3 かみむいて　　　4 じょうむいて

7 お年寄りに席を譲った。
　　1 ゆずった　　　　2 とった　　　　　3 のこった　　　　4 まじった

8 せっかくの機会(きかい)を逃してしまった。
　　1 さがして　　　　2 すごして　　　　3 にがして　　　　4 のがして

9 時間が余ったので、もう一度テストの答えをチェックした。
　　1 ととのった　　　2 のこった　　　　3 あまった　　　　4 つもった

10 忘れないように、電話番号を紙に控えた。
　　1 くわえた　　　　2 おさえた　　　　3 そろえた　　　　4 ひかえた

問題1 ＿＿＿＿＿の言葉の読み方として最もよいものを、1・2・3・4から一つ選びなさい。

1 会社をやめて独立(どくりつ)するのは容易なことではない。

   1 よい　　　　　　2 よえき　　　　　3 ようい　　　　　4 ようえき

2 彼女は莫大(いさん)な遺産(そうぞく)を相続した。

   1 ばくだい　　　　2 ぼうだい　　　　3 ばくたい　　　　4 ぼうたい

3 幸いなことに軽いけがで済(す)んだ。

   1 とくい　　　　　2 あいまい　　　　3 さいわい　　　　4 ゆかい

4 今回の事故は会社側に責任(せきにん)があることは明らかだ。

   1 あきらかだ　　　2 なめらかだ　　　3 やわらかだ　　　4 きよらかだ

5 あの子は、とても素直な子供です。

   1 そなお　　　　　2 そちょく　　　　3 すなお　　　　　4 すちょく

6 電話の発明は革命的な変化を人類にもたらした。

   1 かくめい　　　　2 かいめい　　　　3 せいめい　　　　4 せつめい

7 また会いましょうと固く約束した。

   1 こく　　　　　　2 かたく　　　　　3 つよく　　　　　4 あつく

8 ひとりで寂しくなったので、友達の家に遊びに行った。

   1 かなしく　　　　2 さびしく　　　　3 けわしく　　　　4 くるしく

9 その可能性はとても薄いと思います。

   1 こい　　　　　　2 ほそい　　　　　3 あさい　　　　　4 うすい

10 山道が急に険しくなった。

   1 さびしく　　　　2 けわしく　　　　3 むずかしく　　　4 はげしく

정답　　1③　　2①　　3③　　4①　　5③　　6①　　7②　　8②　　9④　　10②

問題1 ＿＿＿＿の言葉の読み方として最もよいものを、1・2・3・4から一つ選びなさい。

1 昼すぎから雨が激しくなった。
　　1　はげしく　　　2　すずしく　　　3　きびしく　　　4　くわしく

2 いつものより少し濃い色の口紅を買った。
　　1　あかるい　　　2　しぶい　　　　3　こい　　　　　4　きつい

3 記者が鋭い質問をした。
　　1　するどい　　　2　こわい　　　　3　ひどい　　　　4　あぶない

4 彼女は憎らしいほど絵が上手だ。
　　1　ほこらしい　　2　にくらしい　　3　すばらしい　　4　かわいらしい

5 彼は貧しいけれど、幸せな家庭で育った。
　　1　まびしい　　　2　くるしい　　　3　さびしい　　　4　まずしい

6 年を取ると反射神経が鈍くなる。
　　1　するどく　　　2　ひどく　　　　3　にぶく　　　　4　あぶなく

7 あの二人は、とても親しい関係です。
　　1　おやしい　　　2　したしい　　　3　しんしい　　　4　やさしい

8 大きな花束を抱えて彼女に会いに行った。
　　1　かかえて　　　2　だかえて　　　3　ひかえて　　　4　そなえて

9 慌てて失敗した。
　　1　あわてて　　　2　すてて　　　　3　あてて　　　　4　そだてて

10 調査の結果はこの図に示したとおりです。
　　1　とおした　　　2　あらわした　　3　しるした　　　4　しめした

정답　　1①　　2③　　3①　　4②　　5④　　6③　　7②　　8①　　9①　　10④

問題1 _____の言葉の読み方として最もよいものを、1・2・3・4から一つ選びなさい。

1 東京に到着(とうちゃく)することを予め彼らに知らせるべきだ。

　　1 あらため　　　2 あきらめ　　　3 あらかじめ　　　4 あしがため

2 二度と再び会うことはないだろう。

　　1 ならび　　　2 および　　　3 ふたたび　　　4 たびたび

3 一見商人風(しょうにんふう)の男だった。

　　1 いっけん　　　2 いちけん　　　3 いっげん　　　4 いちげん

4 あの男とは一切関わりたくない。

　　1 いっさい　　　2 いっせい　　　3 いちさい　　　4 いちせい

5 彼は一段と英語が上達した。

　　1 いったん　　　2 いちたん　　　3 いっだん　　　4 いちだん

6 コンサートチケットは、まだ若干余っている。

　　1 ざっかん　　　2 ざくかん　　　3 じゃっかん　　　4 じゃくかん

7 どちらのほうが大きいか、比べてみましょう。

　　1 ならべて　　　2 しらべて　　　3 くらべて　　　4 うかべて

8 彼女は高校時代の親しい友人です。

　　1 うれしい　　　2 したしい　　　3 かなしい　　　4 たのしい

9 私立ではなく国立の大学に入りたいと思っています。

　　1 くにたち　　　2 くにりつ　　　3 こくたち　　　4 こくりつ

10 数学は得意ですが、英語は苦手です。

　　1 くしゅ　　　2 くうて　　　3 にがしゅ　　　4 にがて

정답　　1③　　2③　　3①　　4①　　5④　　6③　　7③　　8②　　9④　　10④

問題1 ＿＿＿＿の言葉の読み方として最もよいものを、1・2・3・4から一つ選びなさい。

1 彼女に自分の気持ちを伝えた。
1 こたえた　　2 つたえた　　3 おしえた　　4 おぼえた

2 失敗は成功のもとだから、元気を出しなさいと言われた。
1 しつはい　　2 しつばい　　3 しっはい　　4 しっぱい

3 人間には誰にでも欠点がある。
1 じんかん　　2 じんげん　　3 にんげん　　4 にんかん

4 このページの五行目を見てください。
1 ごぎょうめ　　2 ごこうめ　　3 ごぎょうもく　　4 ごこうもく

5 山本さんはとても正直な人です。
1 しょうじき　　2 しょうちょく　　3 せいじき　　4 せっちょく

6 彼女の笑顔は、とてもかわいい。
1 しょうがん　　2 しょうがお　　3 えがお　　4 にがお

7 そんなに働きすぎると、病気になって倒れますよ。
1 つかれ　　2 たおれ　　3 わかれ　　4 ながれ

8 姉は英語の翻訳の仕事をしている。
1 こんやく　　2 はんやく　　3 ほんやく　　4 つうやく

9 救急車に乗ったことがありますか。
1 きゅきゅしゃ　2 きゅきゅうしゃ　3 きゅうきゅしゃ　4 きゅうきゅうしゃ

10 部屋の家賃は月末に払います。
1 やちん　　2 かちん　　3 いえちん　　4 いえだい

정답　1②　2④　3③　4①　5①　6③　7②　8③　9④　10①

問題1 _____の言葉を漢字で書くとき、最もよいものを 1・2・3・4 から1つ選びなさい。

1 十分<u>反省</u>しているようだから、許してやりましょう。

    1 はんせい   2 はんしょう   3 たんせい   4 たんしょう

2 病院で<u>治療</u>を受けた。

    1 ちりょう   2 じりょう   3 ひりょう   4 いりょう

3 全世界が平和になることを<u>祈って</u>いる。

    1 ねらって   2 ちかって   3 いわって   4 いのって

4 彼女はとても<u>辛い</u>経験をした。

    1 きつい   2 つらい   3 にがい   4 しぶい

5 あの店の前に<u>行列</u>ができている。

    1 ぎょうれつ   2 ぎょうれい   3 こうれつ   4 こうれい

6 合格したので、<u>早速</u>両親に知らせた。

    1 さっそく   2 そうそく   3 しょうそく   4 きゅうそく

7 花火が爆発して、子供を<u>含む</u>5人がけがをした。

    1 かこむ   2 ふくむ   3 つつむ   4 たたむ

8 この店では、商品の包装に<u>再生紙</u>を使っている。

    1 さいしょうし   2 さいせいし   3 さいしょうじ   4 さいせいじ

9 メールにファイルを<u>添付</u>して送った。

    1 てんふ   2 てんぶ   3 てんぷ   4 てんつけ

10 肉も魚も<u>炭</u>の火で焼いた方がおいしくなる。

    1 だん   2 たん   3 ずみ   4 すみ

정답	1①	2①	3④	4②	5①	6①	7②	8②	9③	10④

확인문제 ①

1 요코하마는 항구도시로서 <u>번영</u>하고 있다.
2 지하철이 옆의 역까지 <u>연장</u>되었다.
3 이번 년도의 예산안이 국회에서 <u>가결</u>되었다.
4 4월부터 지하철 운임이 <u>개정</u>되었다.
5 복지단체에 아버지의 유산을 <u>기부</u>한다.
6 매년 아이들의 수가 <u>감소</u>하고 있다.
7 취직할 때 여성이 <u>차별</u>당하는 일이 많다.
8 암을 <u>고지</u>해 주었으면 하는 사람이 늘고 있다.
9 회사를 <u>재건</u>하기 위해 은행에서 돈을 빌린다.
10 자세히 이야기를 해서, 모두에게도 <u>납득</u> 받았다.

확인문제 ②

1 자동차가 <u>보급</u>되자 여행도 활발해졌다.
2 과학기술은 점점 <u>진보</u>하고 있다.
3 알람 기능을 사용해 시간을 <u>설정</u>했다.
4 사회에 <u>공헌</u>할 수 있는 일이 하고 싶다.
5 그는 재판에서 무죄를 <u>주장</u>했다.
6 이것은 소가죽도 악어가죽도 아닙니다. <u>합성</u>가죽입니다.
7 <u>허가</u>가 없으면 여기에 들어갈 수 없습니다.
8 술을 너무 많이 마셔서 <u>간</u>이 나빠져 버렸다.
9 오사카 <u>방언</u>은 도쿄 사람도 때때로 사용합니다.
10 이 나라는 <u>빈부</u>의 차가 심하다.

확인문제 ③

1 신형백신의 예방<u>접종</u>이 시작되었다.
2 긴 <u>인생</u> 동안에는 여러 가지 일이 일어난다.
3 휴대 전화에 관한 <u>시장</u>조사를 했다.
4 그의 효도(효행)는 이 <u>마을</u> 내에서도 유명하다.
5 남편은 지금 <u>단신</u>으로 해외지사에서 일하고 있다.
6 그녀는 누구에게도 <u>맨</u> 얼굴을 보인 적이 없다.
7 혈압이 높은 사람은 <u>염분</u>은 별로 섭취하지 않는 편이 좋습니다.
8 공공요금이 큰 <u>폭</u>으로 인상됐다.
9 사람을 <u>겉모습</u>으로 판단해서는 안 됩니다.
10 내 <u>입장</u>도 생각해 주었으면 했다.

확인문제 ④

1 그녀는 미국과 일본의 <u>비교</u>문학을 공부하고 있다.
2 매달 집 대출금을 <u>변제</u>하지 않으면 안 된다.
3 최근 젊은이들의 <u>범죄</u>가 늘고 있다.
4 <u>도시</u>의 인구는 증가하고만 있다.
5 <u>시급</u>히 연락 바랍니다.
6 열이 높아서 병원에서 <u>주사</u>를 맞았다.
7 입 밖으로 꺼내진 않지만 아내에게는 <u>감사</u>하고 있다.
8 그의 행동은 <u>상식</u>이 결여되어있다.
9 우리 아이는 <u>표준</u>보다 제법 크다.
10 <u>기상</u>이나 취침하는 시간을 지켜주세요.

확인문제 ⑤

1 <u>종업원</u>을 위로하기 위해 일 년에 한 번 여행한다.
2 <u>습득물</u>을 경찰에 갖다 주었다.
3 할머니는 <u>고혈압</u>으로 병원에 다니고 있습니다.
4 열이 내리지 않아 <u>해열제</u>를 먹었다.
5 주방에는 <u>내구성</u> 좋은 스테인리스를 사용한다.
6 일요일의 <u>유원지</u>는 가족동반으로 가득하다.
7 10년이 지나도 <u>평사원</u>이라 급료가 낮다.
8 근처에 <u>심야영업</u>을 하는 레스토랑이 생겼다.
9 소숫점 이하를 <u>반올림</u> 하세요.
10 은행에서 돈을 송금할 때는 <u>수수료</u>가 듭니다.

확인문제 ⑥

1 대기업의 <u>주주</u>가 되다.
2 회장 안에서는 <u>명찰</u>을 달아주세요.
3 <u>화살표</u>를 따라서 회장을 돈다.
4 6월 1일은 <u>환복기</u>라 모두 여름 옷이 된다.
5 꽃<u>씨</u>를 사왔다.
6 세탁물은 저 <u>바구니</u>에 넣어주세요.
7 벌레를 <u>그물</u>로 잡았다.
8 맥주병의 <u>마개</u>를 땄다.
9 선물을 넣은 상자를 예쁜 <u>끈</u>으로 묶었다.
10 그녀는 <u>피부</u>가 매우 깨끗합니다.

확인문제 7

1 저 사람은 커뮤니케이션 능력이 뛰어나다.
2 그녀는 매우 혜택 받은 환경에서 자랐다.
3 새로운 종업원을 고용했다.
4 몇 번이나 실패를 반복하고 드디어 성공했다.
5 위험할 때 도움받았다.
6 경기는 점점 상향하고 있다.
7 노인에게 자리를 양보했다.
8 모처럼의 기회를 놓쳐버렸다.
9 시간이 남아서 다시 한 번 시험의 정답을 체크했다.
10 잊지 않도록 전화번호를 종이에 적었다.

확인문제 8

1 회사를 그만두고 독립하는 것은 쉬운 것이 아니다.
2 그녀는 막대한 유산을 상속했다.
3 다행히도 가벼운 상처로 끝났다.
4 이번 사고는 회사 쪽에 책임이 있는 것이 명백하다.
5 저 아이는 매우 솔직한 아이입니다.
6 전화의 발명은 혁명적인 변화를 인류에 초래했다.
7 다시 만나자고 굳게 약속했다.
8 혼자서 쓸쓸해졌기 때문에 친구의 집에 놀러 갔다.
9 그 가능성은 매우 희박하다고 생각합니다.
10 산길이 갑자기 험해졌다.

확인문제 9

1 오후부터 비가 격해졌다.
2 평소보다 조금 진한 색의 립스틱을 샀다.
3 기자가 날카로운 질문을 했다.
4 그녀는 얄미울 정도로 그림을 잘 그린다.
5 그는 가난하지만 행복한 가정에서 자랐다.
6 나이를 먹으면 반사신경이 둔해진다.
7 저 두 사람은 매우 친한 관계입니다.
8 커다란 꽃다발을 안고 그녀를 만나러 갔다.
9 허둥대서 실패했다.
10 조사 결과는 이 그림에 보이는 대로입니다.

확인문제 10

1 도쿄에 도착하는 것을 그에게 미리 알려야만 한다.
2 두 번 다시 만날 일은 없겠지.
3 얼핏 상인 같은 남자였다.
4 저 남자와는 절대 연관되고 싶지 않다.
5 그는 한층 영어를 잘하게 됐다.
6 콘서트 티켓은 아직 약간 남아있다.
7 어느 쪽이 큰 지 비교해 봅시다.
8 그녀는 고등학교 시절의 친한 친구입니다.
9 사립이 아니라 국립 대학에 들어가고 싶다고 생각하고 있습니다.
10 수학은 잘 하지만, 영어는 서툽니다.

확인문제 11

1 그녀에게 내 마음을 전했다.
2 실패는 성공의 근원이니까, 힘을 내라는 말을 들었다.
3 인간에게는 누구에게라도 결점이 있다.
4 이 페이지의 5번째 줄을 봐 주세요.
5 야마모토 씨는 매우 정직한 사람입니다.
6 그녀의 웃는 얼굴은 매우 귀엽다.
7 그렇게 지나치게 일하면, 병에 걸려 쓰러져요.
8 언니는 영어 번역 일을 하고 있다.
9 구급차를 탄 적이 있습니까?
10 방세는 월말에 냅니다.

확인문제 12

1 충분히 반성하고 있는 것 같으니 용서해 줍시다.
2 병원에서 치료를 받았다.
3 전세계가 평화롭기를 기도한다.
4 그녀는 매우 힘든 경험을 했다.
5 저 가게 앞에는 행렬이 늘어서 있다.
6 합격했기 때문에 바로 부모님에게 알렸다.
7 폭죽이 폭발하여 아이를 포함한 5명이 부상을 입었다.
8 이 가게는 상품 포장에 재생지를 사용하고 있다.
9 메일에 파일을 첨부하여 보냈다.
10 고기도 생선도 숯불로 굽는 편이 맛있어진다

問題2 _____の言葉を漢字で書くとき、最もよいものを1・2・3・4から1つ選びなさい。

1 酔っ払った男に、店の営業をぼうがいされた。
   1 訪害　　　　　2 妨害　　　　　3 彷害　　　　　4 防害

2 知り合いからアルバイトをしてくれる人をしょうかいしてもらった。
   1 招介　　　　　2 招芥　　　　　3 紹介　　　　　4 紹芥

3 CO₂の排出をよくせいする研究が進められている。
   1 抑制　　　　　2 抑製　　　　　3 仰制　　　　　4 仰製

4 壁に車がしょうとつした。
   1 働突　　　　　2 衝突　　　　　3 衡突　　　　　4 慟突

5 大学を卒業して、会社にしゅうしょくした。
   1 修織　　　　　2 修職　　　　　3 就職　　　　　4 就織

6 自分がどんな仕事にてきしているか、まだよく分からない。
   1 的している　　2 敵している　　3 適している　　4 摘している

7 体調が悪くて、実力がはっきできなかった。
   1 発起　　　　　2 発揮　　　　　3 発気　　　　　4 発機

8 機械のこうぞうについて説明した。
   1 講造　　　　　2 構造　　　　　3 講像　　　　　4 構像

9 決定的な瞬間をえいぞうに残すことができた。
   1 映像　　　　　2 映象　　　　　3 影像　　　　　4 影象

10 彼は今回の大会で大会新記録をこうしんした。
   1 更新　　　　　2 改新　　　　　3 攻新　　　　　4 向新

정답　　1②　　2③　　3①　　4②　　5③　　6③　　7②　　8②　　9①　　10①

問題2 _____の言葉を漢字で書くとき、最もよいものを１・２・３・４から1つ選びなさい。

1 この引き出しは大きいので、たくさんのものが<u>しゅうのう</u>できます。

　　1　集納　　　　　2　収納　　　　　3　取納　　　　　4　守納

2 代金^{だいきん}をクレジットカードで<u>けっさい</u>した。

　　1　決済　　　　　2　決裁　　　　　3　決栽　　　　　4　決財

3 一度にたくさんの注文を聞いて、頭の中が<u>こんらん</u>した。

　　1　困乱　　　　　2　困難　　　　　3　混乱　　　　　4　混難

4 自分の夢が叶^{かな}った時を<u>そうぞう</u>するのは楽しい。

　　1　想象　　　　　2　想増　　　　　3　想相　　　　　4　想像

5 生活費を<u>せつやく</u>するためにお昼はお弁当にしている。

　　1　節約　　　　　2　絶約　　　　　3　節役　　　　　4　絶役

6 彼の話は、<u>むじゅん</u>だらけだ。

　　1　予盾　　　　　2　矛遁　　　　　3　矛盾　　　　　4　予遁

7 夜に何度も目が覚めて、<u>じゅくすい</u>できなかった。

　　1　塾眠　　　　　2　塾睡　　　　　3　熟眠　　　　　4　熟睡

8 病気はかかる前に<u>よぼう</u>をするのが一番だ。

　　1　予彷　　　　　2　予妨　　　　　3　予防　　　　　4　予訪

9 彼はとても<u>とくちょう</u>のある歩き方をする。

　　1　特調　　　　　2　特微　　　　　3　特長　　　　　4　特徴

10 子供はいい<u>かんきょう</u>で育てたいと思う。

　　1　環境　　　　　2　環郷　　　　　3　還境　　　　　4　還郷

정답　　1② 　2① 　3③ 　4④ 　5① 　6③ 　7④ 　8③ 　9④ 　10①

問題2 ＿＿＿＿＿の言葉を漢字で書くとき、最もよいものを１・２・３・４から1つ選びなさい。

1 この国は、昔から外国とのぼうえきが盛んだ。

1 貨益 2 貨易 3 貿益 4 貿易

2 会場の周辺のけいびが強化された。

1 敬備 2 警備 3 驚備 4 篤備

3 この番組は、子供たちをたいしょうにして製作された。

1 対象 2 対像 3 対昭 4 対照

4 昨日はてつやで仕事をした。

1 散夜 2 撒夜 3 徹夜 4 敗夜

5 石油や石炭は化石ねんりょうと呼ばれる。

1 黙量 2 然料 3 燃量 4 燃料

6 彼女は都心のちんたいマンションに住んでいる。

1 賃貸 2 賃貨 3 借貸 4 借貨

7 人手不足で工場の操業にししょうが出てきた。

1 支章 2 支障 3 技章 4 枝相

8 自分でしたことは自分でせきにんをとらなければならない。

1 責代 2 責任 3 責仕 4 責化

9 死刑のはいしに対する関心が高まっている。

1 廃使 2 廃止 3 排使 4 排止

10 この国は保険や年金などの社会ほしょう制度が行きとどいている。

1 保証 2 保障 3 保償 4 保象

정답　　1④　　2②　　3①　　4③　　5④　　6①　　7②　　8②　　9②　　10②

問題2 ＿＿＿＿の言葉を漢字で書くとき、最もよいものを１・２・３・４から１つ選びなさい。

1 あの候補は若者たちのしじを得て当選した。

1 指示　　　　2 指持　　　　3 支示　　　　4 支持

2 車内にふしんぶつがありましたら、乗務員までお知らせください。

1 不審物　　　2 不新物　　　3 不信物　　　4 不振物

3 しょとくが減ったため、住宅ローンが返せなくなった。

1 処得　　　　2 諸得　　　　3 所得　　　　4 庶得

4 しょうさいについてはホームページをご覧ください。

1 正細　　　　2 正裁　　　　3 詳細　　　　4 詳裁

5 誤報を流したテレビ局にくじょうが殺到した。

1 苦情　　　　2 苦状　　　　3 苦条　　　　4 苦定

6 小学校で地震のひなん訓練が行なわれた。

1 非難　　　　2 避難　　　　3 被難　　　　4 批難

7 彼女の小説は大きなはんきょうを呼んだ。

1 版響　　　　2 版境　　　　3 反響　　　　4 反境

8 ここはお年寄りや体の不自由な方のためのゆうせんせきです。

1 憂先席　　　2 優先席　　　3 有先席　　　4 勇先席

9 もう少しようりょうよく説明してください。

1 要領　　　　2 要量　　　　3 容領　　　　4 容量

10 このカメラには色々なきのうが付いている。

1 機能　　　　2 技能　　　　3 器能　　　　4 枝能

정답　　1④　　2①　　3③　　4③　　5①　　6②　　7③　　8②　　9①　　10①

問題2 ＿＿＿＿の言葉を漢字で書くとき、最もよいものを１・２・３・４から1つ選びなさい。

1 両国のゆうこうを深めるためのパーティーが開かれた。
1 遊好　　　　　2 遊交　　　　　3 友好　　　　　4 友交

2 誰にでもげんかいというものはあるものだ。
1 限外　　　　　2 限階　　　　　3 限害　　　　　4 限界

3 女性へのさべつはなかなかなくならない。
1 区別　　　　　2 座別　　　　　3 差別　　　　　4 査別

4 彼女はひょうじゅん語が話せない。
1 標順　　　　　2 表準　　　　　3 標準　　　　　4 表順

5 彼の行為は私たちの学校のめいよを傷つけた。
1 名誉　　　　　2 明挙　　　　　3 明誉　　　　　4 名挙

6 これからも元気でがんばってください。
1 碩張って　　　2 額張って　　　3 頑張って　　　4 確張って

7 この仕事は私にまかせてください。
1 任せて　　　　2 仕せて　　　　3 代せて　　　　4 化せて

8 血圧計で血圧をはかった。
1 則った　　　　2 側った　　　　3 測った　　　　4 規った

9 何度も練習をくりかえした。
1 操り反した　　2 操り返した　　3 繰り反した　　4 繰り返した

10 西の海に太陽がしずんだ。
1 浮んだ　　　　2 没んだ　　　　3 沈んだ　　　　4 泡んだ

정답　　1③　　2④　　3③　　4③　　5①　　6③　　7①　　8③　　9④　　10③

問題2 ＿＿＿＿の言葉を漢字で書くとき、最もよいものを１・２・３・４から1つ選びなさい。

1 書類が風で飛ばないように手で<u>おさえた</u>。
　１ 伏さえた　　　２ 圧さえた　　　３ 迫さえた　　　４ 押さえた

2 会場には３千人を<u>こえる</u>人が集った。
　１ 過える　　　２ 超える　　　３ 通える　　　４ 昇える

3 風で髪が<u>みだれた</u>。
　１ 散れた　　　２ 混れた　　　３ 乱れた　　　４ 狂れた

4 地震や台風の発生を<u>ふせぐ</u>ことはまだできない。
　１ 防ぐ　　　２ 彷ぐ　　　３ 妨ぐ　　　４ 訪ぐ

5 <u>のぞんだ</u>とおりの大学に入ることができた。
　１ 望んだ　　　２ 希んだ　　　３ 願んだ　　　４ 祈んだ

6 彼女は彼のプロポーズを<u>ことわった</u>。
　１ 否った　　　２ 断った　　　３ 拒った　　　４ 絶った

7 床にお皿を落として<u>わって</u>しまった。
　１ 破って　　　２ 砕って　　　３ 壊って　　　４ 割って

8 彼は最近、職場の人間関係で<u>なやんで</u>いる。
　１ 苦んで　　　２ 憎んで　　　３ 労んで　　　４ 悩んで

9 過ぎたことは<u>くやんでも</u>しかたがありません。
　１ 悩やんでも　　２ 焦やんでも　　３ 悔やんでも　　４ 惜やんでも

10 年齢を<u>かさねて</u>彼は性格が丸くなった。
　１ 積ねて　　　２ 重ねて　　　３ 連ねて　　　４ 階ねて

問題2 ＿＿＿＿の言葉を漢字で書くとき、最もよいものを１・２・３・４から1つ選びなさい。

1 引っ越しの荷物を車につんだ。
　1 盛んだ　　　2 重んだ　　　3 積んだ　　　4 乗んだ

2 みんなの期待にこたえられるよう努力します。
　1 応えられる　　2 答えられる　　3 練えられる　　4 返えられる

3 昨日友達のお父さんがなくなった。
　1 無くなった　　2 失くなった　　3 死くなった　　4 亡くなった

4 父は定年で会社をやめて、年金で暮らしている。
　1 止めて　　　2 退めて　　　3 断めて　　　4 辞めて

5 わからないことがあったら、私にたずねてください。
　1 訪ねて　　　2 問ねて　　　3 尋ねて　　　4 伺ねて

6 のどがかわいて水が飲みたくなった。
　1 乾いて　　　2 渇いて　　　3 干いて　　　4 燥いて

7 長年の努力が実をむすんだ。
　1 成んだ　　　2 果んだ　　　3 結んだ　　　4 功んだ

8 老後にそなえて貯蓄をしよう。
　1 対えて　　　2 備えて　　　3 策えて　　　4 準えて

9 努力がみのった。
　1 実った　　　2 果った　　　3 成った　　　4 功った

10 夏は食べ物がくさりやすい。
　1 朽り　　　2 濁り　　　3 汚り　　　4 腐り

問題2 _____の言葉を漢字で書くとき、最もよいものを１・２・３・４から１つ選びなさい。

1 あの夫婦の性格は、とても<u>たいしょう</u>的だ。

　　１ 対象　　　　　２ 対照　　　　　３ 対称　　　　　４ 対賞

2 この国は地下資源が<u>ほうふ</u>だ。

　　１ 宝富　　　　　２ 宝付　　　　　３ 豊富　　　　　４ 豊付

3 <u>とくしゅ</u>なカメラを使って、深海魚を撮影した。

　　１ 特集　　　　　２ 特殊　　　　　３ 特修　　　　　４ 特種

4 彼の悩みはとても<u>しんこく</u>だった。

　　１ 真極　　　　　２ 深極　　　　　３ 真刻　　　　　４ 深刻

5 人間は皆<u>びょうどう</u>でなくてはならない。

　　１ 平等　　　　　２ 平到　　　　　３ 平同　　　　　４ 平統

6 日本の石油は<u>おもに</u>中東から輸入される。

　　１ 大に　　　　　２ 重に　　　　　３ 主に　　　　　４ 要に

7 田中さんは、いっしょうけんめい<u>どりょく</u>して栄養士の資格を取った。

　　１ 労力　　　　　２ 努力　　　　　３ 度力　　　　　４ 動力

8 父は、弟を<u>つれて</u>、公園に出かけた。

　　１ 釣れて　　　　２ 共れて　　　　３ 連れて　　　　４ 同れて

9 今日は<u>かかり</u>の者がいませんので、明日また来てください。

　　１ 係り　　　　　２ 関り　　　　　３ 担り　　　　　４ 当り

10 今日、試験の<u>けっか</u>が発表される。

　　１ 決課　　　　　２ 結果　　　　　３ 決果　　　　　４ 結課

정답　　1②　　2③　　3②　　4④　　5①　　6③　　7②　　8③　　9①　　10②

問題2 ＿＿＿＿の言葉を漢字で書くとき、最もよいものを１・２・３・４から1つ選びなさい。

1 誰も彼の話を<u>うたがわ</u>なかった。
1 質わ　　　　2 問わ　　　　3 疑わ　　　　4 歌わ

2 喫茶店でコーヒーを<u>ちゅうもん</u>した。
1 柱紋　　　　2 柱文　　　　3 注紋　　　　4 注文

3 ビザの延長を<u>しんせい</u>した。
1 伸清　　　　2 伸請　　　　3 申清　　　　4 申請

4 風で目に<u>すな</u>が入ってしまった。
1 虫　　　　　2 石　　　　　3 炭　　　　　4 砂

5 昨日教室で<u>まなんだ</u>ことを復習した。
1 訓んだ　　　2 練んだ　　　3 学んだ　　　4 習んだ

6 友達に勧（すす）められて会員に<u>とうろく</u>した。
1 登緑　　　　2 登録　　　　3 答緑　　　　4 答録

7 クレジットカードの<u>りょうしゅうしょ</u>にサインをした。
1 領収書　　　2 料収書　　　3 領集書　　　4 料集書

8 鈴木教授は多くの若い学者を<u>そだてた</u>。
1 養てた　　　2 成てた　　　3 育てた　　　4 生てた

9 熱中症にはさまざまな<u>しょうじょう</u>があります。
1 増想　　　　2 増状　　　　3 症想　　　　4 症状

10 どのような条件になると野菜や肉が<u>こげる</u>のでしょうか。
1 焼げる　　　2 焦げる　　　3 燃げる　　　4 煙げる

정답　1③　2④　3④　4④　5③　6②　7①　8③　9④　10②

問題2 _____の言葉を漢字で書くとき、最もよいものを１・２・３・４から1つ選びなさい。

1 国籍をしゅとくするための手続きをした。
　　1 拾得　　　　　2 取得　　　　　3 収得　　　　　4 手得

2 危ないですから、さわらないでください。
　　1 寄らない　　　2 触らない　　　3 接らない　　　4 叩らない

3 汗をかいて、シャツがとても汗くさい。
　　1 酸い　　　　　2 匂い　　　　　3 腐い　　　　　4 臭い

4 年を取るときおくりょくが悪くなる。
　　1 気憶力　　　　2 気億力　　　　3 記憶力　　　　4 記億力

5 ここは、学生がきょうどうで使用している部屋だ。
　　1 共同　　　　　2 協同　　　　　3 協動　　　　　4 共動

6 メールを開いたら、ウイルスにかんせんしてしまった。
　　1 感染　　　　　2 観染　　　　　3 汗染　　　　　4 患染

7 この道路のせいげん速度は、60kmです。
　　1 正限　　　　　2 整限　　　　　3 制限　　　　　4 製限

8 インターネットで目的地の地図をけんさくした。
　　1 険索　　　　　2 険策　　　　　3 検索　　　　　4 検策

9 壊れやすいので、乱暴にあつかわないでください。
　　1 吸わない　　　2 汲わない　　　3 級わない　　　4 扱わない

10 血圧が高い人は塩分をひかえた方がいい。
　　1 押えた　　　　2 控えた　　　　3 抑えた　　　　4 制えた

| 정답 | 1② | 2② | 3④ | 4③ | 5① | 6① | 7③ | 8③ | 9④ | 10② |

확인문제 ①

1 술 취한 남자가 가게 영업을 <u>방해</u> 했다.
2 지인으로부터 아르바이트를 해 줄 사람을 <u>소개</u>받았다.
3 CO₂의 배출을 <u>억제</u>하는 연구가 진행되고 있다.
4 벽에 차가 <u>충돌</u>했다.
5 대학을 졸업하고, 회사에 <u>취직</u>했다.
6 자신이 어떤 일에 <u>맞는지</u> 아직 잘 모른다.
7 몸이 안 좋아서 실력을 <u>발휘</u>하지 못했다.
8 기계의 <u>구조</u>에 대해 설명했다.
9 결정적인 순간을 <u>영상</u>으로 남길 수 있었다.
10 그는 이번 대회에서 대회 신기록을 <u>갱신</u>했다.

확인문제 ②

1 이 서랍은 커서 많은 물건을 <u>수납</u>할 수 있습니다.
2 대금을 신용카드로 <u>결제</u>했다.
3 한 번에 많은 주문을 들어서 머릿속이 <u>혼란</u>스러웠다.
4 자신의 꿈이 이루어졌을 때를 <u>상상</u>하는 것은 즐겁다.
5 생활비를 <u>절약</u>하기 위해 점심은 도시락으로 하고 있다.
6 그의 이야기는 <u>모순</u>투성이다.
7 밤에 몇 번이나 눈이 떠져서 <u>숙면</u>할 수 없었다.
8 병에 걸리기 전에 <u>예방</u>하는 것이 제일이다.
9 그는 매우 <u>특징</u> 있는 걸음걸이를 한다.
10 아이는 좋은 <u>환경</u>에서 키우고 싶습니다.

확인문제 ③

1 이 나라는 옛날부터 외국과의 <u>무역</u>이 번성하였다.
2 회장 주변의 <u>경비</u>가 강화되었다.
3 이 방송은 아이들을 <u>대상</u>으로 제작되었다.
4 어제는 <u>철야</u>로 일을 했다.
5 석유나 석탄은 화석<u>연료</u>라고 불린다.
6 그녀는 도심의 <u>일대</u>맨션에 살고 있다.
7 일손부족으로 공장의 조업에 <u>지장</u>이 생겼다.
8 자신이 한 일은 자신이 <u>책임</u>을 지지 않으면 안 된다.
9 사형 <u>폐지</u>에 대한 관심이 높아지고 있다.
10 이 나라는 보험이나 연금 등의 사회<u>보장</u>제도가 잘
　　되어 있다.

확인문제 ④

1 저 후보는 젊은이들의 <u>지지</u>를 얻어 당선됐다.
2 차내에 <u>수상한</u> 물건이 있으면 승무원에게 알려주세요.
3 <u>소득</u>이 줄었기 때문에 주택대출을 갚을 수 없게 되
　　었다.
4 <u>상세</u>한 것에 대해서는 홈페이지를 봐 주세요.
5 오보를 내보낸 방송국에 <u>불만</u>이 쇄도했다.
6 초등학교에서 지진 <u>피난</u>훈련이 진행되었다.
7 그녀의 소설은 커다란 <u>반향</u>을 일으켰다.
8 이곳은 노인이나 몸이 불편한 분을 위한 <u>우선석</u>입니다.
9 조금만 더 <u>요령</u> 있게 설명해 주세요.
10 이 카메라에는 여러 가지 <u>기능</u>이 붙어 있다.

확인문제 ⑤

1 양국의 <u>우호</u>를 다지기 위한 파티가 개최되었다.
2 누구에게나 <u>한계</u>라는 것은 있는 법입니다.
3 여성에의 <u>차별</u>은 좀처럼 없어지지 않는다.
4 그녀는 <u>표준어</u>를 말할 수 없다.
5 그의 행동은 우리 학교의 <u>명예</u>를 손상시켰다.
6 앞으로도 건강히 <u>힘내</u> 주세요.
7 이 일은 저에게 <u>맡겨</u>주세요.
8 혈압계로 혈압을 <u>쟀다</u>.
9 몇 번이나 연습을 <u>반복했다</u>.
10 서해로 태양이 <u>졌다</u>.

확인문제 ⑥

1 서류가 바람에 날리지 않도록 손으로 <u>눌렀다</u>.
2 회장에는 3천 명이 <u>넘는</u> 사람이 모였다.
3 바람으로 머리가 <u>흐트러졌다</u>.
4 지진이나 태풍의 발생을 <u>막는</u> 것은 아직 할 수 없다.
5 <u>바라던</u> 대학에 들어갈 수 있었다.
6 그녀는 그의 프로포즈를 <u>거절했다</u>.
7 바닥에 그릇을 떨어트려 깨지고 말았다.
8 그는 최근에 직장의 인간관계로 <u>고민하고</u> 있다.
9 지나간 일은 <u>후회해도</u> 어쩔 수 없습니다.
10 나이를 <u>먹고</u> 그는 성격이 둥글둥글해졌다.

확인문제 7

1 이삿짐을 차에 <u>실었다</u>.
2 모두의 기대에 <u>부응할</u> 수 있도록 노력하겠습니다.
3 어제 친구의 아버지가 <u>돌아가셨다</u>.
4 아버지는 정년으로 회사를 <u>그만두고</u>, 연금으로 살고 있다.
5 모르는 것이 있으면 저에게 <u>물어봐</u> 주세요.
6 목이 <u>말라서</u> 물을 마시고 싶어졌다.
7 오랜 기간의 노력이 열매를 <u>맺었다</u>.
8 노후에 <u>대비해서</u> 저축을 하자.
9 노력이 결실을 <u>맺었다</u>.
10 여름은 음식이 <u>상하기</u> 쉽다.

확인문제 8

1 저 부부의 성격은 매우 <u>대조적</u>이다.
2 이 나라는 지하자원이 <u>풍부</u>하다.
3 <u>특수</u>한 카메라를 사용해 심해어를 촬영했다.
4 그의 고민은 매우 <u>심각</u>했다.
5 인간은 모두 <u>평등</u>하지 않으면 안 된다.
6 일본의 석유는 <u>주로</u> 중동에서 수입된다.
7 다나카 씨는 열심히 <u>노력</u>해서 영양사 자격을 땄다.
8 아버지는 남동생을 <u>데리고</u> 공원에 갔다.
9 오늘은 <u>담당자</u>가 없으니 내일 다시 와 주세요.
10 오늘 시험 <u>결과</u>가 발표된다.

확인문제 9

1 아무도 그의 이야기를 <u>의심하지</u> 않았다.
2 찻집에서 커피를 <u>주문</u>했다.
3 비자 연장을 <u>신청</u>했다.
4 바람 때문에 눈에 <u>모래</u>가 들어가 버렸다.
5 어제 교실에서 <u>배운</u> 것을 복습했다.
6 친구가 권해서 회원으로 <u>등록</u>했다.
7 신용카드의 <u>영수증</u>에 사인했다.
8 스즈키 교수님은 많은 젊은 학자들을 <u>길러냈다</u>.
9 열사병에는 다양한 <u>증상</u>이 있습니다.
10 어떤 조건이 되면 야채나 고기가 <u>타는</u> 것일까요?

확인문제 10

1 국적을 <u>취득</u>하기 위한 수속을 밟았다.
2 위험하니 <u>만지지</u> 마세요.
3 땀을 흘려서 셔츠에서 심한 <u>땀내가</u> 난다.
4 나이를 먹으면 <u>기억력</u>이 나빠진다.
5 여기는 학생이 <u>공동</u>으로 사용하고 있는 방이다.
6 메일을 열었더니, 바이러스에 <u>감염</u>되어 버렸다.
7 이 도로의 <u>제한</u> 속도는 60킬로미터입니다.
8 인터넷으로 목적지의 지도를 <u>검색</u>했다.
9 망가지기 쉬우니까, 험하게 <u>다루지</u> 말아 주세요.
10 혈압이 높은 사람은 염분을 <u>삼가는</u> 것이 좋다.

|M|E|M|O|

주어진 문장 속에 들어갈 알맞은 파생어(접두어, 접미어)와 복합어를 넣는 문제이다.

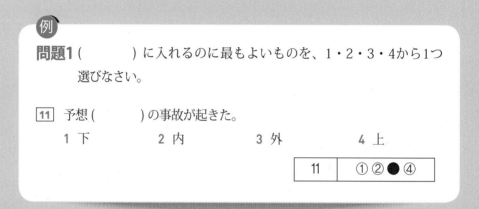

例

問題1 (   ) に入れるのに最もよいものを、1・2・3・4から1つ
　　　選びなさい。

11　予想 (   ) の事故が起きた。
　　　1 下　　　　　2 内　　　　　3 外　　　　　4 上

11	①②●④

포인트

접두어나 접미어가 붙어서 만들어지는 단어 중에서 한자 숙어의 경우는 그 형태가 일본어와 한국어가 거의 동일하다. 예를 들면 「高収入(고수입)」, 「副社長(부사장)」, 「生中継(생중계)」, 「商店街(상점가)」, 「集中力(집중력)」 등이 있으며, 간혹 차이가 나는 것들도 있으나 그다지 어려운 것은 출제되지 않을 것이다. 그러므로 〈問題3〉 단어형성의 접두어, 접미어 문제는 한국인 수험생들에게는 매우 유리하다.

학습요령

파생어에서 3문항, 복합어에서 2문항이 출제될 것으로 예상하며, 파생어에서는 접두어 2문항, 접미어 1문항이 나올 가능성이 크다. 복합어에서는 주로 복합동사가 출제될 것으로 예상하는데, 복합동사는 앞과 뒤를 이루는 2개의 동사가 모두 N3레벨의 기본동사일 때가 많다. 복합어가 되면서 새로운 의미가 되는데, 차분히 생각하면 충분히 문제를 풀 수 있을 것이다.

학습포인트

〈問題3〉 단어형성에서 주로 등장하는 파생어인 접두어와 접미어를 먼저 제시하고, 출제예상 2순위로 복합동사를 학습할 수 있도록 구성하였다. 한국인 수험생들에게는 매우 유리한 파트이기 때문에, 한국어와 일본어가 다르게 읽히는 것만 잘 체크하도록 하자.

접두어

※( ) 안의 숫자는 기출 연도입니다.

悪~	あくえいきょう 悪影響 악영향 (15, 19年)	あくじょうけん 悪条件 악조건 (11年)	
仮~	かりさいよう 仮採用 임시 채용	かりめんきょ 仮免許 임시 면허	
不~	ふあんてい 不安定 불안정 (19年)	ふけんこう 不健康な 건강에 해로운	ふとうこう 不登校 등교거부
	ふ 不まじめな 불성실한	ふようひん 不用品 쓰지 않는 물건	ふせいかく 不正確な 부정확한 (18年)
未~	みかいはつ 未開発 미개발	みけいけん 未経験 미경험 (14年)	みこうかい 未公開 미공개
	みかいけつ 未解決 미해결	みはっぴょう 未発表 미발표	
真~	まよなか 真夜中 한밤중	まなつび 真夏日 한여름날	まごころ 真心 진심
	まあたら 真新しい 아주 새롭다 (15年)		まうし 真後ろ 바로 뒤 (17年)
軽~	けいおんがく 軽音楽 경음악	けいろうどう 軽労働 경노동, 비교적 힘이 적게 드는 노동	
好~	こうきかい 好機会 좋은 기회	こうけいき 好景気 호경기	
非~	ひこうしき 非公式 비공식 (11年)	ひへいわてき 非平和的 비평화적	ひじょうしきてき 非常識的 비상식적
主~	しゅせいぶん 主成分 주성분 (16年)	しゅもくてき 主目的 주목적	
準~	じゅんけっしょう 準決勝 준결승 (13年)	じゅんゆうしょう 準優勝 준우승 (11年)	じゅんかいいん 準会員 준회원
無~	むいしき 無意識 무의식	むかんかく 無感覚 무감각	むけいかく 無計画 무계획 (18年)
	むせきにん 無責任 무책임 (15年)	むちつじょ 無秩序 무질서	むのうやく 無農薬 무농약
大~	だいかぞく 大家族 대가족	だいとし 大都市 대도시	だいやくしん 大躍進 대약진
生~	なまえんそう 生演奏 라이브 연주	なま 生クリーム 생크림	なまほうそう 生放送 생방송
再~	さいかいはつ 再開発 재개발 (16年)	さいていしゅつ 再提出 재제출 (13年)	さいひょうか 再評価 재평가
	さいほうそう 再放送 재방송 (10年)		

全〜	全世界 전세계	全国民 전국민	全生徒 모든 학생	
高〜	高水準 높은 수준 (16年)	高得点 고득점	高気圧 고기압	
副〜	副社長 부사장 (10, 15年)	副作用 부작용	副大臣 부장관 (18年)	
総〜	総売上 총매상(매출) (11年)	総選挙 총선거	総額 총액 (18年)	
トップ〜	トップクラス 톱클래스　トップシークレット 톱시크릿, 극비			
	トップダウン 톱다운, 조직의 상부에서 하부로 방침이나 명령이 전달되는 관리 시스템			
	トップレベル 톱레벨			

접미어

〜界	政界 정계	スポーツ界 스포츠계		
〜図	案内図 안내도	設計図 설계도		
〜性	計画性 계획성	可能性 가능성	感受性 감수성	
〜製	韓国製 한국제	自家製 집에서 만듦		
〜級	最高級 최고급	最上級 최상급	スター級 스타급	
〜感	安心感 안심감	危機感 위기감	距離感 거리감	責任感 책임감
〜権	主導権 주도권	所有権 소유권	生存権 생존권	選挙権 선거권
〜誌	雑誌 잡지	月刊誌 월간지		
〜化	高齢化 고령화	少子化 저출산화		
〜先	宛先 수신처	行き先 행선지	勤め先 근무처	取引先 거래처
〜費	教育費 교육비	共益費 공익비	養育費 양육비	
〜金	借金 빚	奨学金 장학금	税金 세금	入学金 입학금
〜代	ガス代 가스요금	電気代 전기요금		

～賃	家賃 집세	運賃 운임	電車賃 전철 요금 (14年)	
～人	差出人 발송인	受取人 수취인		
～味	人間味 인간미	人情味 인정미		
～率	成功率 성공률 (15年)	就職率 취직률 (10年)	進学率 진학률 (18年)	インフレ率 물가상승률
～状	招待状 초대장 (15年)	年賀状 연하장	クリーム状 크림 상태 (15年)	
～観	結婚観 결혼관 (16年)	価値観 가치관		
～風	ビジネスマン風 비즈니스맨풍 (12年)	和風 일본풍 (15年)	会社員風 회사원풍 (18年)	
～クラス	エコノミークラス 이코노미클래스, (배, 비행기의) 보통석			
	ファーストクラス 퍼스트클래스, 최고급, (배, 비행기의) 일등석	ハイクラス 하이클래스		
～的	印象的 인상적	衛生的 위생적	現実的 현실적	現代的 현대적
	実用的 실용적	人工的 인공적	段階的 단계적	定期的 정기적
	典型的 전형적	能率的 능률적	物理的 물리적	理想的 이상적
～沿い	川沿い 강가	海沿い 해안, 바닷가	線路沿い 선로 변 (14年)	
～っぽい	うそっぽい 거짓말 같은	子供っぽい 아이 같은		
～連れ	子供連れ 어린이 동반 (15年)	親子連れ 부모 자식이 동행 (13年)		
	家族連れ 가족 동반 (17年)			
～漬け	勉強漬け 공부 삼매경, 면학 (16年)			
～気味	風邪気味 감기 기운 (13年)	疲れ気味 피곤한 기색		
～明け	梅雨明け 장마가 끝남	夏休み明け 여름휴가가 끝남 (13年)		
～離れ	現実離れ 현실과 동떨어짐	活字離れ 활자 기피		
～一色	白一色 하양 일색	反対一色 반대 일색	ムード一色 무드 일색 (14年)	
～切れ	期限切れ 기한이 끝남 (14年)			
～おきに	一日おきに 하루걸러, 하루 간격으로 (11年)			

특별한 접두어 · 접미어

〈사람이나 직업에 관련된 접미어〉

☐ 事務員 사무원	☐ 看護師 간호사	☐ 運転手 운전수
☐ 医者 의사	☐ 建築家 건축가	☐ 弁護士 변호사 ☐ 消防士 소방수

〈한국어와 일본어가 동일하게 읽히는 것〉

☐ 悪影響 악영향 (15, 19年)	☐ 異文化 이문화 (16年)	☐ 応援団 응원단 (15年)	☐ 仮契約 가계약
☐ 管理下 관리하(관리 아래) (16年)		☐ 逆効果 역효과	☐ 急成長 급성장
☐ 旧制度 구제도 (10年)	☐ 高性能 고성능 (14年)	☐ 高収入 고수입 (10年)	☐ 最先端 최첨단
☐ 重労働 중노동	☐ 主成分 주성분 (16年)	☐ 食器類 식기류 (13年)	☐ 正反対 정반대
☐ 全自動 전자동	☐ 相談役 상담역	☐ 超能力 초능력	☐ 反作用 반작용
☐ 非公開 비공개	☐ 被選挙権 피선거권	☐ 不注意 부주의	☐ 別天地 별천지
☐ 名場面 명장면	☐ 事務員 사무원	☐ 自由化 자유화	☐ 出版界 출판계
☐ 想像外 상상 외	☐ 満足感 만족감	☐ 人生観 인생관	☐ 重量級 중량급
☐ 著作権 저작권	☐ 英語圏 영어권	☐ 看護師 간호사	☐ 月刊誌 월간지
☐ 軍隊式 군대식	☐ 専門職 전문직	☐ 経済上 경제상	☐ 経営権 경영권
☐ 危険性 위험성 (14年)	☐ 商店街 상점가 (10年)	☐ 読者層 독자층	☐ 時間帯 시간대
☐ 期間内 기간내	☐ 日本通 일본통	☐ 効果的 효과적	☐ 経営難 경영난
☐ 教育熱 교육열	☐ 行動派 행동파	☐ 集中力 집중력 (10年)	☐ 出世欲 출세욕
☐ 知能犯 지능범	☐ 生活面 생활면	☐ 秘密裏 비밀리	☐ 競争率 경쟁률
☐ 年代順 연대순 (16年)	☐ 予約制 예약제 (10年)	☐ 技術者 기술자	☐ 日本式 일본식 (16年)
☐ 初年度 초년도 (17年)	☐ 前社長 전사장 (17年)	☐ 会員制 회원제 (17年)	☐ 送信元 송신원 (18年)

〈한국어와 일본어가 다르게 읽히는것〉

☐ 本採用 정식 채용	☐ 本契約 정식 계약	☐ 好成績 좋은 성적	☐ 無理解 몰이해
☐ 親会社 모회사	☐ 丸暗記 통암기	☐ 生産高 생산액	☐ 売上高 매출액
☐ 諸問題 여러 문제 (10, 14年)		☐ 難問題 난제	☐ 軽自動車 경차
☐ 好景気 호황	☐ 研究家 연구자	☐ 最有力 가장 유력 (13年)	
☐ 接待係 접대 담당	☐ 去年並 작년과 비슷한 수준		☐ 自己流 자기식
☐ 勤務歴 경력	☐ 就職口 취직자리	☐ 学者肌 학자기질	☐ 取引先 거래처
☐ 来シーズン 다음 시즌 (16年)		☐ 働き手 (유능한) 일꾼 (18年)	

복합동사

当て	当てはまる 들어맞다, 적합하다	当てはめる 맞추다, 적용하다
受け	受け入れる 받아들이다 (11年)	受け取る 받다, 수취하다
	受け持つ 담당하다, 담임하다	
打ち	打ち合わせる 미리 상의하다	打ち消す 없애다, 부정하다 (18年)
売り	売り切れる 다팔리다, 매진되다	売り出す 팔기 시작하다
追い	追いかける 뒤쫓아가다, 추적하다	追い越す 추월하다, 앞지르다
	追い出す 쫓아내다, 몰아내다	追い込む (곤경에) 빠트리다
	追いつく 따라잡다, 따라붙다	
思い	思いつく (문득) 생각나다 (15年)	思いつめる 깊이 생각하다
書き	書き上げる 쓰기를 마치다, 다 쓰다	書き込む 써 넣다, 기입하다
	書き留める 적어두다, 기록하다	
貸し	貸し出す 대출하다	
組み	組み合わせる 짜맞추다, 편성하다	組み込む 짜넣다, 편입시키다
仕	仕上がる 완성되다, 다 되다	仕上げる 일을 끝내다, 완성하다
立ち・立て	立ち直る 회복되다	立て替える 대금을 대신 치르다
取り	取り上げる 집어들다, 채택하다	取り扱う 다루다, 취급하다
	取り入れる 도입하다	取りかかる 착수하다
	取り組む 맞붙다	取り付ける 장치하다, 설치하다
	取り除く 없애다, 제거하다	
乗り	乗り遅れる 늦어서 못 타다, 놓치다	乗り越す 하차역을 지나치다
	乗り過ごす 하차역을 지나치다	乗り継ぐ 갈아타고 가다 (18年)

引き (ひき)	引き受ける (ひきうける) 책임지고 떠맡다	引き返す (ひきかえす) 되돌아가다, 돌아오다 (19年)
	引き止める (ひきとめる) 말리다, 만류하다 (16年)	
見 (み)	見当たる (みあたる) 발견되다, 눈에 띄다	見合わせる (みあわせる) 마주보다, 보류하다
	見送る (みおくる) 배웅하다	見かける (みかける) 눈에 띄다, 보다
	見違える (みちがえる) 몰라보다, 착각하다	見つめる (みつめる) 응시하다, 주시하다
	見直す (みなおす) 다시 보다, 재점검하다, 달리 보다	見習う (みならう) 보고 배우다, 본받다
	見慣れる (みなれる) 늘 보아오다, 낯익다	見逃す (みのがす) 간과하다, 못 본 체하다 (19年)
	見渡す (みわたす) 멀리까지 널리 바라보다, 조망하다	
やり	やりつくす 전부 다하다	やり通す (やりとおす) 끝까지 하다
呼び (よび)	呼び起こす (よびおこす) 환기하다, 불러일으키다	呼びかける (よびかける) 호소하다
	呼び止める (よびとめる) 불러 세우다 (13年)	呼び出す (よびだす) 불러내다

기타 복합동사

□ 駆けつける (かけつける) 부랴부랴 가다	□ 聞き取る (ききとる) 알아듣다, 청취하다
□ 切り抜ける (きりぬける) 돌파하다, 극복하다	□ 食い止める (くいとめる) 막다, 저지하다
□ 信じ通す (しんじとおす) 끝까지 믿다	□ 住み慣れる (すみなれる) 오래 살아 정들다
□ 食べそびれる (たべそびれる) 먹을 기회를 놓치다	□ 使い分ける (つかいわける) 구분하여 쓰다
□ 疲れ果てる (つかれはてる) 몹시 지치다	□ 飛び散る (とびちる) 사방에 흩날리다, 튀다 (18年)
□ 飲みかける (のみかける) 마시다 말다	□ 入りきる (はいりきる) 전부 다 들어가다
□ 払い戻す (はらいもどす) (청산하고 나머지를) 되돌려주다, 환불하다	□ 振り向く (ふりむく) 돌아보다
□ 持ち上げる (もちあげる) 들어올리다, 치켜세우다	□ 忘れかける (わすれかける) 거의 잊어버리다
□ 割り引く (わりびく) 할인하다, 값을 깎다	□ 割り込む (わりこむ) 새치기하다, 끼어들다 (16年)

2019

- □ 前町長 전 마을 대표
- □ 頼みづらい 부탁하기 곤란하다
- □ 政治色 정치색
- □ 悪影響 악영향
- □ アメリカ流 미국식
- □ 別れ際 이별할 즈음

2018

- □ 無計画 무계획
- □ 送信元 송신원
- □ 働き手 (유능한) 일꾼
- □ スキー場 스키장
- □ 来学期 다음 학기
- □ 進学率 진학률
- □ 副大臣 부장관
- □ 学年別 학년별

2017

- □ 住宅街 주택가
- □ 不正確な 부정확한
- □ 低カロリー 저칼로리
- □ 会社員風 회사원풍
- □ 諸外国 여러 외국 (12年)
- □ 初年度 초년도
- □ 前社長 전 사장
- □ 会員制 회원제
- □ 家族連れ 가족 동반
- □ 真後ろ 바로 뒤

2016

- □ 結婚観 결혼관
- □ 高水準 높은 수준
- □ 日本式 일본식
- □ 未使用 미사용
- □ 勉強漬け 공부 삼매경, 면학
- □ 異文化 이문화, 다른 문화
- □ 年代順 연대순
- □ 管理下 관리하, 관리 아래
- □ 再開発 재개발
- □ 主成分 주성분

2015

- □ 副社長 부사장
- □ 真新しい 아주 새롭다
- □ 現実離れ 현실과 동떨어짐
- □ 無責任 무책임
- □ 悪影響 악영향
- □ 応援団 응원단
- □ 子供連れ 어린이 동반
- □ 成功率 성공률
- □ 和風 일본풍, 일본식
- □ 招待状 초대장

2014

- ☐ 作品集 <ruby>さくひんしゅう</ruby> 작품집
- ☐ ムード一色 <ruby>いっしょく</ruby> 무드 일색
- ☐ 期限切れ <ruby>きげんぎ</ruby> 기한이 끝남
- ☐ 線路沿い <ruby>せんろぞ</ruby> 선로 변
- ☐ 危険性 <ruby>きけんせい</ruby> 위험성
- ☐ 高性能 <ruby>こうせいのう</ruby> 고성능
- ☐ 諸問題 <ruby>しょもんだい</ruby> 여러 문제
- ☐ 未経験 <ruby>みけいけん</ruby> 미경험
- ☐ 一日おきに <ruby>いちにち</ruby> 하루 걸러
- ☐ 電車賃 <ruby>でんしゃちん</ruby> 전철 요금

2013

- ☐ 準決勝 <ruby>じゅんけっしょう</ruby> 준결승
- ☐ 食器類 <ruby>しょっきるい</ruby> 식기류
- ☐ 音楽全般 <ruby>おんがくぜんぱん</ruby> 음악 전반
- ☐ 親子連れ <ruby>おやこづ</ruby> 부모 자식이 동행
- ☐ 再提出 <ruby>さいていしゅつ</ruby> 재제출
- ☐ 最有力 <ruby>さいゆうりょく</ruby> 가장 유력
- ☐ 薄暗い <ruby>うすぐら</ruby> 좀 어둡다, 침침하다
- ☐ 東京駅発 <ruby>とうきょうえきはつ</ruby> 도쿄역 출발
- ☐ 夏休み明け <ruby>なつやすあ</ruby> 여름방학이 끝남
- ☐ 風邪気味 <ruby>かぜぎみ</ruby> 감기 기운

2012

- ☐ ビジネスマン風 <ruby>ふう</ruby> 비즈니스맨풍
- ☐ 低価格 <ruby>ていかかく</ruby> 낮은 가격
- ☐ アルファベット順 <ruby>じゅん</ruby> 알파벳순
- ☐ 仮採用 <ruby>かりさいよう</ruby> 임시 채용
- ☐ 真夜中 <ruby>まよなか</ruby> 한밤중
- ☐ 半透明 <ruby>はんとうめい</ruby> 반투명
- ☐ 国際色 <ruby>こくさいしょく</ruby> 국제적 색채
- ☐ 投票率 <ruby>とうひょうりつ</ruby> 투표율
- ☐ 日本流 <ruby>にほんりゅう</ruby> 일본식
- ☐ 諸外国 <ruby>しょがいこく</ruby> 여러 외국

2011·2010

- ☐ 医学界 <ruby>いがくかい</ruby> 의학계
- ☐ 総売上 <ruby>そううりあげ</ruby> 총매상, 총매출
- ☐ クリーム状 <ruby>じょう</ruby> 크림 상태
- ☐ 準優勝 <ruby>じゅんゆうしょう</ruby> 준우승
- ☐ 文学賞 <ruby>ぶんがくしょう</ruby> 문학상
- ☐ 一日おきに <ruby>いちにち</ruby> 하루걸러
- ☐ 現段階 <ruby>げんだんかい</ruby> 현 단계
- ☐ 悪条件 <ruby>あくじょうけん</ruby> 악조건
- ☐ 来シーズン <ruby>らい</ruby> 다음 시즌
- ☐ 非公式 <ruby>ひこうしき</ruby> 비공식
- ☐ 諸問題 <ruby>しょもんだい</ruby> 여러 문제
- ☐ 集中力 <ruby>しゅうちゅうりょく</ruby> 집중력
- ☐ 予約制 <ruby>よやくせい</ruby> 예약제
- ☐ 商店街 <ruby>しょうてんがい</ruby> 상점가
- ☐ 2対1 <ruby>たい</ruby> 2대 1
- ☐ 就職率 <ruby>しゅうしょくりつ</ruby> 취직률
- ☐ 高収入 <ruby>こうしゅうにゅう</ruby> 고수입
- ☐ 再放送 <ruby>さいほうそう</ruby> 재방송
- ☐ 旧制度 <ruby>きゅうせいど</ruby> 구제도
- ☐ 副社長 <ruby>ふくしゃちょう</ruby> 부사장

問題3 （　　　　）に入れるのに最もよいものを、1・2・3・4から1つ選びなさい。

1 あすのパーティーには各国から大使（たいし）（　　　　）の人たちが集まる。
   1 ラベル　　　　2 クラス　　　　3 ランク　　　　4 ハウス

2 そのアメリカのホテルの中には日本（　　　　）の庭園（ていえん）があった。
   1 流　　　　　　2 通　　　　　　3 系　　　　　　4 風

3 経済（　　　　）の理由から、彼は学校を途中でやめてしまった。
   1 性　　　　　　2 的　　　　　　3 系　　　　　　4 上

4 調査の結果、そのプロジェクトはあまり経済（　　　　）がないことがわかった。
   1 系　　　　　　2 性　　　　　　3 的　　　　　　4 型

5 あすの試合には各国から重量（じゅうりょう）（　　　　）の選手たちが集まる。
   1 圏　　　　　　2 級　　　　　　3 風　　　　　　4 型

6 その仕事には専門（　　　　）が求められる。
   1 感　　　　　　2 性　　　　　　3 層　　　　　　4 級

7 いまひとつ満足（　　　　）は得られなかった。
   1 気　　　　　　2 感　　　　　　3 観　　　　　　4 時

8 あの会社の経営（　　　　）は買収（ばいしゅう）企業（きぎょう）に移った。
   1 圏　　　　　　2 難　　　　　　3 権　　　　　　4 力

9 レポートは必ず期間（　　　　）に提出してください。
   1 限　　　　　　2 時　　　　　　3 内　　　　　　4 上

10 アジア各国で教育（　　　　）が高まっている。
   1 熱　　　　　　2 感　　　　　　3 観　　　　　　4 上

정답　　　1② 　2④ 　3④ 　4② 　5② 　6② 　7② 　8③ 　9③ 　10①

問題3 （　　　　）に入れるのに最もよいものを、1・2・3・4から1つ選びなさい。

1 予想（　　　　）の事故が起きた。

1 下　　　　　2 内　　　　　3 外　　　　　4 上

2 毎月の生活（　　　　）にも困っている。

1 代　　　　　2 姓　　　　　3 費　　　　　4 賃

3 考えつづけていたら、ふといいアイディアを思い（　　　　）。

1 かけた　　　2 だした　　　3 ついた　　　4 きった

4 被害(ひがい)を最小限(さいしょうげん)に食い（　　　　）よう努力した。

1 とめる　　　2 とまる　　　3 おえる　　　4 おわる

5 田中さんが怒って帰るというのを引き（　　　　）。

1 とめた　　　2 かえした　　　3 こんだ　　　4 まわした

6 その映画には大好きな俳優(はいゆう)が出るので、見（　　　　）わけにはいかない。

1 まもる　　　2 あきる　　　3 わたす　　　4 のがす

7 父親が入院したと聞いて、娘がまっ先に病院に駆(か)け（　　　　）。

1 ぬけた　　　2 まわった　　　3 つけた　　　4 めぐった

8 誰かの飲み（　　　　）のワインがテーブルの上にあった。

1 にげ　　　　2 かけ　　　　3 きり　　　　4 だし

9 せっかく忘れ（　　　　）いたのに、また思い出してしまった。

1 すてて　　　2 おわって　　　3 かけて　　　4 だして

10 この方法はまだ単なる思い（　　　　）で、まだくわしい検証(けんしょう)はしていない。

1 つき　　　　2 やり　　　　3 こみ　　　　4 ちがい

정답　　1③　　2③　　3③　　4①　　5①　　6④　　7③　　8②　　9③　　10①

問題3 （　　　）に入れるのに最もよいものを、1・2・3・4から1つ選びなさい。

1 骨をきれいに取り（　　　）から魚を焼いた。

　　1 のぞいて　　　　2 かえして　　　　3 はずして　　　　4 もどして

2 大雨になったので、集会の実施を見（　　　）。

　　1 やめた　　　　2 のがした　　　　3 おくった　　　　4 のばした

3 この商品はこの店では取り（　　　）いません。

　　1 かかって　　　　2 こんで　　　　3 あつかって　　　　4 まわって

4 駅前で署名を呼び（　　　）。

　　1 こんだ　　　　2 かけた　　　　3 おこした　　　　4 だした

5 会社をやめるのを考え（　　　）くれるようもう一度彼に頼んでみましょう。

　　1 ついて　　　　2 こんで　　　　3 なおして　　　　4 だして

6 電車の中で居眠りをしていたら、降りる駅を乗り（　　　）しまった。

　　1 すごして　　　　2 こえて　　　　3 すぎて　　　　4 とおって

7 時間がなくて、お昼ごはんを食べ（　　　）しまった。

　　1 とぎれて　　　　2 そびれて　　　　3 はずして　　　　4 やめて

8 山本さんを見（　　　）たら、すぐに私に知らせてください。

　　1 とおし　　　　2 かけ　　　　3 あき　　　　4 あたっ

9 私は彼が戦争で死んだとばかり思い（　　　）いた。

　　1 ついて　　　　2 かけて　　　　3 こんで　　　　4 とおして

10 彼女は最後まで自分の夫の言葉を信じ（　　　）。

　　1 つめた　　　　2 かけた　　　　3 だした　　　　4 とおした

90

問題3 （　　　　）に入れるのに最もよいものを、1・2・3・4から1つ選びなさい。

1 彼女は思い（　　　　）病気になってしまった。

1　つめて　　　　2　つくして　　　　3　ついて　　　　4　なおして

2 彼は人生でやりたいことは全部やり（　　　）と言って自慢している。

1　のこした　　　2　つくした　　　3　かけた　　　　4　なおした

3 この仕事を最後までやり（　　　　）自信がなくなった。

1　かける　　　　2　こむ　　　　　3　つめる　　　　4　とおす

4 彼女は老父の介護に疲れ（　　　　）しまった。

1　ぬけて　　　　2　はてて　　　　3　とおして　　　　4　つくして

5 会場には入り（　　　　）ほどの人たちが集まった。

1　すぎない　　　2　とおせない　　3　とおれない　　4　きれない

6 彼女の小説は社会に大きな反響を呼び（　　　　）。

1　かけた　　　　2　だした　　　　3　おきた　　　　4　おこした

7 彼女は見（　　　　）ほどきれいになった。

1　あまる　　　　2　ちがえる　　　3　おとす　　　　4　すごす

8 安くていい靴下だったので、また同じものを買おうとしたが、どこにも見（　　　　）。

1　かけなかった　2　あわせなかった　3　あたらなかった　4　くらべなかった

9 子どもの頃から住み（　　　　）町から引っ越さなければならなくなった。

1　かけた　　　　2　なれた　　　　3　とおした　　　　4　はじめた

10 ３ヶ月も思い（　　　　）末に、転職することにした。

1　こんだ　　　　2　きった　　　　3　ついた　　　　4　なやんだ

정답　　1①　　2②　　3④　　4②　　5④　　6④　　7②　　8③　　9②　　10④

問題3 (　　　　)に入れるのに最もよいものを、1・2・3・4から1つ選びなさい。

1 本格的に料理をするためには、色々な包丁を使い（　　　　）なければなりません。

1 わけ　　　　　2 かけ　　　　　3 ださ　　　　　4 なれ

2 赤字が続いて、その会社は倒産に（　　　　）込まれた。

1 追い　　　　　2 巻き　　　　　3 踏み　　　　　4 引き

3 そのチームは7回裏のピンチを（　　　　）ぬけた。

1 通り　　　　　2 切り　　　　　3 乗り　　　　　4 駆け

4 今日中にこれを全部やってしまわなければなりませんから、早く仕事に
（　　　　）かかりましょう。

1 取り　　　　　2 やり　　　　　3 乗り　　　　　4 飛び

5 彼は失恋のショックから（　　　　）なおって仕事に励んでいる。

1 向き　　　　　2 開き　　　　　3 立ち　　　　　4 踏み

6 このロボットには人工頭脳が（　　　　）こまれている。

1 押し　　　　　2 組み　　　　　3 詰め　　　　　4 叩き

7 会場は（　　　　）満員で大盛況だった。

1 超　　　　　　2 大　　　　　　3 最　　　　　　4 本

8 その事件は今日の新聞の（　　　　）ニュースになった。

1 キー　　　　　2 ネット　　　　　3 ホット　　　　　4 トップ

9 親の（　　　　）理解から、彼は自分の好きな学科に進学できなかった。

1 反　　　　　　2 欠　　　　　　3 無　　　　　　4 少

10 3日もかかって、やっとレポートを全部書き（　　　　）。

1 だした　　　　　2 ぬいた　　　　　3 なれた　　　　　4 あげた

정답　　1①　　2①　　3②　　4①　　5③　　6②　　7①　　8④　　9③　　10④

問題3　（　　　）に入れるのに最もよいものを、1・2・3・4から1つ選びなさい。

1 台風が接近してきたので、航空機の運行を見（　　　）航空会社が増えている。
　　1 すごす　　　　　2 あわせる　　　　3 のがす　　　　4 やめる

2 そんなひどいことを言うなんてあの人はちょっと（　　　）神経すぎる。
　　1 非　　　　　　　2 不　　　　　　　3 無　　　　　　4 少

3 兄は、仕事に（　　　）自動車を使っている。
　　1 軽　　　　　　　2 小　　　　　　　3 中　　　　　　4 重

4 彼女は看護（　　　）の試験に合格した。
　　1 師　　　　　　　2 者　　　　　　　3 官　　　　　　4 犯

5 よく聞き（　　　）ませんので、大きな声で言ってください。
　　1 きれ　　　　　　2 だせ　　　　　　3 とれ　　　　　4 なおせ

6 彼はアルコール中毒から見事に立ち（　　　）。
　　1 なおった　　　　2 かえった　　　　3 もどった　　　4 さった

7 実験の結果は（　　　）成功だった。
　　1 最　　　　　　　2 本　　　　　　　3 大　　　　　　4 真

8 数年間、不景気が続いたが、やっと（　　　）景気になった。
　　1 好　　　　　　　2 良　　　　　　　3 高　　　　　　4 上

9 性格は（　　　）反対だが、二人の仲はとてもいい。
　　1 完　　　　　　　2 全　　　　　　　3 真　　　　　　4 正

10 一日中立っていなければならないので、この仕事はけっこう（　　　）労働です。
　　1 過　　　　　　　2 重　　　　　　　3 長　　　　　　4 多

정답　　1②　　2③　　3①　　4①　　5③　　6①　　7③　　8①　　9④　　10②

확인문제 ①

1 내일 파티에는 각국에서 대사급의 사람들이 모인다.
2 그 미국 호텔 안에는 일본풍의 정원이 있었다.
3 경제상의 이유로 그는 대학을 도중에 그만둬버렸다.
4 조사 결과 그 프로젝트는 별로 경제성이 없다는 것을 알게 되었다.
5 내일 시합에는 각국에서 중량급 선수들이 모인다.
6 그 일에는 전문성이 요구된다.
7 별로 만족감을 얻지 못했다.
8 저 회사의 경영권은 매수기업으로 옮겨졌다.
9 리포트는 반드시 기한 내에 제출해 주세요.
10 아시아 각국에서 교육열이 높아지고 있다.

확인문제 ②

1 예상 밖의 사고가 일어났다.
2 매월 생활비에도 어려움을 겪고 있다.
3 계속 생각하고 있다가, 문득 좋은 아이디어를 생각해냈다.
4 피해를 최소한으로 막도록 노력했다.
5 다나카 씨가 화나서 돌아간다는 것을 말렸다.
6 그 영화에는 좋아하는 배우가 나와서 놓칠 수 없다.
7 아버지가 입원했다는 것을 듣고 딸이 제일 먼저 병원으로 부랴부랴 갔다.
8 누군가 먹다 남긴 와인이 테이블 위에 있었다.
9 기껏 거의 잊고 있었는데, 또 생각나 버렸다.
10 이 방법은 아직 단순한 생각으로, 아직 자세한 검증은 하지 않았다.

확인문제 ③

1 뼈를 깨끗하게 제거하고 나서 생선을 구웠다.
2 호우가 내려 집회 실시를 그냥 보류했다.
3 이 상품은 이 가게에서는 취급하지 않습니다.
4 역 앞에서 서명을 호소했다.
5 회사를 그만두는 것을 다시 생각해줄 것을 다시 한번 그에게 부탁해 봅시다.
6 전철 안에서 졸고 있다가 내릴 역을 지나쳐 버렸다.
7 시간이 없어서 점심을 놓쳤습니다.
8 야마모토 씨를 보면 바로 저에게 연락주세요.
9 저는 그가 전쟁에서 죽었다고만 생각하고 있었다.
10 그녀는 자기 남편의 말을 끝까지 믿었다.

확인문제 ④

1 그녀는 골똘히 생각하다 병에 걸려버렸다.
2 그는 인생에서 하고 싶은 것은 전부 다 했다고 말하며 자랑하고 있다.
3 이 일을 마지막까지 해낼 자신이 없어졌다.
4 그녀는 늙은 아버지의 간호로 지쳐버렸다.
5 회장에는 다 들어갈 수 없을 정도로 사람들이 모였다.
6 그녀의 소설은 사회적으로 큰 반향을 불러일으켰다.
7 그녀는 몰라볼 정도로 예뻐졌다.
8 싸고 좋은 양말이어서 또 같은 것을 사려고 했는데 어디에서도 보이지 않았다.
9 어릴 때부터 살아 정든 마을에서 이사를 하지 않으면 안 되게 되었다.
10 3개월이나 고민한 끝에 이직하기로 했다.

확인문제 ⑤

1 본격적으로 요리를 하기 위해서는 여러 가지 식칼을 잘 구분해서 사용해야 합니다.
2 적자가 계속되어 그 회사는 도산에 몰렸다.
3 그 팀은 7회 말의 위기를 벗어났다.
4 오늘 중으로 이것을 전부 해야하니까 빨리 일에 착수합시다.
5 그는 실연의 충격으로부터 다시 일어서서 일에 전념하고 있다.
6 이 로봇에는 인공두뇌가 탑재되어 있다.
7 회장은 초만원으로 대성황이었다.
8 그 사건은 오늘 신문의 톱뉴스가 되었다.
9 부모의 몰이해 때문에 그는 자기가 좋아하는 학과에 진학하지 못했다.
10 3일이나 걸려서 겨우 리포트를 다 썼다.

1 태풍이 접근해 오기 시작해서 항공기 운행을 <u>보류하</u><u>는</u> 항공회사가 늘고 있다.
2 그런 심한 말을 하다니, 그 사람 너무 <u>무신경</u>하다.
3 형은 일할 때 <u>경</u>차를 사용하고 있다.
4 그녀는 간호<u>사</u> 시험에 합격했다.
5 잘 <u>안</u> 들리는데, 큰소리로 말해 주세요.
6 그는 알코올 중독에서 완전히 <u>회복되었다</u>.
7 실험 결과는 <u>대</u>성공이었다.
8 수년간 불경기가 계속되었지만, 겨우 <u>호</u>경기가 되었다.
9 성격은 <u>정</u>반대이지만, 두 사람 사이는 매우 좋다.
10 온종일 서 있어야 하기 때문에, 이 일은 꽤 <u>중</u>노동입니다.

問題 4 문맥규정

문맥규정 (7문항)

문장 전체의 문맥에 맞는 어휘를 골라서 괄호 안에 넣는 문제로 단어의 의미를 잘 알아야 쉽게 풀 수 있다.

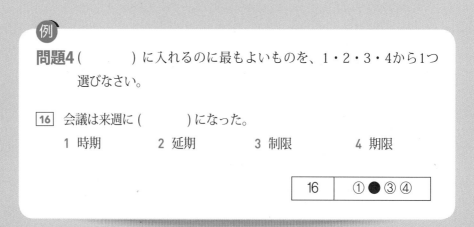

例

問題4 (   ) に入れるのに最もよいものを、1・2・3・4から1つ選びなさい。

16　会議は来週に (   ) になった。

1　時期　　　　2　延期　　　　3　制限　　　　4　期限

16	① ● ③ ④

포인트

선택지에는 의미가 비슷한 어휘나 한자 모양이 비슷한 어휘가 나오므로 틀리지 않도록 주의해야 한다. 문제 4에서 어려운 문제가 있으면 우선 선택지에 나온 단어들을 순서대로 문장 속에 넣어서 해석해 보면 문장 흐름에 적절한 어휘가 무엇인지 찾을 수 있을 것이다.

학습요령

품사별로 볼 때는 4대 품사(동사, 명사, 형용사, 부사)가 모두 나올 것으로 예상한다. 다만, 부사는 1문항 정도 나올 것으로 예상한다. 〈問題4 문맥규정〉의 7문항 중 1문항은 가타카나 즉, 외래어가 출제되고 의태어도 나올 것이다. 한자어는 어휘 문제인 〈問題3〉에서 〈問題6〉에 걸쳐 고르게 출제된다. 〈問題4〉에서도 한자어는 7개 문항 중 3개 문항 정도가 출제될 것으로 예상한다. 한자어는 본 교재에서 〈問題 1・2〉의 출제예상 1순위 〈する동사〉, 출제 2순위 〈음독명사〉에 제시해 놓았다.

학습포인트

〈問題4〉 문맥규정에서는 4대 품사가 모두 등장하는 것을 고려하여, 출제 빈도에 맞게 어휘를 제시하고자 한다. 한자어는 본 교재에서 問題1·2의 출제예상 1순위 する동사, 출제 2순위 음독명사에 포함시켜 놓았기 때문에 이미 학습해 두었을 것이다. 한자어는 확인문제를 풀면서 확인하고, 명사이외의 품사를 집중해서 암기해 보자.

동사

※( ) 안의 숫자는 기출 연도입니다.

~く		
□ 相次ぐ 잇달다, 연달다 (10年)	□ 仰ぐ 우러르다, 쳐다보다	□ 頂く 「もらう(받다)의 겸양어」
□ 抱く 안다, (마음 속에) 품다	□ うなずく 수긍하다, 끄덕이다	□ 驚く 놀라다 (15年)
□ 輝く 빛나다, 반짝이다	□ かく 긁다	□ 稼ぐ 수입을 얻다, 벌다
□ 片付く 정돈되다, 해결되다	□ 敷く 깔다, 펴다	□ 退く 물러나다, 비키다
□ 注ぐ (물 등을) 붓다, 따르다	□ 炊く 밥을 짓다	□ つく 행운이 따르다, 재수가 있다(16年)
□ 叩く 때리다, 두드리다	□ つまずく 발이 걸려 넘어질 뻔하다, 차질이 생기다 (13年)	
□ 繋ぐ 묶어두다, 연결하다	□ 届く 닿다, 미치다, 도착하다	□ 抜く 뽑다, 골라내다
□ 覗く 들여다보다, 엿보다	□ 除く 없애다, 제거하다 (14年)	□ 掃く 쓸다, 비질하다
□ 響く 울리다, 울려퍼지다	□ 塞ぐ 막다, 가리다 (12年)	□ 振り向く 뒤돌아보다 (15年)
□ 撒く 뿌리다, 살포하다	□ 剥く (껍질 등을) 벗기다, 까다	

~う		
□ 遭う (어떤 일을) 만나다, 겪다, 우연히 만나다		□ 味わう 맛보다, 체험하다
□ 扱う 다루다, 취급하다 (12年)	□ 祝う 축하하다 (11年)	□ 奪う 빼앗다
□ 覆う (표면을) 덮다, 씌우다	□ 飼う (동물을) 기르다, 사육하다	□ 叶う 이루어지다, 꼭 맞다
□ 構う 상관하다, 개의하다	□ 嫌う 싫어하다, 미워하다	□ 狂う 미치다, 지나치게 몰두하다
□ 誘う 권유하다, 권하다 (11年)	□ 従う 따르다, 뒤따르다 (18年)	□ 支払う 지급하다, 지불하다
□ 救う 돕다, 도와주다, 살리다(17年)	□ 沿う 따르다	□ 揃う 갖추어지다, 구비되다
□ 戦う 전쟁하다, 겨루다	□ 誓う 맹세하다, 서약하다	□ 付き合う 사귀다, 교제하다
□ 問う 질문하다, 묻다	□ 整う 고르게 되다, 정돈되다	□ 伴う 따라가다, 데리고 가다 (16年)
□ 似合う 어울리다, 잘 맞다	□ 縫う 바느질하다, 꿰매다	□ 狙う 겨누다, 노리다
□ 這う 기다, 기어가다	□ 振舞う 행동하다	□ 養う 양육하다, 기르다 (18年)

～む	□ <ruby>痛<rt>いた</rt></ruby>む 아프다, 고통스럽다 (14年)	□ <ruby>悼<rt>いた</rt></ruby>む 슬퍼하다, 애도하다	□ <ruby>恨<rt>うら</rt></ruby>む 원망하다, 원한을 품다

	□ <ruby>羨<rt>うらや</rt></ruby>む 부러워하다, 선망하다	□ <ruby>悲<rt>かな</rt></ruby>しむ 슬퍼하다	□ <ruby>組<rt>く</rt></ruby>む 엮다, 꼬다
	□ <ruby>苦<rt>くる</rt></ruby>しむ 괴로워하다, 고생하다	□ <ruby>混<rt>こ</rt></ruby>む 몰리다, 붐비다	□ <ruby>済<rt>す</rt></ruby>む 끝나다, 완료되다, 해결되다
	□ <ruby>畳<rt>たた</rt></ruby>む 개다, (여러 겹으로) 접다 (14年)	□ <ruby>縮<rt>ちぢ</rt></ruby>む 오그라들다, 줄다 (14年)	□ <ruby>掴<rt>つか</rt></ruby>む 움켜쥐다, 붙잡다
	□ <ruby>包<rt>つつ</rt></ruby>む 싸다, 에워싸다	□ <ruby>憎<rt>にく</rt></ruby>む 미워하다, 싫어하다 (19年)	□ <ruby>睨<rt>にら</rt></ruby>む 노려보다, 주목하다
	□ <ruby>挟<rt>はさ</rt></ruby>む 끼우다	□ <ruby>微笑<rt>ほほえ</rt></ruby>む 미소 짓다	

～す	□ <ruby>甘<rt>あま</rt></ruby>やかす 응석을 받아주다 (15年)	□ <ruby>表<rt>あらわ</rt></ruby>す 나타내다, 드러내다	□ <ruby>裏返<rt>うらがえ</rt></ruby>す 뒤집다
	□ <ruby>脅<rt>おびや</rt></ruby>かす 위협하다, 겁을 주다	□ <ruby>下<rt>お</rt></ruby>ろす 내리다, 인출하다	□ <ruby>卸<rt>おろ</rt></ruby>す 도매하다
	□ <ruby>隠<rt>かく</rt></ruby>す 감추다, 숨기다 (13年)	□ <ruby>崩<rt>くず</rt></ruby>す 무너뜨리다, 허물어 뜨리다	□ <ruby>焦<rt>こ</rt></ruby>がす 그을리다, 태우다
	□ こぼす 흘리다, 엎지르다	□ <ruby>転<rt>ころ</rt></ruby>がす 굴리다, 쓰러뜨리다	□ <ruby>指<rt>さ</rt></ruby>す 가리키다, 지적하다
	□ <ruby>挿<rt>さ</rt></ruby>す 꽂다 / (액체를) 더 부어 넣다, 첨가하다		□ <ruby>冷<rt>さ</rt></ruby>ます 식히다
	□ <ruby>覚<rt>さ</rt></ruby>ます (잠을) 깨우다, 깨다	□ <ruby>過<rt>す</rt></ruby>ごす (시간을) 보내다, 살아가다	
	□ ずらす 어긋나게 하다, (겹치지 않도록) 위치나 시간을 조금 옮기다		□ <ruby>騙<rt>だま</rt></ruby>す 속이다, 달래다
	□ <ruby>散<rt>ち</rt></ruby>らかす 흩뜨리다, 어지르다 (12, 18年)		□ <ruby>散<rt>ち</rt></ruby>らす 흩뜨리다, 흩어놓다
	□ <ruby>費<rt>つい</rt></ruby>やす 소비하다, 낭비하다	□ <ruby>尽<rt>つ</rt></ruby>くす (전력을) 다하다	□ <ruby>潰<rt>つぶ</rt></ruby>す 찌그러뜨리다, 부수다
	□ つるす 매달다, 달아매다	□ <ruby>溶<rt>と</rt></ruby>かす 녹이다	□ <ruby>飛<rt>と</rt></ruby>ばす 날리다
	□ <ruby>無<rt>な</rt></ruby>くす 없애다	□ <ruby>失<rt>な</rt></ruby>くす 분실하다	□ なす 하다, 행하다
	□ <ruby>鳴<rt>な</rt></ruby>らす 소리를 내다, 울리다	□ <ruby>濡<rt>ぬ</rt></ruby>らす 적시다	□ <ruby>伸<rt>の</rt></ruby>ばす 늘이다, 길게 기르다
	□ <ruby>延<rt>の</rt></ruby>ばす 연장하다, 끌다	□ <ruby>剥<rt>はが</rt></ruby>す 벗기다, 떼다	□ <ruby>外<rt>はず</rt></ruby>す 떼다, 풀다, 제외하다 (11年)
	□ <ruby>放<rt>はな</rt></ruby>す 풀어놓다, 놓아주다	□ <ruby>離<rt>はな</rt></ruby>す 떼다, 거리를 두다	□ <ruby>冷<rt>ひ</rt></ruby>やす 식히다, 차게 하다
	□ <ruby>膨<rt>ふく</rt></ruby>らます 부풀게 하다, 부풀리다	□ <ruby>減<rt>へ</rt></ruby>らす 줄이다, 덜다, 감하다	□ <ruby>干<rt>ほ</rt></ruby>す 말리다
	□ <ruby>回<rt>まわ</rt></ruby>す 돌리다, 회전시키다	□ <ruby>蒸<rt>む</rt></ruby>す 무덥게 느끼다, 찌다	□ <ruby>目指<rt>めざ</rt></ruby>す 목표로 하다, 노리다 (14年)
	□ よこす 이쪽으로 넘기다	□ よす 그만두다, 중지하다	

~る

□ 諦める 단념하다, 체념하다	□ 飽きる 질리다, 싫증나다
□ 呆れる 기가 막히다, 놀라다	□ 開ける 열다, 펴다
□ 揚げる 튀기다, (기를) 올리다	□ 憧れる 동경하다
□ 預かる 맡다, 보관하다	□ 預ける 맡기다, 보관시키다
□ 与える 주다, 부여하다 (11年)	□ 当たる 맞다, 부딪히다
□ 当てはまる 들어맞다, 적합하다	□ 当てはめる 맞추다, 들어맞추다
□ 当てる 맞히다, 명중시키다 (18年)	□ あぶる 불에 쬐어굽다
□ あふれる 가득차서 넘치다	□ 謝る 용서를 빌다, 사과하다
□ 荒れる (날씨, 분위기 등이) 거칠어지다, 사나워지다	□ 合わせる 합치다, 모으다
□ いじめる 학대하다, 괴롭히다	□ 至る 다다르다, 도달하다 (12年)
□ いばる 뽐내다, 으스대다	□ 嫌がる 싫어하다
□ 居る (사람, 동물이) 있다, 존재하다	□ 炒る 볶다
□ 飢える 주리다, 굶주리다	□ 浮かべる 띄우다, 떠올리다
□ 訴える 소송하다, 호소하다	□ うなる 끙끙거리다, 신음하다
□ 埋める 묻다, 메우다	□ 裏切る 배신하다, (기대, 예상에) 어긋나다
□ 売れる 팔리다, 널리 알려지다	□ 得る・得る 얻다, 획득하다 (12年)
□ 終える 끝마치다, 끝내다	□ 送る 부치다, 보내다
□ 押さえる 누르다	□ 教わる 배우다, 가르침을 받다
□ 劣る 뒤떨어지다, 뒤지다 (14, 16年)	□ 衰える 쇠약해지다 (19年)
□ 覚える 기억하다	□ 溺れる 물에 빠지다, 열중하다
□ 替える 바꾸다, 교환하다	□ かかる 걸리다, 소요되다
□ 抱える 안다 (18年)	□ 関わる 관계되다, 관계하다
□ 隠れる 숨다	□ 欠ける (일부분이) 깨져 떨어지다, 부족하다, 모자라다
□ かじる 이로 갉다, 갉아먹다	□ 数える (수를) 세다, 열거하다
□ 偏る 기울다, 치우치다 (12年)	□ 語る 이야기하다, 말하다

☐ 兼ねる 겸하다	☐ かぶせる 덮다, 끼었다
☐ 刈る 베다, 깎다	☐ 枯れる 마르다, 시들다, 생기가 없어지다
☐ かわいがる 귀여워하다	☐ 代わる 대신하다, 바뀌다, 교체되다
☐ 着せる (의복 등을) 입히다, 뒤집어씌우다	☐ 切れる 베이다, 끊어지다
☐ 区切る 단락을 짓다, 구획 짓다	☐ 崩れる 무너지다, 흐트러지다
☐ くたびれる 지치다, 피로하다	☐ 下る 내려가다, 관직을 그만두고 민간인이 되다
☐ くっつける 붙이다, 부착시키다	☐ 苦しめる 괴롭히다, 고통을 주다
☐ くわえる 입에 물다	☐ 加わる 불어나다, 늘다
☐ 削る 깎다, 삭감하다 (13年)	☐ 蹴る (발로) 차다, 거절하다
☐ 焦げる 눋다, 타다 (16年)	☐ こぼれる 넘쳐 흐르다, 흘러내리다
☐ 込める 채우다, 속에 넣다, 집중시키다	☐ こらえる 참다, 억제하다
☐ 遡る 거슬러 올라가다, 되돌아가다	☐ 刺さる 꽂히다, 찔리다
☐ 差し支える 지장이 있다 (14年)	☐ さびる 녹슬다, 무뎌지다
☐ 妨げる 방해하다, 저해하다	☐ 仕上がる 완성되다, (일이) 다되다
☐ 茂る 우거지다, 무성해지다	☐ 縛る 묶다, 붙들어 매다
☐ しびれる 마비되다, 저리다	☐ 絞る (물기가 빠지게) 쥐어짜다, 짜다 (17年)
☐ しゃぶる 입에 넣고 핥다 (빨다)	☐ しゃべる 수다 떨다, 재잘거리다
☐ 薦める 추천하다	☐ 勧める 권하다
☐ 進める 전진시키다, 진행시키다	☐ 滑る 미끄러지다
☐ 済ませる 끝내다, 마치다	☐ 刷る (판목이나 활판 등으로) 인쇄하다, 박다
☐ ずれる 미끄러져 움직이다, 기준이나 표준에서 조금 벗어나다	
☐ 迫る (어떤 시각이) 다가오다, 강요하다 (11年)	☐ 剃る (수염, 머리 등을 면도로) 깎다, 밀다
☐ それる 빗나가다, 벗어나다	☐ 揃える 고루 갖추다, 맞추다
☐ 倒れる 쓰러지다	☐ 蓄える 모아두다, 비축하다 (14年)
☐ 確かめる 확인하다, 분명히하다	☐ 助かる 살아나다, 목숨을 건지다

□ 助ける 살리다, 구조하다	□ 例える 예를 들다, 비유하다
□ たまる 괴다, 모이다	□ 黙る 침묵하다, 가만히 있다
□ ためる 한곳에 모아두다	□ 頼る 의지하다, 믿다
□ 足る 족하다, 만족하다	□ 近づける 가까이하다, 접근시키다
□ ちぎる 손끝으로 잘게 찢다	□ 縮める 줄이다, 축소하다
□ 縮れる (천 등이) 주름지다, (머리털이) 곱슬곱슬해지다	□ 散らかる 흩어지다, 널브러지다
□ 捕まる (범인 등이) 잡히다, 붙잡히다	□ 付ける 붙이다, 부착시키다
□ 伝わる 전승되다, 전해져 내려오다	□ つながる 이어지다, 연결되다
□ つなげる 잇다, 연결하다	□ つぶれる 파산하다, 찌부러지다
□ 詰まる 가득차다, 막히다 (11年)	□ 詰める 채우다, 좁히다
□ 積もる 쌓이다, 모이다	□ 釣る 낚다, 잡다
□ 照る 밝게 빛나다, 비치다	□ とどまる 머무르다, 그대로 남아 있다
□ 怒鳴る 소리치다, 호통치다	□ 留める 고정시키다, 끼우다
□ 捕える 잡다, 붙잡다	□ 捕る (작은 동물 등을) 잡다, (열매 등을) 따다
□ 取れる 떨어지다, 빠지다	□ 慰める 위로하다, 달래다
□ 殴る 때리다, 치다	□ なでる 쓰다듬다, 어루만지다
□ 怠ける 게으름 피우다	□ 成る 이루어지다, (열매가) 열리다
□ 慣れる 익숙해지다, 숙달되다	□ 煮える 삶아지다, 익다
□ 握る (주먹을) 쥐다, (손으로) 쥐다 (17年)	□ 逃げる 도망치다, 달아나다
□ 濁る (맑은 액체나 기체가) 흐려지다 (15年)	□ 似る 닮다, 비슷하다
□ 抜ける 빠지다, 누락하다	□ 濡れる 젖다
□ ねじる 비틀다, 비꼬다	□ 乗せる 태우다, 위에 놓다
□ 乗る (탈 것에) 올라타다, (위에) 오르다	□ 挟まる 사이에 끼이다
□ 外れる 빠지다, 빗나가다	□ 話しかける 말을 걸다, 말을 붙이다
□ 跳ねる 뛰다, 뛰어오르다, 튀다	□ はめる 끼우다, 속이다

☐ 流行る 유행하다	☐ 引っ掛かる 걸리다, (물건에) 걸려서 멎다
☐ 引っ掛ける 걸다, 걸치다, 아무렇게나 입다	☐ ひねる 비틀다, 꼬다
☐ 広がる 퍼지다, 번지다	☐ 広める 범위를 넓히다, 퍼뜨리다
☐ 含める 포함시키다, 포함하다 (15年)	☐ 更ける (밤, 계절 등이) 깊어지다
☐ ふさがる 막히다, 메다	☐ ふざける 농담하다, 장난치다
☐ ぶつかる 부딪히다, 충돌하다	☐ ぶつける 부딪다, 던지다 (18年)
☐ 隔てる 거리를 두다, 세월을 보내다 (13年)	☐ ほうる 멀리 내던지다, 던지다
☐ ほえる (개, 맹수 등이) 짖다, 으르렁거리다	☐ ほる 파다, 캐다 / 조각하다
☐ 曲げる 구부리다, 기울이다	☐ 混ざる 섞이다
☐ 混ぜる 섞다, 혼합하다	☐ 祭る 제사 지내다, 신으로 받들어 모시다
☐ まとまる 합쳐지다, 통합되다	☐ まとめる 한데 모으다, 합치다
☐ まねる 흉내내다, 모방하다	☐ 見える 눈에 비치다, 보이다
☐ 巡る 돌다, 회전하다	☐ 儲かる 벌이가 되다, 득이 되다
☐ 儲ける 벌다, 이익을 보다, 덕을 보다	☐ 潜る 물 속에 잠기다, 잠수하다
☐ もたれる 기대다, 의지하다, 체하다	☐ 物語る 이야기하다, 설명하다
☐ 盛る 쌓아올리다, (그릇에) 담아서 채우다	☐ 漏れる 새다, 누설되다
☐ やっつける 단숨에 해치우다, 혼내주다	☐ 茹でる 데치다, 삶다
☐ 分ける 나누다, 분할하다	☐ 詫びる 사과하다, 사죄하다

～つ	☐ 保つ 유지하다, 지키다 (10年)	☐ 目立つ 눈에 띄다, 두드러지다
～ぶ	☐ 浮かぶ 뜨다, (표면에) 나타나다, 드러나다	☐ 転ぶ 구르다, 쓰러지다, 넘어지다
～する	☐ 愛する 사랑하다, 소중히하다	☐ 関する 관련하다, 관계하다
	☐ 接する 접하다, 인접하다	☐ 属する (어떤 범위에) 속하다 (11年)
	☐ 対する 마주보다, 대응하다	☐ 適する 적합하다, 알맞다

□ 熱（ねっ）する 뜨거워지다, 열중하다	□ 罰（ばっ）する 벌하다, 처벌하다
□ 反（はん）する 반하다, 위반되다	□ 面（めん）する (당)면하다, 마주 대하다 (15年)
□ 訳（やく）する 번역하다, 풀이하다	□ 略（りゃく）する 생략하다, 공략하다 (12年)

～じ(ず)る		
	□ 応（おう）じる・応（おう）ずる 응하다, 승낙하다, 알맞다	□ 生（しょう）じる・生（しょう）ずる (식물 등이) 나다, 생기다 (16年)
	□ 信（しん）じる・信（しん）ずる 신뢰하다, 신앙하다	□ 存（ぞん）じる・存（ぞん）ずる (겸양어) 알고 있다, 생각하다
	□ 通（つう）じる・通（つう）ずる 통하다, 연결되다 (10年)	□ 命（めい）じる・命（めい）ずる 명령하다, 임명하다
	□ 論（ろん）じる・論（ろん）ずる 논하다	

カタカナ

□ アピールする 어필하다 (17年)	□ アンケートする 앙케이트하다
□ インタビューする 인터뷰하다	□ オーバーする 초과하다, 과장하다
□ オープンする 오픈하다	□ カーブする 구부러지다
□ カバーする 커버하다, 보충하다	□ キャンセルする 취소하다
□ キャンプする 캠핑하다, 야영하다	□ ゲームする 게임하다, 놀이하다
□ コピーする 복사하다	□ コミュニケーションする 의사소통하다
□ ゴールする 골을 넣다, 득점하다	□ サービスする 봉사하다, 접대하다
□ サインする 서명하다	□ ショッピングする 쇼핑하다
□ ジョギングする 조깅하다	□ スタートする 출발하다, 개시하다
□ ストップする 멈추다, 정지하다	□ スピーチする 연설하다
□ セットする 준비하다, 머리모양을 다듬다	□ ダンスする 춤추다
□ デートする 데이트하다	□ デザインする 디자인하다 (15年)
□ トランプする 트럼프하다	□ トレーニングする 연습하다, 훈련하다
□ ドライブする 드라이브하다	□ ノックする 노크하다
□ ハイキングする 하이킹하다	□ パスする 통과하다, 합격하다

□ パンクする 펑크나다 (14年)	□ ピクニックする 피크닉하다
□ プリントする 인쇄하다	□ マスターする 마스터하다, 터득하다
□ マッチする 어울리다	□ メールする 메일·문자를 보내다
□ メモする 메모하다	□ ライトアップする 조명을 비추다
□ ランニングする 달리기 하다	□ リサイクルする 리사이클(재활용) 하다
□ リラックスする 릴랙스(진정) 하다	

イ형용사

□ 青白い 푸르스름하다, 창백하다	□ あつかましい 뻔뻔하다
□ 危うい 위태롭다, 조마조마하다	□ あやしい 수상하다
□ 荒い 거칠다, 난폭하다 (18年)	□ 粗い 엉성하다, 조잡하다
□ 有難い 감사하다, 다행스럽다	□ 慌ただしい 황망하다, 분주하다
□ 勇ましい 용맹스럽다, 활기차다	□ 著しい 현저하다
□ 薄暗い 어둑하다, 어스레하다 (13年)	□ 羨ましい 부럽다, 샘이 나다
□ 偉い 훌륭하다, 장하다	□ 幼い 어리다, 미숙하다 (17年)
□ 惜しい 아깝다	□ 恐ろしい 무섭다, 불안하다
□ 大人しい 얌전하다, 수수하다	□ おめでたい 경사스럽다, 어수룩하다
□ 思いがけない 뜻밖이다, 의외다	□ 重たい 무겁다, 묵직하다, 답답하다
□ 賢い 영리하다, 약삭빠르다	□ 堅い 견고하다, 확실하다, 틀림없다
□ かゆい 가렵다	□ かわいらしい 귀엽다, 사랑스럽다
□ きつい 기질이 강하다, 심하다, 꼭끼다	□ 心強い 마음 든든하다, 미덥다 (12年)
□ 清い 맑다, 결백하다	□ 臭い 역한 냄새가 나다, 의심스럽다
□ くだらない 시시하다, 쓸모없다	□ くどい 집요하다, 맛이 느끼하다 (18年)
□ 悔しい 분하다, 유감스럽다	□ 苦しい 답답하다, 고통스럽다
□ 詳しい 상세하다, 자상하다	□ 煙い 냅다, 매케하다
□ 険しい 가파르다, 험난하다	□ 濃い (빛깔, 맛, 냄새가) 진하다
□ 恋しい 그립다	□ 騒がしい 소란스럽다, 뒤숭숭하다
□ 塩辛い 짜다	□ 親しい 친하다, 사이가 좋다
□ しつこい (맛, 빛깔, 색 등이 짙어) 개운하지 않다, 집요하다 (18年)	
□ 渋い 떫다, 차분하다	□ ずうずうしい 뻔뻔스럽다, 넉살 좋다
□ すごい 무시무시하다, 굉장하다, 심하다	□ すっぱい 시큼하다

□ ずるい 교활하다, 약삭빠르다	□ 鋭^{するど}い 날카롭다, 예리하다
□ 切^{せつ}ない 애달프다, 애틋하다	□ そうぞうしい 시끄럽다, 어수선하다
□ そそっかしい 덜렁대다, 조심성이 없다 (18年)	□ たくましい 다부지다, 억세다 (15年)
□ 頼^{たの}もしい 믿음직하다 (16年)	□ だらしない 단정하지 못하다, 야무지지 못하다 (19年)
□ 力強^{ちからづよ}い 마음 든든하다, 힘차다	□ 辛^{つら}い 괴롭다, 고통스럽다 (13年)
□ とんでもない 뜻밖이다, 터무니없다	□ 仲良^{なかよ}い 사이좋다
□ 情^{なさ}けない 한심하다, 몰인정하다	□ 懐^{なつ}かしい 그립다, 정겹다
□ 苦^{にが}い 쓰다, 쓰라리다, 괴롭다	□ 憎^{にく}い 밉다, 얄밉다 (15年)
□ 憎^{にく}らしい 얄밉다, 밉살스럽다	□ 鈍^{にぶ}い 무디다, 둔하다 (18年)
□ のろい (머리가) 둔하다, (동작이) 더디다	□ ばからしい 어리석다, 시시하다, 터무니없다
□ 激^{はげ}しい 심하다	□ 甚^{はなは}だしい 매우 심하다, 대단하다
□ ひどい 심하다, 잔인하다	□ 等^{ひと}しい 같다, 다름없다 (19年)
□ ふさわしい 어울리다, 적합하다 (11, 19年)	□ 細^{ほそ}い 가늘다, (폭이) 좁다, (힘이) 약하다
□ 貧^{まず}しい 가난하다, 빈약하다	□ 真^まっ白^{しろ} 새하얗다
□ まぶしい 눈부시다	□ みっともない 보기싫다, 꼴사납다
□ 醜^{みにく}い 추하다, 못생기다	□ 蒸^むし暑^{あつ}い 무덥다
□ 虚^{むな}しい 공허하다, 허무하다	□ めざましい 눈부시다, 놀랄만큼 훌륭하다
□ 珍^{めずら}しい 드물다, 희귀하다	□ めでたい 경사스럽다, 평판이 좋다
□ 面倒^{めんどう}くさい 몹시 귀찮다, 성가시다	□ 申^{もう}し訳^{わけ}ない 면목없다, 미안하다
□ もったいない 과분하다, 아깝다	□ ものすごい 매우 무섭다, 대단하다
□ ものたりない 무언가 아쉽다, 미흡하다 (13年)	□ もろい 깨지기 쉽다, 무르다, 여리다
□ やかましい 시끄럽다, 성가시다 (14年)	□ やむを得^えない 어쩔 수 없다, 부득이하다 (16年)
□ 緩^{ゆる}い 느슨하다, 헐겁다	□ 若々^{わかわか}しい 젊다, 생기발랄하다

ナ形容詞

□ 曖昧な (あいまい) 애매한, 수상쩍은 (10, 19年)	□ 明らかな (あき) 분명한, 명백한	□ 暖かな (あたた) 따스한
□ 新たな (あら) 새로운	□ 当たり前な (あ・まえ) 당연한	□ 哀れな (あわ) 애처로운 (18年)
□ 安易な (あんい) 안이한 (16年)	□ 意外な (いがい) 의외의	□ 意地悪な (いじわる) 심술궂은
□ 大げさな (おお) 과장된 (16年)	□ 穏やかな (おだ) 평온한 (17年)	□ 大ざっぱな (おお) 대략적인
□ 主な (おも) 주된	□ 疎かな (おろそ) 소홀한	□ 快適な (かいてき) 쾌적한
□ 格別な (かくべつ) 각별한	□ かすかな 희미한, 미미한 (13年)	□ かわいそうな 가엾은 (18年)
□ 勝手な (かって) 제멋대로인 (18年)	□ がらがらな 텅 비어있음	□ 簡潔な (かんけつ) 간결한 (16年)
□ 頑丈な (がんじょう) 튼튼한, 옹골찬 (14年)	□ 気の毒な (き・どく) 딱한	□ けちな 인색한
□ 高級な (こうきゅう) 고급인	□ 様々な (さまざま) 다양한, 여러가지	□ 爽やかな (さわ) 산뜻한, 상쾌한
□ 幸せな (しあわ) 행복한	□ 質素な (しっそ) 검소한 (11年)	□ 地味な (じみ) 수수한
□ 柔軟な (じゅうなん) 유연한 (15, 18年)	□ 順調な (じゅんちょう) 순조로운 (15年)	□ 自由な (じゆう) 자유로운
□ 上品な (じょうひん) 품위있는	□ 素直な (すなお) 순진한, 고분고분한	□ 正確な (せいかく) 정확한
□ 清潔な (せいけつ) 청결한	□ 積極的な (せっきょくてき) 적극적인	□ 贅沢な (ぜいたく) 사치스러운 (13年)
□ 平らな (たい) 평평한	□ 退屈な (たいくつ) 지루한	□ 多彩な (たさい) 다채로운 (18年)
□ 確かな (たし) 확실한, 틀림없는	□ 妥当な (だとう) 타당한 (14年)	□ 単純な (たんじゅん) 단순한
□ 手ごろな (て) 알맞은, 적당한	□ でたらめな 엉터리, 무책임한 (18年)	□ なだらかな 완만한, 순조로운 (16年)
□ 生意気な (なまいき) 건방진	□ 苦手な (にがて) 서투른	□ にわかな 별안간
□ のんきな 무사태평한	□ 莫大な (ばくだい) 막대한	□ 派手な (はで) 화려한
□ 卑怯な (ひきょう) 비겁한	□ 敏感な (びんかん) 민감한 (18年)	□ 不完全な (ふかんぜん) 불완전한
□ 無事な (ぶじ) 무사한	□ 無難な (ぶなん) 무난한	□ 朗らかな (ほが) 명랑한
□ ぼろぼろな 너덜너덜한	□ 稀な (まれ) 드문 (18年)	□ 見事な (みごと) 훌륭한
□ 惨めな (みじ) 비참한	□ 未熟な (みじゅく) 미숙한	□ 妙な (みょう) 묘한 (15年)
□ めちゃくちゃな 형편없는	□ 厄介な (やっかい) 귀찮은	□ 有効な (ゆうこう) 유효한, 유익한

□ 愉快な 유쾌한 (16年)	□ 欲張りな 욕심이 많은	□ 楽な 편안한
□ わがままな 제멋대로인 (18年)	□ わずかな 근소한, 사소한	□ ルーズな 칠칠치 못한
□ ユニークな 유니크한	□ ノーマルな 표준적인	□ フレッシュな 신선한
□ ラフな 거친		

부사

～～ □ やや 얼마간, 약간	□ ほぼ 거의, 대강	□ 続々 잇달아, 연이어
□ 方々 사방, 여기저기	□ 元々 원래, 본디	□ 少々 약간, 다소
□ 近々 머잖아, 근간	□ 銘々 각각, 제각기	□ しばしば 누차, 여러 차례
□ どきどき 두근두근	□ こつこつ 꾸준히, 부지런히 (14年)	
□ にこにこ 싱글벙글, 생글생글	□ のろのろ 느릿느릿, 꾸물꾸물	□ ぴかぴか 반짝반짝, 번쩍번쩍
□ ぶつぶつ 중얼중얼, 투덜투덜	□ ふわふわ 가볍게 떠돌거나 흔들리는 모양, 푹신푹신	
□ まあまあ 하여간에, 자자	□ しみじみ 절실히, 곰곰이	□ まごまご 우물쭈물
□ いよいよ 점점, 마침내, 드디어	□ おのおの 각각, 제각기	
□ ぶらぶら 대롱대롱, 어슬렁어슬렁 (11年)		□ はきはき 시원시원, 또렷또렷
□ うろうろ 우왕좌왕, 허둥지둥	□ うとうと 꾸벅꾸벅 (14年)	□ ますます 더욱더, 점점 더
□ ごろごろ 빈둥빈둥	□ ひとひそ 소곤소곤 (17年)	
□ いらいら 안절부절, 초조해하는 모양 (12年)		□ そわそわ 안절부절
□ いちいち 하나하나, 일일이	□ たまたま 마침, 우연히	□ たびたび 번번이, 여러 번
□ せいぜい 힘껏, 기껏해야	□ 生き生き 생생한 모양 (13年)	□ ところどころ 여기저기, 군데군데
～に □ じかに 직접, 바로 (16年)	□ すでに 이미, 벌써	□ ついに 마침내, 끝끝내
□ まさに 확실히, 틀림없이	□ つねに 항상, 언제나 (16年)	□ じきに 곧, 금방, 머지않아
□ 主に 주로	□ いまに 아직도, 지금도	□ わりに 비교적
□ 更に 더욱더, 거듭	□ 共に 함께, 같이	□ 現に 실제로, 눈 앞에

□ 実^{じつ}に 실로, 참으로	□ 単^{たん}に 단순히, 그저	□ ついでに 그러는 김에
□ とたんに ~하자마자, 바로 그 순간		□ とっくに 훨씬 전에 (11, 17年)
□ どんなに 아무리	□ めったに 좀처럼, 거의	□ 次第^{し だい}に 서서히, 차츰, 점점
□ 即座^{そく ざ}に 당장, 즉시 (13年)	□ ただちに 즉시, 바로	□ 勝手^{かって}に 제멋대로, 자기 좋을 대로
□ やたらに 함부로, 마구	□ しきりに 끊임없이, 계속해서	□ 大^{おお}いに 대단히, 매우
□ 互^{たが}いに 서로, 피차	□ 確^{たし}かに 틀림없이	□ 割合^{わりあい}に 비교적, 뜻밖에
□ 必死^{ひっ し}に 필사적으로	□ 絶対^{ぜったい}(に) 절대로	□ 順々^{じゅんじゅん}に 순차적으로, 차례차례
□ 徐々^{じょじょ}に 점점 (10年)	□ 次々^{つぎつぎ}に 잇달아, 차례로	□ 別々^{べつべつ}に 따로따로
□ いっせいに 일제히	□ 真^まっ先^{さき}に 제일 먼저	□ ひとりでに 자연히, 저절로
□ 要^{よう}するに 요컨대, 결국	□ 明^{あき}らかに 분명히, 명백히	□ 割^わりに 비교적, 생각 외로 (11年)

～り		
	□ より 더욱더, 보다	□ かなり 제법, 상당히
	□ ずらり 잇달아 늘어선 모양	□ ぴたり 갑자기 멎는 모양, 뚝
	□ ぐっすり 깊은 잠을 자는 모양	□ ぐったり 녹초가 됨 (16年)
	□ こっそり 남몰래, 살짝	□ さっぱり 개운한 모양, 시원히, 도통 (11年)
	□ すっきり 상쾌함, 산뜻함 (13年)	□ にっこり 생긋, 방긋 (18年)
	□ のんびり 유유히, 태평스레 (10, 16年)	□ めっきり 뚜렷이
	□ はっきり 분명히	□ きっぱり 단호하게 (18年)
	□ うっかり 깜빡, 무심코	□ ぎっしり 가득, 빽빽이
	□ いきなり 돌연, 갑자기	□ ぴったり 딱, 꽉, 바짝
	□ がっかり 실망하는 모양 (19年)	□ ばったり 갑자기 쓰러지는 모양, 털썩
	□ びっしより 흠뻑 (15年)	□ ぼんやり 어렴풋이, 아련히 (11年)
	□ たっぷり 충분히, 듬뿍 (15年)	□ そっくり 전부, 모조리, 꼭 닮은 모양
	□ きっかり 정확히, 뚜렷이	□ 思^{おも}いきり 마음껏, 실컷, 대단히

~と

□ ふと 문득, 우연히	□ うんと 매우, 크게
□ ざっと 대강, 대충	□ じっと 꼼짝않고, 가만히
□ すっと 쑥 가볍게 재빨리 움직이는 모양	□ ずっと 훨씬
□ どっと 우르르, 왈칵	□ わざと 일부러, 고의로
□ ほっと 겨우 안심하는 모양	□ そっと 살짝, 몰래
□ 続々と 잇달아, 연이어	□ 転々と 여기저기 옮겨다님
□ 広々と 널찍이, 넓디 넓게	□ 悠々と 유유히, 느긋하게
□ さっさと 후딱후딱, 냉큼냉큼 (12年)	□ ちゃんと 차근차근, 꼼꼼히
□ そっと 가만히	□ せっせと 부지런히, 열심히
□ きちんと 깔끔히, 정확히	□ しいんと(する) 아주 조용한 모양, 쥐 죽은 듯이
□ 着々と (일이 잘 되어가는 모양) 착착, 척척 (12, 18年)	

~て

□ やがて 이윽고, 머지않아	□ 全て 모두, 모조리	□ せめて 최소한, 하다못해 (11年)
□ たいして 그다지, 별로	□ はたして 역시, 과연	□ かえって 오히려, 도리어
□ 改めて 다른 기회에, 다시	□ 思い切って 과감히, 눈 딱 감고 (14年)	

~も

□ 最も 가장, 제일	□ しかも 게다가, 그런데도
□ 少しも 조금도, 전혀	□ いつでも 언제든지
□ ぜひとも 무슨 일이 있어도, 꼭	□ 今にも 당장에라도, 이내, 곧, 금방
□ いつまでも 언제까지나, 영원히	□ くれぐれも 부디, 아무쪼록
□ 必ずしも 반드시 ~라고는 (뒤에 부정이 옴)	□ 少なくとも 적어도, 하다못해

~す

□ 必ず 반드시	□ 絶えず 끊임없이, 항상	□ 思わず 무의식 중에, 무심코
□ 残らず 남김없이, 죄다	□ ひとまず 우선, 일단	□ 相変わらず 전과 다름없이, 변함없이

~か	□ まさか 설마, 아무리 그렇더라도	□ いつか 언젠가, 조만간
	□ さすが 과연, 역시	□ いつのまにか 어느덧, 모르는 사이에

~う	□ いっそう 한층 더, 더욱	□ たいそう 매우, 몹시	□ 一応(いちおう) 일단, 대강

~い	□ つい 무심코, 그만	□ 幸(さいわ)い 다행히	□ 一体(いったい) 도대체

기타

□ あいにく 공교롭게도	□ 自(みずか)ら 스스로, 몸소	□ 結局(けっきょく) 결국
□ いずれ 어차피, 어쨌든, 머지않아	□ むしろ 오히려, 차라리	□ たった 단, 겨우
□ たとえ 가령, 설령	□ 再(ふたた)び 두번, 다시	□ いったん 한번, 우선 (15年)
□ まるで 전혀, 마치, 꼭	□ あくまで 끝까지, 철저히	□ およそ 대강, 대체로
□ おおよそ 대략, 대강	□ いわば 말하자면, 이를테면	□ そういえば 그러고 보면
□ 即(すなわ)ち 즉, 바로	□ たちまち 금세, 갑자기	

명사

☐ あかり 빛, 불빛	☐ 空き 비어 있음	☐ あくび 하품
☐ 明け方 새벽녘	☐ 集まり 모임, 집회	☐ 甘さ 단맛
☐ 甘み 단 정도	☐ 網 그물, 철망	☐ 誤り 실수, 잘못 (17年)
☐ 現れ 나타남, 발로	☐ ありがたさ 감사함	☐ 言い訳 변명 (14年)
☐ 居心地 어떤 장소에 있을 때의 느낌이나 기분		☐ いたずら 장난
☐ 息抜き 잠시 쉼, 한숨 돌림 (16年)	☐ 痛み 아픔, 통증	☐ うがい 양치질, 입안을 물로 가셔냄
☐ 受け取り 받음, 수취	☐ 動き 움직임	☐ 打ち合わせ 미리 상의함, 협의
☐ 腕 팔, 솜씨 (15年)	☐ 生まれ 태어남, 출생, 출생지	☐ うらみ 원망, 원한
☐ 売り上げ 매상, 매출	☐ 売り切れ 매진, 품절	☐ 売れ行き 팔림새
☐ 大通り 큰길, 대로	☐ お代わり 같은 음식을 더 먹음	☐ お辞儀 머리 숙여 절함, 사양
☐ おしゃべり 수다를 떪	☐ おしゃれ 멋쟁이	☐ 恐れ 두려움, 무서움
☐ おそれ 우려	☐ お出かけ 외출	☐ 落とし物 분실물
☐ お参り 참배	☐ 思い切り 단념, 체념	☐ 思い込み 확신함, 굳게 믿음
☐ 思い出 추억, 회상	☐ 泳ぎ 수영	☐ お買い上げ 구매
☐ 香り 향기	☐ 鍵 열쇠	☐ 書き取り 베껴 씀, 받아쓰기
☐ 限り 한계, 끝	☐ 飾り 장식, 꾸밈	☐ 貸し 빌려줌, 꾸어줌
☐ 貸し出し 대출	☐ 勝ち 이김, 승리	☐ 考え 생각
☐ 感じ 감각, 느낌	☐ かん違い 잘못 생각함, 착각	☐ 着替え 옷을 갈아 입음
☐ きっかけ 계기 (11, 16年)	☐ 決まり 규칙, 규정	☐ くしゃみ 재채기
☐ 癖 버릇	☐ 愚痴 푸념 (12年)	☐ 下り 내려감
☐ 組み合わせ 짜맞추기	☐ 暮らし 살림, 생활	☐ 暮れ 해 질 무렵, 저녁 무렵
☐ 喧嘩 싸움	☐ 心当たり 짐작가는 데	
☐ 腰かけ 걸터 앉음	☐ 子育て 양육	☐ 小づかい 용돈

□ ことわざ 속담　　□ 好み_{この} 좋아함, 기호　　□ ごぶさた 격조, 무소식

□ 差し支え_{さ つか} 지장, 장애　　□ 騒ぎ_{さわ} 떠들썩함, 소란　　□ 塩気_{しお け} 소금기

□ 時間割_{じ かんわり} 시간표　　□ 仕組み_{し く} 구조, 장치　　□ 下書き_{した が} 초고, 초안

□ 失敗_{しっぱい} 실패　　□ 支払い_{し はら} 지불, 지급　　□ 地元_{じ もと} 근거지, 연고지 (18年)

□ しゃっくり 딸꾹질　　□ 省エネ_{しょう} 에너지 절약　　□ 知らせ_し 알림, 통지

□ 知り合い_{し あ} 아는 사이, 친지　　□ 好き嫌い_{す きら} 호불호　　□ 住まい_す 삶, 거주함

□ 炭_{すみ} 숯　　□ 咳_{せき} 기침　　□ 栓_{せん} 마개

□ 田植え_{た う} 모내기　　□ 楽しさ_{たの} 즐거움　　□ 頼み_{たの} 부탁, 의뢰, 믿음

□ ため息_{いき} 한숨　　□ 試し_{ため} 시험, 시도　　□ 便り_{たよ} 소식, 알림

□ 頼り_{たよ} 힘이 되어주는 사람, 의지함 (10年)　　□ 違い_{ちが} 틀림, 차이

□ 疲れ_{つか} 피로　　□ つき合い_あ 교제, 사귐　　□ 突き当たり_{つ あ} 막다른 곳

□ 続き_{つづ} 연결, 계속　　□ 務め_{つと} 임무　　□ 勤め_{つと} 근무

□ つながり 연결, 관계　　□ 強み_{つよ} 강점 (11年)　　□ 辛さ_{から} 매운맛

□ 連れ_つ 동행, 동반자　　□ 出会い_{で あ} 만남　　□ 出入り_{で い} 출입, 드나듦

□ 出入り口_{で い ぐち} 출입구　　□ 手入れ_{て い} 손질, 손봄　　□ 出来上がり_{で き あ} 완성됨

□ 出来事_{で き ごと} 일어난 일, 사건　　□ 手伝い_{て つだ} 거듦, 도와줌　　□ 手続き_{て つづ} 절차, 수속

□ 手前_{て まえ} 자기 앞, 바로 앞　　□ 出迎え_{で むか} 마중　　□ 問い合わせ_{と あ} 문의 (12年)

□ 仲直り_{なかなお} 화해　　□ ながめ 조망, 경치　　□ 流れ_{なが} 흐름, 물결

□ 悩み_{なや} 고민　　□ 苦み_{にが} 쓴맛　　□ 偽物_{にせもの} 가짜

□ 値上がり_{ね あ} 가격 인상　　□ 願い_{ねが} 소원, 바람　　□ 狙い_{ねら} 목적, 겨눔, 겨냥

□ 残り_{のこ} 남음, 나머지　　□ 望み_{のぞ} 소망, 희망　　□ 上り_{のぼ} 오름, 올라감

□ 乗り換え_{の か} 갈아탐, 환승　　□ 乗り越し_{の こ} 타고 가다가 하차역을 지나침

□ 始まり_{はじ} 시작, 시초, 발단　　□ 外れ_{はず} 빗나감　　□ 働き_{はたら} 일, 작업, 활동

□ 話し合い_{はな あ} 의논　　□ 話し中_{はな ちゅう} 이야기 도중　　□ 歯磨き_{は みが} 양치질

□ 日当たり_{ひ あ} 볕이 듦, 양달　　□ 日帰り_{ひ がえ} 당일치기　　□ 引き分け_{ひ わ} 무승부, 비김

□ 陽射し^{ひざ} 햇볕　　□ 引越し^{ひっこ} 이사　　□ 人混み^{ひとご} 사람으로 붐빔, 혼잡함

□ 人差し指^{ひとさゆび} 집게손가락　　□ 人通り^{ひとどお} (사람의) 왕래　　□ 日の入り^{ひ い} 일몰

□ 日の出^{ひ で} 일출, 해돋이　　□ ひびき 울림, 메아리　　□ 蓋^{ふた} 뚜껑

□ 踏み切り^{ふ き} 건널목　　□ 触れ合い^{ふ あ} 상호 접촉함, 마음이 서로 통함

□ ほこり 먼지　　□ 負け^ま 짐, 패배　　□ 待合室^{まちあいしつ} 대합실

□ まちがい 틀림, 잘못됨　　□ 回り^{まわ} 돎, 회전　　□ 回り道^{まわ みち} 길을 돌아서 감, 우회로

□ 見送り^{みおく} 전송, 배웅　　□ 見かけ^み 겉보기, 겉치레　　□ 見出し^{みだ} 표제, 표제어

□ 見舞い^{みま} 병문안　　□ 向かい^む 마주봄, 정면　　□ 迎え^{むか} 맞이함, 마중감

□ 向き^む 방향, 방면　　□ 群れ^む 떼, 무리　　□ 目覚まし^{めざ} 잠을 깸, 잠을 쫓음

□ 申し訳^{もう わけ} 변명, 해명　　□ 催し^{もよお} 주최, 사람을 모아 흥행이나 회합 등을 함 (16年)

□ 優しさ^{やさ} 자상함　　□ やる気^き 의욕　　□ 湯飲み^{ゆ の} 찻잔

□ 夜明け^{よ あ} 새벽, 새벽녘　　□ 欲張り^{よくば} 욕심쟁이　　□ 酔っ払い^{よ ぱら} 취객, 술주정꾼

□ 読み^よ 읽기, 한자의 읽는 법　　□ 喜び^{よろこ} 기쁨, 기뻐함　　□ 別れ^{わか} 헤어짐, 이별

□ 笑い^{わら} 웃음, 웃음소리

カタカナ어 명사

□ アイデア 아이디어, 생각　　□ アウト 아웃, 바깥　　□ アクセサリー 액세서리

□ アクセント 악센트, 어조　　□ アナウンサー 아나운서, 방송원

□ アレンジ 어레인지, 준비, 정리 (18年)　　□ イメージ 이미지, 인상

□ ウール 울, 양모　　□ ウエートレス/ウエイトレス 웨이트리스, 여자 종업원

□ エチケット 에티켓, 예의　　□ エネルギー 에너지, 힘　　□ エプロン 에이프런, 앞치마

□ エンジン 엔진, 원동기　　□ オイル 오일, 기름　　□ オーケストラ 오케스트라

□ オートメーション 오토메이션, 자동 제어장치　　□ オフィス 오피스, 사무소

□ オリンピック 올림픽　　□ カーブ 커브　　□ カセット(テープ) 카세트 (테이프)

□ カラー 칼라, 깃	□ カロリー 칼로리	□ キャプテン 캡틴, 주장
□ キャンパス 캠퍼스, 구내	□ クーラー 쿨러, 냉방장치	□ クラシック 클래식, 고전
□ グラス 글라스, 유리컵	□ グラフ 그래프, 도표	□ クラブ 클럽
□ クリーニング 세탁, 드라이 클리닝		□ グループ 그룹, 무리
□ ケース 케이스, 상자, 경우	□ コース 코스, 진로	□ コーチ 코치
□ コート 코트, 경기장	□ コード 코드	□ コーラス 코러스, 합창
□ ゴール 결승점, 결승선	□ コスト 비용	□ コック 요리사
□ コミュニケーション 커뮤니케이션, 통신		□ ゴム 고무
□ コレクション 컬렉션, 수집	□ コンクール 콩쿠르	□ コンクリート 콘크리트
□ コンセント 콘센트	□ サークル 서클, 모임, 동호회	□ サイレン 사이렌, 경적
□ サラリーマン 샐러리맨	□ サンプル 샘플	□ シーズン 시즌, 계절 (10年)
□ シーツ 시트	□ ジーンズ 청바지	□ ジャーナリスト 저널리스트
□ シャッター 셔터, 덧문	□ ショック 쇼크 (충격) (16年)	□ スイッチ 스위치, 개폐기
□ スケール 스케일	□ スケジュール 스케줄, 일정	□ スタイル 스타일, 모습, 몸매
□ スタンド (경기장 등의) 계단식 관람석		□ スチュワーデス 스튜어디스
□ ステージ 스테이지, 무대	□ ストレス 스트레스	□ スピーカー 스피커
□ スペース 공간 (18年)	□ スマート 스마트	□ スライド 슬라이드
□ ゼミ 세미나, 교수 지도 아래 소수 학생이 모여 연구, 발표, 토의 등을 하는 일		□ セメント 시멘트
□ センター 센터	□ センチ(メートル) 센티(미터)	
□ タイプ 타입	□ タイプライター 타자기	
□ タイヤ 타이어	□ ダイヤ・ダイヤモンド 다이아 · 다이아몬드	
□ ダイヤル 다이얼	□ チャンス 찬스, 기회	□ チョーク 초크, 분필
□ テーマ 테마, 주제	□ テクニック 테크닉 (18年)	□ テント 텐트, 천막
□ テンポ 템포, 박자	□ トップ 선두, 첫째	□ トランプ 트럼프, 카드
□ トン 톤	□ トンネル 터널	□ ナイロン 나일론

□ ノック 노크	□ パーセント 퍼센트	□ パイプ 파이프
□ バケツ 양동이	□ パス 패스	□ パスポート 여권
□ パターン 패턴	□ バッグ 백, 가방	□ バランス 밸런스, 균형 (15, 18年)
□ ハンドル 핸들, 손잡이	□ ビタミン 비타민	□ ビニール 비닐
□ ブラシ 브러시, 솔	□ プラス 플러스, 더하기	□ プラスチック 플라스틱
□ プラットホーム 플랫폼	□ プラン 플랜, 계획	□ フリー 자유로움, 무료
□ プリント 프린트, 인쇄, 인쇄물	□ ブレーキ 브레이크, 제동기	□ プロ 프로, 전문가
□ プログラム 프로그램	□ ペース 페이스	□ ベテラン 베테랑
□ インク／インキ 잉크	□ ヘリコプター 헬리콥터	□ ベルト 벨트
□ ペンキ 페인트	□ ベンチ 벤치	□ ポイント 포인트
□ ボート 보트	□ ボーナス 보너스, 상여금	□ ホーム 홈, 우리집
□ ポスター 포스터	□ マイク 마이크	□ マイナス 마이너스, 감함
□ マイペース 마이페이스, 자기 나름의 방식 (10年)		□ マスク 마스크, 가면
□ マスター 선장, 주인, 숙달함	□ マフラー 머플러, 목도리	□ マラソン 마라톤
□ ミリ(メートル) 밀리(미터)	□ メーター 미터, 자동식 계량기	
□ メール・Eメール 메일·E메일		□ メンバー 멤버, 구성원
□ モダン 모던, 현대적	□ モノレール 모노레일	□ ユーモア 유머
□ ヨーロッパ 유럽	□ ヨット 요트	□ ライター 라이터
□ ラケット 라켓	□ ラッシュアワー 러시아워	□ リーダー 리더 (16年)
□ リスク 리스크, 위험성	□ リズム 리듬	□ リットル 리터
□ レクリエーション 레크리에이션		□ レジャー 레저
□ レベル 레벨, 수준	□ レンズ 렌즈	□ ロッカー 로커, 보관함
□ ロビー 로비		

□ 汗をかく 땀을 흘리다	□ うそをつく 거짓말을 하다
□ お金をおろす(引き出す) 돈을 인출하다	□ お金を稼ぐ 돈을 벌다
□ 思いやりがある 배려심이 있다	□ 体がもたない 체력이 달린다
□ 気がつく 정신차리다, 눈치채다, 알게 되다	□ 期限が切れる 기한이 지나다
□ 期待に応える 기대에 부응하다	□ 気にしない 신경 쓰지 않는다
□ 口を利く 말을 하다	□ 声がかれる 목이 쉬다
□ 心を打たれる 감동하다	□ サボる 농땡이 부리다
□ 時間をつぶす 시간을 때우다 (15年)	□ 仕事を順調にこなす 일을 잘 해내다 (16年)
□ 仕事を怠ける 일을 게을리하다	□ 職業に就く 취업하다
□ 冗談が通じる 농담이 통하다	□ 冗談を言う 농담을 하다
□ ストレスがたまる 스트레스가 쌓이다	□ ためいきをつく 한숨을 쉬다
□ 手数料がかかる 수수료가 들다	□ 手間を省く 수고를 덜다
□ 手間がかかる 품(시간)이 들다	□ 年齢を重ねる 나이를 먹다
□ 鼻が高い 우쭐해하다	□ 話が尽きる 이야기가 바닥나다 (10年)
□ 腹を立てる 화를 내다 (14年)	□ まねをする 흉내내다
□ メモを取る 메모하다	□ 文句を言う 불평하다
□ やる気がない 의욕이 없다	

2019

□ 面倒 번거로움, 귀찮음	□ 本物 진짜	□ あこがれ 동경, 그리움
□ 転勤 전근	□ 栽培 재배	□ うなずく 수긍하다
□ ごちゃごちゃ 어수선한 모양	□ プレッシャー 압력	□ 不安定 불안정
□ 曖昧な 애매한	□ 衰える 쇠약해지다, 쇠퇴하다	□ 油断 방심, 부주의
□ 分担 분담	□ ふさわしい 적합하다, 어울리다	

2018

□ スペース 공간	□ 点検 점검	□ にっこり 방긋, 생긋
□ 続出 속출	□ 飛び散る 사방에 흩날리다, 튀다	□ 地元 근거지, 연고지
□ 敏感な 민감한	□ 発揮 발휘	□ アレンジ 어레인지, 정리, 각색
□ 独特 독특함	□ 欠かさない 빠뜨리지 않다	□ でたらめ 엉터리, 무책임함
□ 達する 이르다, 도달하다	□ 着々と 척척	

2017

□ バランス 밸런스, 균형	□ 苦情 불평, 불만, 푸념	□ 名所 명소
□ ぎりぎり 빠듯함, 여유가 없음	□ 有利 유리	□ 打ち消す 부정하다, 없애다
□ そそっかしい 덜렁대다	□ 豊富に 풍부하게	□ 穏やかな 온화한
□ 確保 확보	□ アピール 어필	□ 悔やむ 후회하다
□ 契機 계기	□ ひそひそ 소곤소곤	

2016

□ 提供 제공	□ ぐったり 녹초가 됨	□ ショック 쇼크, 충격
□ 邪魔 방해, 장애	□ なだらか 완만함, 순조로움	□ 活発に 활발하게
□ 割り込む 끼어들다	□ 安易に 안이하게	□ 収穫 수확

□ のんびり 한가로이 □ 普及 보급 □ 引き止める 만류하다, 말리다

□ リーダー 리더 □ たのもしい 믿음직하다

2015

□ 特色 특색 □ デザイン 디자인 □ バランス 밸런스, 균형

□ びっしょり 흠뻑 □ 柔軟 유연 □ 予測 예측

□ 輝かしい 빛나다 □ たっぷり 듬뿍, 많이 □ 時間をつぶす 시간을 때우다

□ 面して 인접하다, 마주하다 □ 濁る 흐려지다, 탁해지다 □ 相違 다름, 틀림

□ 鋭い 날카롭다, 예리하다 □ 完了 완료

2014

□ 腹を立てる 화를 내다 □ 体格 체격 □ 一気に 단숨에

□ 導入 도입 □ 差し支える 지장이 있다 □ 蓄える 저장하다, 모으다

□ やかましい 시끄럽다 □ 思い切って 과감히, 결심하고 □ リラックス 릴랙스

□ パンク 펑크 □ 訂正 정정 □ うとうと 꾸벅꾸벅

□ 予め 미리, 사전에 □ 目指す 목표로 하다

2013

□ 呼び止める 불러 세우다 □ 専念 전념 □ すっきり 상쾌함, 산뜻함

□ 解散 해산 □ 格好 모습, 모양 □ 比例 비례

□ スムーズに 원활하게, 순조롭게 □ 中継 중계 □ 辛い 괴롭다

□ つまずく 발이 걸려 넘어질 뻔하다, 차질이 생기다 □ あいにく 공교롭게

□ ぜいたく 사치 □ 意欲 의욕 □ 見当 예상, 예측

2012

□ 散らかす 어지르다, 흩트리다 □ 夢中 열중함, 몰두함 □ ぐち 푸념

□ 辞退 사퇴 □ ごろごろ 데굴데굴, 빈둥빈둥 □ 場面 장면

□ 得る 얻다　　□ かたよる 치우치다　　□ 成長 성장

□ 抱える 안다, 맡다　　□ 着々 착착　　□ 適度な 적당한

□ 改正 개정　　□ いらいら 안달복달함, 초조함

2011

□ 分析 분석　　□ ぼんやり 멍하니, 멀거니　　□ わりと 비교적

□ ぶらぶら 어슬렁 어슬렁　　□ 強み 강점　　□ 視野 시야

□ 活気 활기　　□ 解消 해소　　□ さっぱり 산뜻한

□ 詰まる 막히다　　□ 改善 개선　　□ 機能 기능

□ 反映 반영　　□ 迫る 다가오다, 육박하다

2010

□ のんびり 한가로이　　□ 曖昧 애매　　□ 温厚な 온후한

□ マイペース 마이페이스　　□ 有効 유효　　□ 相次ぐ 연달아, 잇따르다

□ 評判 평판　　□ 徐々に 서서히　　□ 通じる 통하다, 연결되다

□ 話が尽きない 이야기가 끊이지 않다　　□ 上昇 상승

□ 含む 포함하다, 머금다　　□ 発揮 발휘　　□ シーズン 시즌

問題4　（　　　）に入れるのに最もよいものを、1・2・3・4から1つ選びなさい。

1　いつ何が起こるか、誰にも（　　　）できない。
　　1　予算　　　　　2　予報　　　　　3　予測　　　　　4　予言

2　妹は（　　　）で、友達も多い。
　　1　活動　　　　　2　活躍　　　　　3　活気　　　　　4　活発

3　日本語能力試験は12月に（　　　）される。
　　1　実践　　　　　2　実行　　　　　3　実施　　　　　4　実現

4　日本語を（　　　）から勉強しました。
　　1　基礎　　　　　2　基地　　　　　3　基準　　　　　4　基盤

5　少し（　　　）してから行きましょう。
　　1　休憩　　　　　2　休業　　　　　3　休暇　　　　　4　休養

6　タバコの煙は体に（　　　）だ。
　　1　公害　　　　　2　被害　　　　　3　有害　　　　　4　災害

7　生んで育ててくれた両親に（　　　）している。
　　1　感動　　　　　2　感激　　　　　3　感謝　　　　　4　感心

8　誰も彼の（　　　）に反対しなかった。
　　1　意外　　　　　2　意見　　　　　3　意識　　　　　4　意図

9　そう簡単に合格できないだろうとは思っていたが、やはり（　　　）は甘くなかった。
　　1　現実　　　　　2　現象　　　　　3　現状　　　　　4　現地

10　二人で（　　　）したから仕事が早く終わった。
　　1　分別　　　　　2　分類　　　　　3　分担　　　　　4　分配

정답　　1③　　2④　　3③　　4①　　5①　　6③　　7③　　8②　　9①　　10③

問題4 （　　　）に入れるのに最もよいものを、1・2・3・4から1つ選びなさい。

1 週末に浅草(あさくさ)を（　　　）して来ました。
　　1 見所　　　　　　2 見物　　　　　　3 観察　　　　　　4 観測

2 今日はこれで（　　　）します。
　　1 解散　　　　　　2 解放　　　　　　3 分離　　　　　　4 分裂

3 時計が壊(こわ)れたので（　　　）してもらった。
　　1 修正　　　　　　2 修理　　　　　　3 改善　　　　　　4 改良

4 会議は来週に（　　　）になった。
　　1 時期　　　　　　2 延期　　　　　　3 制限　　　　　　4 期限

5 彼女は私の（　　　）の人です。
　　1 貴重　　　　　　2 尊重　　　　　　3 理想　　　　　　4 空想

6 面接の結果はメールで（　　　）します。
　　1 通信　　　　　　2 通知　　　　　　3 配達　　　　　　4 伝達

7 来週、日本に出張する（　　　）だ。
　　1 企画　　　　　　2 計画　　　　　　3 予定　　　　　　4 予約

8 若いころはよく親に（　　　）したものだ。
　　1 対決　　　　　　2 対立　　　　　　3 対抗　　　　　　4 反抗

9 彼の（　　　）で取引先との関係が悪くなった。
　　1 発想　　　　　　2 発言　　　　　　3 講演　　　　　　4 演説

10 あの病院はとても（　　　）がいい。
　　1 診察　　　　　　2 診断　　　　　　3 評判　　　　　　4 批評

정답　　1② 　2① 　3② 　4② 　5③ 　6② 　7③ 　8④ 　9② 　10③

問題4 （　　　）に入れるのに最もよいものを、1・2・3・4から1つ選びなさい。

1 政府から（　　　）発表があるそうだ。
1 重大　　　　2 重力　　　　3 強大　　　　4 強力

2 彼はいつも自分の（　　　）ばかり考えている。
1 利害　　　　2 利益　　　　3 実害　　　　4 実益

3 交通の（　　　）により、ますます便利になった。
1 発達　　　　2 通達　　　　3 開通　　　　4 開発

4 自分の（　　　）を主張した。
1 利害　　　　2 権利　　　　3 実害　　　　4 実権

5 トイレや居間を洋式にしたり屋根を直したり、古くなった家を（　　　）した。
1 改良　　　　2 改革　　　　3 改正　　　　4 改造

6 誰かがリーダーシップを（　　　）してやるしかない。
1 発生　　　　2 活躍　　　　3 発揮　　　　4 発表

7 みんなの意見を（　　　）して、集まる時間を決めた。
1 調整　　　　2 調和　　　　3 調節　　　　4 配置

8 狭かった道路を（　　　）する工事が始まった。
1 進展　　　　2 拡張　　　　3 展開　　　　4 拡大

9 世界にも（　　　）する実力を身につけたいと思った。
1 通過　　　　2 活用　　　　3 流通　　　　4 通用

10 彼の意見にはまったく（　　　）できない。
1 理解　　　　2 説得　　　　3 納得　　　　4 体得

정답　1①　2②　3①　4②　5④　6③　7①　8②　9④　10③

問題4 （　　　）に入れるのに最もよいものを、1・2・3・4から1つ選びなさい。

1 あの選手は今度のオリンピックで世界新記録を（　　　）した。
1　前進　　　　2　変身　　　　3　更新　　　　4　改変

2 演奏が始まるので携帯電話をマナーモードに（　　　）した。
1　設置　　　　2　設計　　　　3　設営　　　　4　設定

3 応援してくれたみんなの（　　　）に応えることができて良かった。
1　希望　　　　2　歓迎　　　　3　期待　　　　4　予想

4 癌という病気は発見が早ければ早いほど治る（　　　）が高くなる。
1　確信　　　　2　期待　　　　3　確率　　　　4　治療

5 彼は（　　　）が悪くて、いつも仕事が人より遅い。
1　要所　　　　2　要領　　　　3　要点　　　　4　要約

6 今、会員に登録するといろいろな（　　　）がある。
1　特技　　　　2　特色　　　　3　特別　　　　4　特典

7 これからは（　　　）使いをなくして、少しでも貯金をすることにした。
1　無駄　　　　2　無視　　　　3　無用　　　　4　無知

8 低気圧の（　　　）で、午後から雨が降るでしょう。
1　原因　　　　2　理由　　　　3　影響　　　　4　結果

9 わたしたちの団体は、政府からもいろいろな（　　　）を受けています。
1　支配　　　　2　支援　　　　3　後援　　　　4　協賛

10 あの時は、途中でやめるしか私には選択の（　　　）がなかった。
1　余裕　　　　2　余地　　　　3　余計　　　　4　余分

정답　　1③　　2④　　3③　　4③　　5②　　6④　　7①　　8③　　9②　　10②

問題4（　　　）に入れるのに最もよいものを、1・2・3・4から1つ選びなさい。

1 この高層ビルは夜になると（　　　　）されてきれいですよ。

　　1　ライトアップ　　2　デコレーション　3　メイクアップ　　4　イルミネーション

2 部屋の雰囲気に（　　　　）したカーテンを選んだ。

　　1　キャッチ　　　　2　マッチ　　　　　3　ニーズ　　　　　4　アピール

3 彼は、一生（　　　　）使えないほどのお金をもうけた。

　　1　働いても　　　　2　かかっても　　　3　生きても　　　　4　過ぎても

4 床が（　　　　）やすいですから気をつけてください。

　　1　もたれ　　　　　2　あるき　　　　　3　すべり　　　　　4　うごき

5 空いた席がなかったので、電車のドアに（　　　　）本を読んだ。

　　1　もたれて　　　　2　すわって　　　　3　のぼって　　　　4　しゃがんで

6 ちょっと背中がかゆいので（　　　　）ください。

　　1　なでて　　　　　2　つねって　　　　3　つまんで　　　　4　かいて

7 大きな花束を（　　　　）彼女に会いに行った。

　　1　かけて　　　　　2　かかえて　　　　3　つかまえて　　　4　はさんで

8 電波が届かないところでは、携帯電話は（　　　　）ません。

　　1　うごき　　　　　2　いき　　　　　　3　まわり　　　　　4　かかり

9 年を取ると視力も体力も（　　　　）くる。

　　1　しずんで　　　　2　おとろえて　　　3　ちぢんで　　　　4　つかれて

10 事前に情報が（　　　　）しまった。

　　1　落ちて　　　　　2　抜けて　　　　　3　漏れて　　　　　4　欠けて

정답　　1①　　2②　　3②　　4③　　5①　　6④　　7②　　8④　　9②　　10③

問題4 （　　　）に入れるのに最もよいものを、1・2・3・4から1つ選びなさい。

1 満員電車のドアに指を（　　　）しまった。
1 つかまれて　　2 はさまれて　　3 のまれて　　4 こまれて

2 すっかり予想が（　　　）しまった。
1 はずれて　　2 きれて　　3 こわれて　　4 にげて

3 産油国が石油の生産量を減らすと、その影響は世界中に（　　　）。
1 広まる　　2 深まる　　3 高まる　　4 早まる

4 うちの家族は果物が大好きで、たくさん買っても三日も（　　　）。
1 いかない　　2 もたない　　3 のこらない　　4 あまらない

5 彼はこの作品で、やっと小説家として（　　　）ようになった。
1 うたがわれる　　2 ほめられる　　3 みとめられる　　4 よばれる

6 携帯電話の電波も（　　　）ような山奥の温泉に行った。
1 伝わらない　　2 流れない　　3 乗らない　　4 届かない

7 その会社は去年（　　　）しまった。
1 こわれて　　2 くずれて　　3 やぶれて　　4 つぶれて

8 この店では、自然の食材に（　　　）化学調味料は一切使わない。
1 かかわって　　2 かわって　　3 こだわって　　4 はじまって

9 台風で、まっすぐ立っていた木がななめに（　　　）しまった。
1 ぬけて　　2 たおれて　　3 かたむいて　　4 ころんで

10 コップから（　　　）ように気をつけてビールを注いだ。
1 あふれない　　2 あわてない　　3 あまらない　　4 あつまらない

정답　　1②　　2①　　3①　　4②　　5③　　6④　　7④　　8③　　9③　　10①

問題4 （　　　）に入れるのに最もよいものを、1・2・3・4から1つ選びなさい。

1 彼はとても発想が豊かで（　　　）な人だ。

　　1　オリジナル　　　2　ユニーク　　　　3　オープン　　　　4　ノーマル

2 妻は外見も趣味もかなり個性的だが、私は（　　　）だ。

　　1　ヘッド　　　　　2　スター　　　　　3　ノーマル　　　　4　ベスト

3 彼は時間に（　　　）で、いつも待ち合わせに遅れる。

　　1　ソフト　　　　　2　ルーズ　　　　　3　ハード　　　　　4　リアル

4 春になって、わが社にも（　　　）な人材が入ってきた。

　　1　フレッシュ　　　2　タイムリー　　　3　ハッピー　　　　4　ラッキー

5 （　　　）な感じでいいので、予定表を書いていただけますか。

　　1　タフ　　　　　　2　ルーズ　　　　　3　ラフ　　　　　　4　ソフト

6 彼は最近、彼女に夢中で勉強が（　　　）になっている。

　　1　おだやか　　　　2　でたらめ　　　　3　おろそか　　　　4　そまつ

7 古くなって半分壊れている椅子を、母は（　　　）と言ってまだ使っている。

　　1　くだらない　　　2　つまらない　　　3　だらしない　　　4　もったいない

8 いくらやってもできないので、自分が（　　　）なってしまった。

　　1　くだらなく　　　2　だらしなく　　　3　なさけなく　　　4　もったいなく

9 鉄はさびると（　　　）なる。

　　1　かるく　　　　　2　もろく　　　　　3　やわく　　　　　4　はかなく

10 この国の経済は、ここ数年で（　　　）発達を遂げた。

　　1　いそがしい　　　2　めまぐるしい　　　3　うらやましい　　　4　めざましい

정답　　1②　　2③　　3②　　4①　　5③　　6③　　7④　　8③　　9②　　10④

問題4 （　　　）に入れるのに最もよいものを、1・2・3・4から1つ選びなさい。

1 ネクタイはあまり目立たない（　　　　）な色を選んだ。
　　1　無難　　　　　2　無駄　　　　　3　無理　　　　　4　無用

2 その女の人は地味だけれども、（　　　　）な服装でとても感じのいい人でした。
　　1　上品　　　　　2　派手　　　　　3　質素　　　　　4　勝手

3 この作家の文章はいつも（　　　　）で、わかりやすい。
　　1　清潔　　　　　2　快適　　　　　3　簡潔　　　　　4　単純

4 この会議は、今回はパリで開かれたが、（　　　　）はスイスで開かれます。
　　1　非常　　　　　2　正常　　　　　3　恒常　　　　　4　通常

5 これといった事故もなく工事は（　　　　）に進んでいる。
　　1　単調　　　　　2　順調　　　　　3　慎重　　　　　4　丁重

6 暑い夏もエアコンのおかげで（　　　　）に過ごすことができる。
　　1　自由　　　　　2　快適　　　　　3　勝手　　　　　4　正確

7 太りすぎて、スカートが（　　　　）なってしまった。
　　1　きつく　　　　2　ゆるく　　　　3　ほそく　　　　4　せまく

8 もう少し（　　　　）情報がほしい。
　　1　たしかな　　　2　ゆたかな　　　3　ぜいたくな　　　4　ふしぎな

9 A社は、海外進出に失敗した（　　　　）経験がある。
　　1　からい　　　　2　しぶい　　　　3　にがい　　　　4　すっぱい

10 そんなりっぱなホテルは（　　　　）だから、もっと安いところを予約しよう。
　　1　質素　　　　　2　便利　　　　　3　高級　　　　　4　ぜいたく

| 정답 | 1① | 2① | 3③ | 4④ | 5② | 6② | 7① | 8① | 9③ | 10④ |

問題4 (　　　)に入れるのに最もよいものを、1・2・3・4から1つ選びなさい。

1 今日のパーティーには政府の（　　　　）人も来るそうだ。
　　1　つよい　　　　　2　しつこい　　　　3　たかい　　　　4　えらい

2 彼女はよく勉強しているので、合格は（　　　　）と思った。
　　1　しつこい　　　　2　つよい　　　　　3　かたい　　　　4　しぶとい

3 彼は1位と（　　　　）差でゴールした。
　　1　ほんの　　　　　2　わずかの　　　　3　たったの　　　　4　たかがの

4 景気は（　　　　）回復に向かっている。
　　1　おだやかに　　　2　ほがらかに　　　3　なだらかに　　　4　さわやかに

5 彼女は去年プロになったばかりで、プロとしてはまだまだ（　　　　）だ。
　　1　未開　　　　　　2　未練　　　　　　3　未知　　　　　　4　未熟

6 新しい美術館は有名な建築家の設計だそうで、（　　　　）すばらしい建物だった。
　　1　さすがに　　　　2　まるで　　　　　3　きっと　　　　　4　たしか

7 去年は（　　　　）あのチームが優勝したはずです。
　　1　まるで　　　　　2　たしか　　　　　3　きっと　　　　　4　かならず

8 あまり勉強しなかったので、（　　　　）受かるとは思ってもいなかった。
　　1　つい　　　　　　2　たとえ　　　　　3　まるで　　　　　4　まさか

9 この教室に入れる人数は（　　　　）30人が限度だろう。
　　1　せいぜい　　　　2　せめて　　　　　3　ますます　　　　4　ちょくちょく

10 （　　　　）あと5センチ背が高ければいいのに。
　　1　せいぜい　　　　2　せめて　　　　　3　あえて　　　　　4　　たしか

問題4　（　　　）に入れるのに最もよいものを、1・2・3・4から1つ選びなさい。

1　一度でいいから（　　　　）おすしが食べてみたい。
　　1　いっそう　　　　2　力いっぱい　　　3　徐々に　　　　4　思いきり

2　あの鳥はこのあたりでは（　　　　）見られない、珍しい鳥です。
　　1　ちっとも　　　　2　めったに　　　　3　けっして　　　　4　たまに

3　この魚はこの付近では（　　　　）釣れない、珍しい魚です。
　　1　ふだんから　　　2　日頃から　　　　3　たまにしか　　　4　日常から

4　知りあってまだ間もないのに、（　　　　）昔からの友達のように親しくなった。
　　1　ますます　　　　2　たしか　　　　　3　いよいよ　　　　4　まるで

5　壁にかけておいた絵が、いつの間にか（　　　　）かたむいていた。
　　1　上に　　　　　　2　下に　　　　　　3　ななめに　　　　4　さかさまに

6　ここでお茶でも飲んでいれば、（　　　　）雨もやむだろう。
　　1　そのうち　　　　2　いよいよ　　　　3　とうとう　　　　4　ずっと

7　運動会の日は、（　　　　）朝から雨が降ってしまった。
　　1　さいわい　　　　2　あいにく　　　　3　いまにも　　　　4　あくまで

8　どこへも行かないで、ここで（　　　　）していてください。
　　1　そっと　　　　　2　ほっと　　　　　3　じっと　　　　　4　ぞっと

9　時間はまだ（　　　　）ありますから、よく考えて決めましょう。
　　1　はっきり　　　　2　ぴったり　　　　3　しっかり　　　　4　たっぷり

10　父はいつも8時（　　　　）に家を出ます。
　　1　しっかり　　　　2　きっかり　　　　3　はっきり　　　　4　てっきり

問題4　（　　　）に入れるのに最もよいものを、1・2・3・4から1つ選びなさい。

1　タクシーがものすごいスピードで走るので、事故が起きないかと（　　　）した。
　　1　うきうき　　　　2　そわそわ　　　　3　はらはら　　　　4　わくわく

2　きのう試験が終わって（　　　）している。
　　1　ほっと　　　　2　じっと　　　　3　はっと　　　　4　ぞっと

3　友達に悩みを聞いてもらって（　　　）した。
　　1　すっきり　　　　2　がっかり　　　　3　びっくり　　　　4　はっきり

4　いやならいやと（　　　）断ったほうがいいですよ。
　　1　しっかり　　　　2　どっかり　　　　3　どっきり　　　　4　はっきり

5　道路が込んで、車が（　　　）走っている。
　　1　ぐるぐる　　　　2　のんびり　　　　3　ぶらぶら　　　　4　のろのろ

6　初めての給料で買った靴を（　　　）になるまではいた。
　　1　ぼろぼろ　　　　2　どろどろ　　　　3　ばらばら　　　　4　べつべつ

7　人でいっぱいかと思ったら、会場の中は（　　　）だった。
　　1　ぼろぼろ　　　　2　がらがら　　　　3　ばらばら　　　　4　からから

8　いくら忙しくても、食事は（　　　）とるようにしてください。
　　1　しっかり　　　　2　はっきり　　　　3　ぴったり　　　　4　すっかり

9　この小説は、若い女性の心を（　　　）、今年一番のベストセラーになった。
　　1　つかんで　　　　2　にぎって　　　　3　取って　　　　4　込めて

10　（　　　）理由で、彼は会議に欠席した。
　　1　つよい　　　　2　こまかい　　　　3　いそがしい　　　　4　つまらない

정답　　1③　　2①　　3①　　4④　　5④　　6①　　7②　　8①　　9①　　10④

問題4（　　　）に入れるのに最もよいものを、1・2・3・4から1つ選びなさい。

1 この大学のエジプト学研究は世界的な（　　　）だ。
　　1　コース　　　　　2　ランク　　　　　3　レベル　　　　　4　エリア

2 魚を（　　　）の上にのせて焼いた。
　　1　あみ　　　　　2　ひも　　　　　3　つな　　　　　4　なわ

3 彼は月に2、3度カラオケに行って（　　　）を解消している。
　　1　スタミナ　　　　　2　ストレス　　　　　3　ライバル　　　　　4　ピンチ

4 栄養の（　　　）を考えて料理を作った。
　　1　カロリー　　　　　2　バランス　　　　　3　メニュー　　　　　4　スタミナ

5 高校時代に見た映画が（　　　）となって、ポーランドに関心を持つようになった。
　　1　やくめ　　　　　2　きっかけ　　　　　3　はじまり　　　　　4　うごき

6 飲みかけのワインのボトルにコルクで（　　　）をした。
　　1　棒（ぼう）　　　　　2　栓（せん）　　　　　3　鍵（かぎ）　　　　　4　蓋（ふた）

7 この小説の主人公には実在する（　　　）がいるそうだ。
　　1　マニア　　　　　2　スター　　　　　3　スタッフ　　　　　4　モデル

8 箱の中身は全部捨てて、箱を（　　　）にしてください。
　　1　あき　　　　　2　から　　　　　3　なし　　　　　4　すき

9 この会社の技術は業界（　　　）だ。
　　1　ヘッド　　　　　2　トップ　　　　　3　ホット　　　　　4　ヒット

10 海苔（のり）がしけるといけませんから、缶の（　　　）をしっかり閉めてください。
　　1　栓（せん）　　　　　2　鍵（かぎ）　　　　　3　蓋（ふた）　　　　　4　取っ手（と）

정답　　1③　　2①　　3②　　4②　　5②　　6②　　7④　　8②　　9②　　10③

問題4（　　　）に入れるのに最もよいものを、1・2・3・4から1つ選びなさい。

1 あの人の考えることは、いつも（　　　　）が大きい。
1 メジャー　　　2 スケール　　　3 レベル　　　4 サイズ

2 彼女は新しい（　　　）の日本人と言える。
1 パターン　　　2 モデル　　　3 サイズ　　　4 タイプ

3 あの子は本を読む時、つめをかむ（　　　）がある。
1 ふり　　　　　あと　　　3 癖（くせ）　　　4 うごき

4 毎日少しずつでも運動をすることで、将来、糖尿病（とうにょうびょう）の（　　　）が半減するそうだ。
1 フラストレーション　　　　　2 リハビリ
3 ピンチ　　　　　　　　　　　4 リスク

5 このダイヤモンドは本物じゃありません。（　　　）です。
1 実物（じつぶつ）　　2 偽物（にせもの）　　3 見せ物（みもの）　　4 別物（べつもの）

6 インターネットで販売すれば、流通（りゅうつう）にかかる（　　　）を抑えることができる。
1 コスト　　　2 ブランド　　　3 メーカー　　　4 ユーザー

7 現金と同じように使える（　　　）がたまった。
1 データ　　　2 ローン　　　3 キャッシュ　　　4 ポイント

8 肉は（　　　）の火で焼いた方がおいしい。
1 炭（すみ）　　　2 あみ　　　3 まま　　　4 なわ

9 プロのサッカー選手は、ボールを扱う（あつか）（　　　）がすばらしい。
1 テクニック　　　2 キック　　　3 ゴール　　　4 アクション

10 彼はがっかりして（　　　）をついた。
1 ためいき　　　2 くしゃみ　　　3 あくび　　　4 せき

정답　1②　2④　3③　4④　5②　6①　7④　8①　9①　10①

問題4（　　　）に入れるのに最もよいものを、1・2・3・4から1つ選びなさい。

1 この地域の開発^{かいはつ}は、非常に速い（　　　）で進んでいる。
　1 リズム　　　　　2 ペース　　　　　3 ステップ　　　　4 ケース

2 彼女の成績はクラスでいつも（　　　）だった。
　1 ヘッド　　　　　2 スター　　　　　3 トップ　　　　　4 ベスト

3 けんかをしてから、彼女は私と口も（　　　）くれません。
　1 話して　　　　　2 きいて　　　　　3 つかって　　　　4 つけて

4 映画の悲しいラストシーンに心を（　　　）。
　1 はさまれた　　　2 かかれた　　　　3 もまれた　　　　4 打たれた

5 忙しくて気が（　　　）、約束の時間を過ぎていた。
　1 ついたら　　　　2 まわったら　　　3 入ったら　　　　4 始まったら

6 応援する時、大声を出しすぎて声が（　　　）しまった。
　1 かれて　　　　　2 こわれて　　　　3 やぶれて　　　　4 のびて

7 年齢を（　　　）にしたがって、彼の性格は丸くなった。
　1 積む　　　　　　2 重ねる　　　　　3 取る　　　　　　4 連ねる

8 選手たちはファンの期待に（　　　）活躍をした。
　1 おうじる　　　　2 こたえる　　　　3 とどく　　　　　4 かえす

9 過ぎてしまったことは、あまり（　　　）方がいいですよ。
　1 気に入らない　　2 気をつけない　　3 気にならない　　4 気にしない

10 パスポートの期限が（　　　）ことに気がついた。
　1 済んでいる　　　2 終わっている　　3 切れている　　　4 進んでいる

정답　　1②　　2③　　3②　　4④　　5①　　6①　　7②　　8②　　9④　　10③

問題4　（　　　）に入れるのに最もよいものを、1・2・3・4から1つ選びなさい。

1　（　　　）がひどくて一晩中眠れなかった。
　　1　甘み　　　　　2　うらみ　　　　3　痛み　　　　4　好み

2　（　　　）が多くて、外食をすると食べられるものがあまりない。
　　1　つき合い　　　2　もよおし　　　3　知り合い　　　4　好き嫌い

3　財布を盗まれたというのは、彼の（　　　）に過ぎなかった。
　　1　思い込み　　　2　思い切り　　　3　思い出　　　　4　思いつき

4　日本に留学するというので、みんなで空港へ（　　　）に行った。
　　1　別れ　　　　　2　迎え　　　　　3　見送り　　　　4　見舞い

5　彼女の行き先に（　　　）はないですか。
　　1　知らせ　　　　2　問い合わせ　　3　考え　　　　　4　心当たり

6　先生の一言で（　　　）が出た。
　　1　やる気　　　　2　笑い　　　　　3　やさしさ　　　4　喜び

7　彼はちっとも（　　　）にならない。
　　1　頼み　　　　　2　頼り　　　　　3　働き　　　　　4　試し

8　この道はいつも（　　　）が多い。
　　1　回り道　　　　2　人ごみ　　　　3　突き当たり　　4　人通り

9　そんなに急がないで、もっと（　　　）歩いてください。
　　1　にっこり　　　2　ゆっくり　　　3　すらすら　　　4　どんどん

10　昔の友達の写真を見て、（　　　）気持ちになった。
　　1　なつかしい　　2　つよい　　　　3　やわらかい　　4　きびしい

問題4　(　　　)に入れるのに最もよいものを、1・2・3・4から1つ選びなさい。

1 今度の旅行の（　　　）は全部で2万円ぐらいです。
1　会計
かいけい
2　計算
けいさん
3　使用
しよう
4　費用
ひよう

2 この書類を（　　　）でとめてください。
しょるい
1　クリップ
2　ブレーキ
3　コピー
4　マウス

3 契約書にはんこを押すときは、よく内容を（　　　）ましょう。
けいやくしょ
1　つとめ
2　たしかめ
3　かんがえ
4　まもり

4 授業中、ねむくて（　　　）が出てしまった。
1　せき
2　ねつ
3　くしゃみ
4　あくび

5 ジーンズは、とても（　　　）生地なので、なかなか破れたりはしません。
きじ　　　　　　　　　　　　やぶ
1　固い
かた
2　丈夫な
じょうぶ
3　軽い
かる
4　立派な
りっぱ

6 緊張しないで、もっと（　　　）してください。
きんちょう
1　チェンジ
2　オープン
3　リラックス
4　アップ

7 彼は父からいろいろな影響を（　　　）。
えいきょう
1　あたえた
2　あげた
3　うけた
4　もらった

8 映画が始まるので、携帯電話の電源を（　　　）。
けいたい　　でんげん
1　いれた
2　きった
3　ぬいた
4　とった

9 長いあいだ使っていなかった部屋は、ほこり（　　　）になっていた。
1　どうし
2　むき
3　だらけ
4　ぎみ

10 （　　　）5万円で貯金が100万円になる。
ちょきん
1　あと
2　もう
3　もっと
4　これから

정답	1④	2①	3②	4④	5②	6③	7③	8②	9③	10①

問題4 （　　　）に入れるのに最もよいものを、1・2・3・4から1つ選びなさい。

1 私は、不便な田舎に住んでいるので、便利な都会に住んでいる人が（　　　）。
　　1 おもしろい　　2 おかしい　　3 うれしい　　4 うらやましい

2 彼女には語学の（　　　）がある。
　　1 人材　　2 有能　　3 機能　　4 才能

3 会議中は携帯電話をマナー（　　　）にしてください。
　　1 スタイル　　2 モード　　3 レベル　　4 コース

4 私は派手なものより、（　　　）デザインのものが好きだ。
　　1 オーバーな　　2 ホットな　　3 シンプルな　　4 ハッピーな

5 レントゲンを撮るときは、少しのあいだ（　　　）を止めなければなりません。
　　1 こえ　　2 いき　　3 むね　　4 のど

6 上の息子は主人の若いころに（　　　）です。
　　1 すっかり　　2 ぴったり　　3 はっきり　　4 そっくり

7 進学するべきかどうか、彼はまだ（　　　）いるようだ。
　　1 まよって　　2 あきらめて　　3 こまって　　4 あわてて

8 このお菓子は賞味期限が（　　　）いますよ。
　　1 終わって　　2 待って　　3 過ぎて　　4 なくなって

9 カップラーメンはお湯を（　　　）だけで、簡単に作れます。
　　1 わく　　2 あびる　　3 まぜる　　4 そそぐ

10 スープが冷めていたので、店の人に（　　　）を言った。
　　1 反対　　2 考え　　3 文句　　4 お代わり

정답　　1 ④　　2 ④　　3 ②　　4 ③　　5 ②　　6 ④　　7 ①　　8 ③　　9 ④　　10 ③

問題4 （　　　　）に入れるのに最もよいものを、1・2・3・4から1つ選びなさい。

1 彼女は病気が（　　　　）して、もう一度入院することになった。
1 再発　　　　　2 再現　　　　　3 再起　　　　　4 再生

2 政府は、いまその問題に（　　　　）に取り組んでいる。
1 熱中　　　　　2 真剣　　　　　3 熱意　　　　　4 夢中

3 ごはんを（　　　　）前に、米を洗ってください。
1 にる　　　　　2 むす　　　　　3 ゆでる　　　　4 たく

4 このさしみは冷蔵庫に入れておけば、2、3日は（　　　　）。
1 もちます　　　2 いきます　　　3 つづきます　　4 すぎます

5 もう体力の（　　　　）です。これ以上は走れません。
1 最後　　　　　2 最終　　　　　3 限度　　　　　4 限界

6 この問題は専門家の間でも意見が（　　　　）いる。
1 きれて　　　　2 はずれて　　　3 わかれて　　　4 はなれて

7 化粧品（けしょうひん）を買ったら、新しい製品の（　　　　）をくれた。
1 モデル　　　　2 メニュー　　　3 サンプル　　　4 イベント

8 病気は、かからないように、（　　　　）することが大事だ。
1 予習　　　　　2 予備　　　　　3 予防　　　　　4 予想

9 前に立っている人たちが（　　　　）になって、パレードがよく見えなかった。
1 余計　　　　　2 無理　　　　　3 邪魔（じゃま）　　　4 無用

10 首にはならなかったが、給料を（　　　　）された。
1 チェンジ　　　2 カット　　　　3 ヒット　　　　4 ショート

확인문제 ❶

1 언제 무슨 일이 일어날지 아무도 예측할 수 없다.
2 여동생은 활발해서 친구도 많다.
3 일본어능력시험은 12월에 실시된다.
4 일본어를 기초부터 공부했습니다.
5 조금 휴식하고 갑시다.
6 담배 연기는 몸에 유해하다.
7 낳고 길러준 부모님께 감사하고 있다.
8 누구도 그의 의견에 반대하지 않았다.
9 그리 간단히 합격할 수 없으리라 생각했는데, 역시 현실은 만만치 않았다.
10 둘이서 분담했기 때문에 일이 빨리 끝났다.

확인문제 ❷

1 주말에 아사쿠사를 구경하고 왔습니다.
2 오늘은 이것으로 해산합니다.
3 시계가 고장 나서 수리 받았다.
4 회의는 다음 주로 연기되었다.
5 그녀는 내 이상의 사람입니다.(이상형입니다)
6 면접 결과는 메일로 통지하겠습니다.
7 다음 주에 일본에 출장 갈 예정이다.
8 젊었을 때는 자주 부모님에게 반항했었다.
9 그의 발언으로 거래처와의 관계가 악화되었다.
10 저 병원은 매우 평판이 좋다.

확인문제 ❸

1 정부로부터 중대 발표가 있다고 한다.
2 그는 언제나 자신의 이익만 생각하고 있다.
3 교통의 발달에 의해 점점 편리해졌다.
4 자신의 권리를 주장했다.
5 화장실이나 거실을 서양식으로 하거나 지붕을 고치거나 낡은 집을 개조했다.
6 누군가가 리더쉽을 발휘해서 할 수밖에 없다.
7 모두의 의견을 조정해서 모일 시간을 정했다.
8 좁았던 도로를 확장하는 공사가 시작되었다.
9 세계에서도 통용되는 실력을 익히고 싶다고 생각했다.

10 그의 의견에는 전혀 납득할 수 없다.

확인문제 ❹

1 저 선수는 이번 올림픽에서 세계 신기록을 갱신했다.
2 연주가 시작되기 때문에 휴대 전화를 매너모드로 설정했다.
3 응원해 준 모두의 기대에 부응할 수 있어서 다행이다.
4 암이라는 병은 발견이 빠르면 빠를수록 나을 확률이 높아진다.
5 그는 요령이 안 좋아서 언제나 일이 다른 사람보다 늦다.
6 지금 회원 등록을 하면 여러 가지 특혜가 있다.
7 이제부터는 낭비를 없애고, 조금이라도 저금하기로 했다.
8 저기압의 영향으로, 오후부터 비가 내리겠습니다.
9 우리 단체는 정부로부터도 여러 가지 지원을 받고 있습니다.
10 그때는 도중에 그만두는 수밖에 나에게는 선택의 여지가 없었다.

확인문제 ❺

1 이 고층 빌딩은 밤이 되면 조명을 비춰서 아름답습니다.
2 방의 분위기에 어울리는 커튼을 골랐다.
3 그는 평생이 걸려도 다 못 쓸 정도의 돈을 벌었다.
4 바닥이 미끄러지기 쉽기 때문에 조심해 주세요.
5 빈 자리가 없어서 전철 문에 기대어 책을 읽었다.
6 살짝 등이 가려우니 긁어 주세요.
7 커다란 꽃다발을 안고 그녀를 만나러 갔다.
8 전파가 닿지 않는 곳에서는 휴대전화는 걸리지 않습니다.
9 나이를 먹으면 시력도 체력도 쇠약해진다.
10 사전에 정보가 새어 버렸다.

확인문제 ❻

1 만원 전철의 문에 손가락이 끼어버렸다.

2 완전히 예상이 <u>빗나가</u> 버렸다.

3 산유국이 석유의 생산량을 줄이면, 그 영향은 전세계로 <u>번진다</u>.

4 우리 가족은 과일을 좋아해서, 많이 사도 3일을 <u>못 버틴다</u>.

5 그는 이 작품으로 드디어 소설가로서 <u>인정받게</u> 됐다.

6 휴대전화의 전파도 <u>닿지 않는</u> 산속의 온천에 갔다.

7 그 회사는 작년에 <u>망해버렸다</u>.

8 이 가게에서는 자연의 식재료를 <u>고집해</u> 화학조미료는 일체 사용하지 않는다.

9 태풍으로 똑바로 서 있던 나무가 비스듬하게 <u>기울어져버렸다</u>.

10 컵에서 <u>넘치지 않</u>도록 조심하며 맥주를 따랐다.

확인문제 ❼

1 그는 매우 발상이 풍부하고 <u>유니크</u>한 사람이다.

2 아내는 겉모습도 취미도 매우 개성적이지만, 나는 <u>평범</u>하다.

3 그는 시간관념이 <u>허술</u>해서 항상 약속시간에 늦는다.

4 봄이 되어 우리 회사에도 <u>신선한</u> 인재가 들어왔다.

5 <u>대략적</u>이라도 괜찮으니 예정표를 써 주시겠습니까?

6 그는 최근에 여자친구에게 빠져서 공부를 <u>소홀하게</u> 되었다.

7 낡아서 반쯤 부서진 의자를 어머니는 <u>아깝다</u>고 말하며 아직 사용하고 있다.

8 아무리 해도 안 돼서 스스로가 <u>한심해</u>졌다.

9 철은 녹슬면 <u>물러진다</u>.

10 이 나라의 경제는 근 수년 동안 <u>눈부신</u> 발달을 이룩했다.

확인문제 ❽

1 넥타이는 별로 눈에 띄지 않는 <u>무난한</u> 색을 골랐다.

2 그 여자는 수수하지만, <u>품위있는</u> 복장으로 매우 느낌이 좋은 여자였다.

3 이 작가의 문장은 항상 <u>간결</u>해서 알기 쉽다.

4 이 회의는 이번에는 파리에서 열렸지만, <u>통상</u> 스위스에서 열린다.

5 이렇다 할 사고 없이 공사는 <u>순조롭게</u> 진행되고 있다.

6 더운 여름에도 에어컨 덕분에 <u>쾌적</u>하게 지낼 수 있다.

7 살이 너무 쪄서 치마가 <u>꽉 끼고</u> 말았다.

8 조금만 더 <u>확실한</u> 정보를 원한다.

9 A사는 해외진출에 실패한 <u>쓰라린</u> 경험이 있다.

10 그렇게 훌륭한 호텔은 <u>사치</u>니까, 좀 더 싼 곳으로 예약하자.

확인문제 ❾

1 오늘 파티에는 정부의 <u>높은</u> 사람도 온다고 한다.

2 그녀는 열심히 공부하고 있기 때문에 합격은 <u>확실하</u>다고 생각했다.

3 그는 1위와 <u>근소한</u> 차이로 골인했다.

4 경기는 <u>완만한</u> 회복세로 향하고 있다.

5 그녀는 작년에 막 프로가 돼서, 프로로서는 아직 <u>미숙하</u>다.

6 새로운 미술관은 유명한 건축가의 설계라더니 <u>과연</u> (역시) 멋진 건물이었다.

7 작년에는 <u>분명</u> 저 팀이 우승했을 텐데요.

8 별로 공부하지 않아서 <u>설마</u> 붙을 거라고는 생각하지 못 했다.

9 이 교실에 들어올 수 있는 사람 수는 <u>기껏해야</u> 30명이 한계겠지.

10 <u>최소한</u> 5센치 더 키가 크면 좋을 텐데.

확인문제 ❿

1 한 번이라도 좋으니까 <u>마음껏</u> 초밥을 먹어보고 싶다.

2 저 새는 이 주변에서는 <u>좀처럼</u> 볼 수 없는 희귀한 새입니다.

3 이 물고기는 이 부근에서는 <u>어쩌다가</u> 잡히는 희귀한 물고기입니다.

4 안지 얼마 되지 않았는데 <u>마치</u> 옛날부터 친구였던 것처럼 친해졌다.

5 벽에 걸어두었던 그림이 모르는 사이에 <u>비스듬히</u> 기울어져 있었다.

6 여기서 차라도 마시고 있으면 <u>그 사이에</u> 비도 그치 겠지.

7 운동회 날은 <u>공교롭게도</u> 아침부터 비가 내리고 말았 다.

8 어디도 가지 말고 여기서 <u>가만히</u> 있어 주세요.

9 시간은 아직 <u>충분히</u> 있으니까 잘 생각해서 결정합시다.

10 아버지는 언제나 8시 <u>정각</u>에 집을 나섭니다.

확인문제 ⑪

1 택시가 엄청난 스피드로 달려서 사고가 일어나지 않 을까 <u>조마조마</u>했다.

2 어제 시험이 끝나서 <u>안심</u>하고 있다.

3 친구에게 고민을 이야기하고 <u>후련</u>해졌다.

4 싫으면 싫다고 <u>확실히</u> 거절하는 편이 좋아요.

5 도로가 혼잡해서 차가 <u>느릿느릿</u> 달리고 있다.

6 처음 받은 급여로 산 구두를 <u>너덜너덜</u>해질 때까지 신었다.

7 사람이 가득 있을 거라고 생각했는데, 회장 안에는 <u>텅텅</u> 비었다.

8 아무리 바빠도 식사는 <u>제대로</u> 챙겨 먹도록 하세요.

9 이 소설은 젊은 여성들의 마음을 <u>사로 잡아</u>, 올해 최 고의 베스트셀러가 되었다.

10 <u>별 것 아닌</u> 이유로 그는 회의에 결석했다.

확인문제 ⑫

1 이 대학의 이집트학 연구는 세계적인 <u>레벨</u>이다.

2 생선을 <u>철망(석쇠)</u> 위에 놓고 구웠다.

3 그는 한 달에 두, 세 번 노래방에 가서 <u>스트레스</u>를 해 소하고 있다.

4 영양의 <u>밸런스</u>를 생각해서 요리를 만들었다.

5 고등학교 시절에 본 영화가 <u>계기</u>가 되어 폴란드에 관심을 가지게 되었다.

6 마시다 만 와인 병에 코르크로 <u>마개</u>를 했다.

7 이 소설의 주인공은 실재하는 <u>모델</u>이 있다고 한다.

8 상자의 내용물은 전부 버리고 상자를 <u>비워</u> 주세요.

9 이 회사의 기술은 업계 <u>톱</u>이다.

10 김이 눅눅해지면 안 되니까 캔의 <u>뚜껑</u>을 꽉 닫아주 세요.

1 저 사람이 생각하는 것은 언제나 <u>스케일</u>이 크다.

2 그녀는 새로운 <u>타입</u>의 일본인이라고 할 수 있다.

3 저 아이는 책을 읽을 때 손톱을 물어뜯는 <u>버릇</u>이 있다.

4 매일 조금씩이라도 운동을 함으로써 장래에 당뇨병 의 <u>리스크</u>가 반감한다고 한다.

5 이 다이아몬드는 진짜가 아닙니다. <u>가짜</u>입니다.

6 인터넷으로 판매하면 유통에 드는 <u>비용</u>을 억제할 수 있다.

7 현금처럼 사용할 수 있는 <u>포인트</u>가 모였다.

8 고기는 <u>숯불</u>로 굽는 편이 맛있다.

9 프로축구선수는 볼을 다루는 <u>기술</u>이 훌륭하다.

10 그는 실망해서 <u>한숨</u>을 쉬었다.

확인문제 ⑭

1 이 지역의 개발은 매우 빠른 <u>페이스</u>로 진행되고 있다.

2 그녀의 성적은 반에서 언제나 <u>톱</u>이었다.

3 싸움을 하고 나서 그녀는 나와 <u>말도 하지</u> 않았다.

4 영화의 슬픈 라스트 씬에 <u>감동받았다</u>.

5 바빠서 <u>정신을 차려</u> 보니 약속 시간이 지나 있었다.

6 응원할 때 너무 큰 소리를 내서 목이 <u>쉬어</u>버렸다.

7 나이를 <u>먹어감</u>에 따라 그의 성격은 둥글둥글해졌다.

8 선수들은 팬의 기대에 <u>보답하는</u> 활약을 했다.

9 지나간 것은 그렇게 <u>신경 쓰지 않는</u> 편이 좋아요.

10 여권 기간이 <u>만료된</u> 것을 알아차렸다.

확인문제 ⑮

1 <u>통증</u>이 심해서 밤새 잘 수 없었다.

2 <u>편식</u>이 심해서 외식하면 먹을 수 있는 게 별로 없다.

3 지갑을 도둑맞았다는 것은 그의 <u>억측</u>에 지나지 않았 다.

4 일본에 유학을 가기 때문에 모두가 공항으로 <u>배웅</u>하 러 갔다.

5 그녀의 행선지에 <u>짐작</u>가는 곳은 없습니까?

6 선생님의 한마디로 할 <u>마음</u>이 생겼다.

7 그는 조금도 <u>의지</u>가 되지 않는다.

8 이 길은 언제나 <u>사람의</u> 왕래가 잦다.

9 그렇게 서두르지 말고 더 <u>천천히</u> 걸으세요.

10 옛 친구의 사진을 보고 그리운 <u>기분이</u> 들었다.

확인문제 16

1 이번 여행의 <u>비용은</u> 전부 2만 엔 정도입니다.

2 이 서류를 <u>클립으로</u> 고정시켜 주세요.

3 계약서에 도장을 찍을 때는 내용을 잘 <u>확인</u>합시다.

4 수업 중, 졸려서 <u>하품이</u> 나왔다.

5 청바지는 매우 <u>튼튼한</u> 옷감이기 때문에 좀처럼 찢어지거나 하지 않습니다.

6 긴장하지 말고, 좀 더 <u>릴랙스</u>해 주세요.

7 그는 아버지로부터 여러 가지 영향을 <u>받았다</u>.

8 영화가 시작되기 때문에 휴대전화의 전원을 <u>껐다</u>.

9 오랫동안 쓰지 않았던 방은 먼지<u>투성이</u>가 되어 있었다.

10 <u>앞으로</u> 5만 엔만 모으면 저금이 100만 엔이 된다.

확인문제 17

1 나는 불편한 시골에 살고 있기 때문에 편리한 도시에서 살고 있는 사람이 <u>부럽다</u>.

2 그녀에게는 어학 <u>재능이</u> 있다.

3 회의 중에는 휴대전화를 매너 <u>모드로</u> 해 주세요.

4 나는 화려한 것보다 <u>심플한</u> 디자인을 좋아한다.

5 엑스레이를 찍을 때는 잠시 숨을 쉬지 말아야 합니다.

6 큰 아들은 남편 젊었을 때와 <u>똑 닮았습니다</u>.

7 진학해야 할지 어떨지 그는 아직 <u>망설이고</u> 있는 것 같다.

8 이 과자는 유통기한이 <u>지났습니다</u>.

9 컵라면은 뜨거운 물을 <u>붓는</u> 것만으로 간단히 만들 수 있습니다.

10 수프가 식어 있었기 때문에 점원에게 <u>불평</u>했다.

확인문제 18

1 그녀는 병이 <u>재발</u>해서, 다시 한번 입원하게 되었다.

2 정부는 지금 그 문제에 <u>진지하게</u> 노력하고 있다.

3 밥을 <u>짓기</u> 전에 쌀을 씻어주세요.

4 이 생선회는 냉장고에 넣어두면 2, 3일은 <u>견딥니다</u> (상하지 않습니다).

5 이제 체력의 <u>한계</u>입니다. 더 이상은 달릴 수가 없습니다.

6 이 문제는 전문가 사이에서도 의견이 <u>나뉘고</u> 있다.

7 화장품을 샀더니, 새로운 제품의 <u>샘플</u>을 주었다.

8 병은 걸리지 않도록 <u>예방</u>하는 것이 중요하다.

9 앞에 서 있는 사람들이 <u>방해</u>가 돼서 퍼레이드가 잘 보이지 않았다.

10 해고는 당하지 않았지만, 월급이 <u>삭감</u>되었다.

問題5 ▶ 유의표현

문제유형 | 유의표현 (5문항)

주어진 어휘와 같은 의미나 그 의미를 풀어 쓴 짧은 문장을 찾는 문제이다.

> 例
>
> **問題5** _____の言葉に意味が最も近いものを、1・2・3・4から1つ 選びなさい。
>
> 23 荷物がようやく届いた。
>
> 1 すぐに 　　　 2 やっと 　　　 3 全部 　　　 4 一部
>
> | 23 | ① ● ③ ④ |
> |---|---|

포인트

주어진 어휘(주로 유식한 말, 딱딱한 문장체의 말)와 선택지의 정답인 어휘(쉬운 말 또는 의미를 쉽게 풀어 쓴 짧은 문장)의 의미를 둘 다 알고 있어야 정답을 찾을 수 있다. 의미가 완전히 같지 않아도 선택지의 정답인 어휘가 질문문에 들어가도 문장 자체의 의미가 크게 바뀌지 않는 어휘를 고르면 된다. 단, 선택지에 나와 있는 것을 하나씩 대입하여 가장 적절한 어휘를 찾는 방법은 위험하다. 왜냐하면 대입했을 때 선택지 모두가 완전히 말이 안 되는 것은 없기 때문에 오히려 더 혼란스러울 수 있다.

학습요령

〈問題5〉유의표현 역시 4대 품사(명사, 동사, 형용사, 부사)에서 골고루 출제될 것으로 예상하는데, 그 중에서 1문항은 여러 가지 의미를 가진 다의어(多義語) 동사나 형용사가 나올 가능성이 있다. 외래어나 의태어에서도 1문항, 한자어에서 1~2문항 정도 예상한다. 유의어 찾기 문제에 대비하기 위해서는 어휘의 의미 파악만 하는 것이 아니라, 가급적 그 어휘를 비슷한 의미를 가진 말로 바꾸어 보는 연습도 해두자.

학습포인트

〈問題5〉유의표현은 問題 1 ～ 問題4에서 제시하고 있는 문자, 어휘 중에서 대부분 출제되기 때문에 우선 지금까지 학습한 어휘를 살펴보자. 그리고 나서 유의어에는 어떤 것들이 있는지 출제 예상어휘를 한 번 체크하고, 확인문제를 풀면서 실전에 대비하자.

명사

※( ) 안의 숫자는 기출 연도입니다.

□ 過ち 잘못, 실수	≒	正しくない 옳지 않다 (12年)
□ 一変 완전히 바뀜	≒	大きく変わること 크게 변함
□ ぎりぎり 빠듯함 (18年)	≒	少ないこと 적음
□ 見解 견해	≒	考え方 사고방식 (10年)
□ 差し支え 지장	≒	問題 문제
□ 雑談 잡담	≒	おしゃべり 잡담, 수다 (10年)
□ 選択 선택	≒	決定 결정
□ 必死だった 필사적이었다	≒	一生懸命だった 열심이었다 (13年)
□ 注目をした 주목을 했다	≒	関心を持った 관심을 가졌다
□ 日中 주간, 낮	≒	昼間 주간, 낮 (12年)
□ 用心 조심, 주의 (18年)	≒	注意 주의 (14年)
□ リラックス 릴랙스 (14年)	≒	くつろぐこと 편안히 지내는 것
□ ライブ 라이브	≒	生演奏 생연주, 라이브
□ メカニズム 매커니즘	≒	仕組み 구조
□ テンポ 템포, 속도	≒	速さ 속도, 빠름 (15年)
□ ブーム 일시적 대유행, 붐	≒	流行 유행 (11年)
□ プラン 플랜	≒	計画 계획 (13年)
□ レンタル 렌탈, 임대	≒	借りる 빌리다 (10年)

동사

□ 受け持つ 맡다, 담당하다	≒	担当する 담당하다
□ うつむく 머리(고개)를 숙이다 (18年)	≒	下を向く 아래를 향하다 (11年)
□ けなす 헐뜯다	≒	悪く言う 나쁘게 말하다
□ ささやく 속삭이다, 소곤거리다 (15年)	≒	小声で話す 작은 소리로 이야기하다
□ 収納する 수납하다 (15年)	≒	仕舞う 치우다, 안에 넣다
□ 所有する 소유하다 (15年)	≒	持つ 가지다
□ 済ます 끝내다, 마치다	≒	終える 마치다 (13年)
□ 縮む 줄어들다	≒	小さくなる 작아지다 (11年)
□ 追加する 추가하다	≒	足す 더하다 (12年)
□ 読む 읽다	≒	判読する 판독하다
□ 頭が下がる 머리가 숙여지다	≒	感心する 감탄하다
□ 買いしめる 매점하다	≒	全部買う 전부 사다 (14年)
□ 回復する 회복하다	≒	よくなる 좋아지다 (11年)
□ 築く 구축하다	≒	作る 만들다
□ 異なる 다르다	≒	違う 다르다 (14年)
□ 胸を打たれる 감동하다	≒	感激する 감격하다
□ 欠ける 부족하다	≒	足りない 부족하다
□ 仕上げる 일을 끝내다	≒	完成させる 완성시키다 (12年)
□ 湿っている 습기 차 있다, 젖어 있다	≒	まだ乾いていない 아직 마르지 않다 (12年)
□ そろえる 맞추다, 같게 하다	≒	同じにして 같게 해서 (14年)
□ 濁る 탁해지다 (15年)	≒	汚れる 더러워지다
□ 取り上げる 빼앗다, 징수하다	≒	奪う 뺏다
□ 依頼する 의뢰하다	≒	お願いする 부탁하다

□ <ruby>向<rt>む</rt></ruby>く 적합하다　≒　<ruby>適<rt>てき</rt></ruby>する 알맞다, 적당하다

□ <ruby>保<rt>たも</rt></ruby>つ 유지하다 (11年)　≒　<ruby>維持<rt>いじ</rt></ruby>する 유지하다

□ <ruby>詫<rt>わ</rt></ruby>びる 사죄하다　≒　<ruby>謝<rt>あやま</rt></ruby>る 사죄하다

□ くたびれる 지치다　≒　<ruby>疲<rt>つか</rt></ruby>れる 지치다

□ <ruby>目立<rt>めだ</rt></ruby>たない 눈에 띄지 않다　≒　<ruby>見<rt>み</rt></ruby>えにくい 눈에 띄지 않다

□ <ruby>威張<rt>いば</rt></ruby>る 잘난 체하다　≒　<ruby>態度<rt>たいど</rt></ruby>が<ruby>大<rt>おお</rt></ruby>きい 분수를 모르다, 건방지다

□ がっかりする 실망하다　≒　<ruby>失望<rt>しつぼう</rt></ruby>する 실망하다

□ <ruby>気<rt>き</rt></ruby>にする 신경 쓰다　≒　<ruby>意識<rt>いしき</rt></ruby>する 의식하다

□ <ruby>書<rt>か</rt></ruby>き<ruby>取<rt>と</rt></ruby>る (말하는 것을) 받아쓰다　≒　メモする 메모하다

□ ゆずる 양도하다, 물려주다　≒　<ruby>売<rt>う</rt></ruby>る 팔다 (10年)

형용사

□ あいまいだ 모호하다　≒　はっきりしない 분명하지 않다 (13年)

□ <ruby>大<rt>おお</rt></ruby>げさだ 과장되다, 허풍을 떨다　≒　オーバーだ 오버다 (10年)

□ おとなしい 얌전하다　≒　<ruby>静<rt>しず</rt></ruby>かだ 조용하다

□ <ruby>思<rt>おも</rt></ruby>いがけない 의외이다, 뜻밖이다　≒　<ruby>意外<rt>いがい</rt></ruby>な 의외의 (13年)

□ <ruby>勝手<rt>かって</rt></ruby>な 제멋대로인　≒　わがままな 제멋대로인 (10年)

□ かしこい 현명하다, 영리하다　≒　<ruby>頭<rt>あたま</rt></ruby>がいい 머리가 좋다 (10年)

□ くたくただ 녹초가 되다　≒　ひどく<ruby>疲<rt>つか</rt></ruby>れた 매우 지치다 (11年)

□ <ruby>深刻<rt>しんこく</rt></ruby>だ 심각하다 (11年)　≒　<ruby>重<rt>おも</rt></ruby>い 무겁다, 중하다

□ <ruby>騒々<rt>そうぞう</rt></ruby>しい 시끄럽다　≒　うるさい 시끄럽다 (14年)

□ <ruby>明<rt>あき</rt></ruby>らかな 분명한　≒　はっきりした 확실한, 분명한 (14年)

□ <ruby>奇妙<rt>きみょう</rt></ruby>な 기묘한　≒　<ruby>変<rt>へん</rt></ruby>な 이상한 (12年)

□ <ruby>妙<rt>みょう</rt></ruby>な 묘한 (15年)　≒　<ruby>変<rt>へん</rt></ruby>な 이상한 (12年)

□ またとない 둘도 없다	≒	なかなかない 좀처럼 없다
□ 利口だ 영리하다 (18年)	≒	かしこい 영리하다
□ くだらない 시시하다	≒	ばからしい 시시하다, 어리석다
□ すまない 미안하다	≒	申し訳ない 미안하다
□ もっともだ 지당하다	≒	その通りだ 그대로다, 지당하다
□ 軽い 가볍다 (대단하지 않다)	≒	簡単だ 간단하다
□ フレッシュだ 신선하다	≒	新鮮だ 신선하다
□ 穏やかだ 차분하다	≒	落ち着く 안정되다
□ 偉大だ 위대하다	≒	立派だ 훌륭하다
□ 思い掛けない 의외이다	≒	意外だ 의외다
□ 小柄だ 몸집이 작다 (15年)	≒	体が小さい 몸이 작다
□ 卑怯な 비겁한	≒	ずるい 교활하다 (16年)
□ ぶかぶかだ 헐렁헐렁하다	≒	とても大きい 매우 크다 (10年)
□ 無口だ 말수가 적다, 과묵하다 (15年)	≒	あまり話さない 그다지 말하지 않다

부사

□ いきなり 갑자기	≒	突然 돌연 (11年)
□ いずれ 머지않아	≒	いつかそのうちに 조만간
□ 依然として 여전히	≒	相変わらず 변함없이 (13年)
□ およそ 대충, 대강	≒	だいたい 대강, 대략 (13年)
□ 見事に 훌륭하게	≒	上手に 훌륭히
□ 改めて 다시	≒	もう一度 다시 한 번
□ おそらく 아마 (15年)	≒	たぶん 아마
□ かつて 일찍이, 전에 (15年)	≒	以前 이전

□ とりあえず 우선	≒	一応^{いちおう} 우선, 일단 (10年)
□ 何^{なん}となく 왠지	≒	よく分^わからないが 잘 모르지만
□ 次第^{しだい}に 서서히, 점차	≒	徐々^{じょじょ}に 서서히
□ じっと 꼼짝 않고, 가만히	≒	動^{うご}かないで 움직이지 않고 (12年)
□ みずから 몸소, 자신이	≒	自分^{じぶん}で 스스로 (13年)
□ ようやく 겨우	≒	やっと 겨우, 드디어
□ やや 약간 (15年)	≒	少^{すこ}し 좀, 조금
□ 相当^{そうとう} 상당	≒	かなり 꽤 (12年)
□ 直^{ただ}ちに 곧, 즉시	≒	すぐに 곧, 바로 (12年)
□ たちまち 순식간에 (14年)	≒	あっという間^まに 눈 깜짝할 사이
□ たまたま 우연히, 때마침	≒	偶然^{ぐうぜん}に 우연히 (14年)
□ たびたび 번번이	≒	何度^{なんど}も 몇 번, 여러 번 (16年)
□ まもなく 곧	≒	もうすぐ 이제 곧, 머지않아
□ ほぼ 거의, 대강	≒	だいたい 대체로, 대강 (11年)
□ いわゆる 이른바	≒	よく言^いう 감히 말하다, 잘도 말한다
□ わずかに 조금, 약간	≒	少^{すこ}し 조금 (11年)
□ スムーズに 순조롭게 (13年)	≒	順調^{じゅんちょう}に 순조롭게 (16年)

2019

□ ハードだ 고되다, 맹렬하다	≒	大変だ 힘들다
□ 動揺する 동요하다	≒	不安になる 불안해지다
□ 引き返す 되돌아가다(오다)	≒	戻る 되돌아가다(오다)
□ 一層 한층	≒	もっと 더
□ かかりつけ 항상 그 의사의 진찰(치료)을 받음	≒	いつも行く 항상 가다
□ 物騒だ (무슨 일이 일어날 것처럼) 뒤숭숭하다	≒	安全じゃない 안전하지 않다
□ 落ち込んだ 침울해졌다	≒	がっかりした 실망했다
□ 精一杯 있는 힘을 다함	≒	一生懸命 열심히
□ 同情した 동정했다	≒	かわいそうだと思った 불쌍하다고 생각했다
□ 定める 정하다	≒	決める 정하다, 결정하다

2018

□ テクニック 테크닉, 기술	≒	技術 기술
□ うつむく 고개를 숙이다	≒	下を向く 내려다보다
□ 利口な 영리한, 슬기로운	≒	頭がいい 머리가 좋은
□ 用心する 조심하다, 주의하다	≒	気をつける 조심하다
□ くどい 장황하다, 끈질기다	≒	しつこい 끈질기다, 집요하다
□ ボールを当てる 공을 던져서 맞히다	≒	ボールをぶつける 부딪치다, 던져 맞히다
□ あわれ 애처로움, 가엾음, 불쌍함	≒	かわいそう 가엾음, 불쌍함
□ 当分 당분간, 얼마 동안	≒	しばらく 잠시, 잠깐
□ 一転した 일변했다, 완전히 바뀌었다	≒	すっかり変わった 완전 바뀌었다
□ じたばたしても 허둥지둥해도, 바둥거려도	≒	あわてても 당황해도, 허둥거려도

2017

□ 記憶する 기억하다	≒	覚える 기억하다, 느끼다
□ 不平 불평	≒	文句 불만, 트집
□ むかつく 화가 치밀다, 메슥거리다	≒	怒る 화내다, 성내다

□ 勝手 제멋대로 굶, 자기 좋을 대로 함	≒	わがまま 제멋대로 굶, 버릇없음
□ 稀な 드문, 좀처럼 없는	≒	ほとんどない 거의 없다
□ 過剰である 과잉이다	≒	多すぎる 지나치게 많다
□ 誤り 잘못, 틀림	≒	間違っているところ 잘못된 곳
□ 臆病だ 겁이 많다	≒	何でも怖がる 뭐든 무서워하다
□ とっくに 훨씬 전에	≒	ずっと前に 훨씬 전에
□ 譲る 양보하다, 물려주다	≒	あげる 주다

2016

□ 愉快な人 유쾌한 사람	≒	面白い人 재미있는 사람
□ やむを得ない 어쩔 수 없다	≒	仕方がない 어쩔 수 없다
□ 息抜きした 숨을 돌렸다	≒	休んだ 쉬었다
□ ついていた 행운이 따랐다	≒	運がよかった 운이 좋았다
□ つねに 항상	≒	いつも 항상
□ たびたび 여러 번, 자주	≒	何度も 몇 번, 여러 번
□ 注目をした 주목을 했다	≒	関心を持った 관심을 가졌다
□ じかに 직접, 직접적으로	≒	直接 직접
□ 衝突 충돌	≒	ぶつかる 부딪히다
□ 卑怯な 비겁한	≒	ずるい 교활하다

2015

□ 所有する 소유하다	≒	持つ 가지다
□ おそらく 아마, 어쩌면	≒	たぶん 아마
□ 収納する 수납하다	≒	仕舞う 정리하다, 치우다 (15年)
□ 小柄だ 몸집이 작다	≒	体が小さい 몸이 작다
□ 無口だ 말이 없다	≒	あまり話さない 그다지 말하지 않다
□ かつて 일찍이, 전에	≒	以前 이전
□ ささやく 속삭이다, 소곤거리다	≒	小声で話す 작은 소리로 이야기하다

□ テンポ 템포, 속도	≒	速さ 속도, 빠름
□ 妙な 묘한	≒	変な 이상한
□ やや 약간, 좀	≒	少し 조금

2014~2010

□ そろえる 맞추다, 같게 하다	≒	同じにする 같게 하다
□ 買いしめる 매점하다	≒	全部買う 전부 사다
□ 間際 직전, 막 ~하려는 찰나	≒	直前 직전
□ たちまち 곧, 금세	≒	すぐに 곧, 즉시
□ お勘定は済ましました 계산을 끝냈습니다	≒	お金は払いました 돈은 지불했습니다
□ 異なる 다르다	≒	違う 다르다
□ たまたま 우연히, 때마침	≒	偶然に 우연히
□ 明らかな 분명한	≒	はっきりした 확실한, 분명한
□ 用心 조심, 주의	≒	注意 주의
□ 騒々しい 시끄럽다	≒	うるさい 시끄럽다
□ 済ます 끝내다, 마치다	≒	終える 마치다
□ あいまい 애매모호	≒	はっきりしない 분명하지 않다
□ 思いがけない 의외이다, 뜻밖이다	≒	意外な 의외의
□ みずから 몸소, 자신이	≒	自分で 스스로
□ そろう 모이다, (인원 따위가) 차다	≒	集まる 모이다
□ およそ 대충, 대강	≒	だいたい 대강, 대략
□ プラン 플랜	≒	計画 계획
□ 依然として 여전히	≒	相変わらず 변함없이
□ 必死だった 필사적이었다	≒	一生懸命だった 열심이었다
□ 山のふもと 산기슭	≒	山の下のほう 산 밑
□ 直ちに 곧, 즉시	≒	すぐに 곧, 바로
□ 奇妙な 기묘한	≒	変な 이상한
□ 仕上げる 일을 끝내다	≒	完成させる 완성시키다

☐ 日中（にっちゅう） 주간, 낮	≒ 昼間（ひるま） 주간, 낮
☐ 湿（しめ）っている 습기 차 있다, 젖어 있다	≒ まだ 乾（かわ）いていない 아직 마르지 않다
☐ 追加（ついか）する 추가하다	≒ 足（た）す 더하다
☐ 相当（そうとう） 상당	≒ かなり 꽤
☐ じっと 꼼짝 않고, 가만히	≒ 動（うご）かないで 움직이지 않고
☐ 過（あやま）ち 잘못, 실수	≒ 正（ただ）しくない 옳지 않다
☐ かさかさしている 꺼칠꺼칠하다	≒ 乾燥（かんそう）している 건조하다
☐ ブーム 일시적 대유행, 붐	≒ 流行（りゅうこう） 유행
☐ 慎重（しんちょう）に 신중하게	≒ 十分注意（じゅうぶんちゅうい）して 충분히 주의해서
☐ 縮（ちぢ）む 줄어들다	≒ 小（ちい）さくなる 작아지다
☐ ほぼ 거의, 대강	≒ だいたい 대체로, 대강
☐ 回復（かいふく）する 회복하다	≒ よくなる 좋아지다
☐ くたくただ 녹초가 되다	≒ ひどく疲（つか）れた 매우 지치다
☐ わずかに 조금, 약간	≒ 少（すこ）し 조금
☐ 優秀（ゆうしゅう）だった 우수했다	≒ 頭（あたま）がよかった 머리가 좋았다
☐ うつむく 머리(고개)를 숙이다	≒ 下（した）を向（む）く 아래를 향하다
☐ いきなり 갑자기	≒ 突然（とつぜん） 돌연
☐ とりあえず 우선	≒ 一応（いちおう） 우선, 일단
☐ ゆずる 양도하다, 물려주다	≒ 売（う）る 팔다
☐ 雑談（ざつだん） 잡담	≒ おしゃべり 잡담, 수다
☐ かしこい 현명하다, 영리하다	≒ 頭（あたま）がいい 머리가 좋다
☐ 大（おお）げさだ 과장, 허풍을 떪	≒ オーバーだ 오버다
☐ 勝手（かって）な 제멋대로인	≒ わがままな 제멋대로인
☐ たびたび 여러 번, 자주	≒ 何度（なんど）も 몇 번, 여러 번
☐ ぶかぶかだ 헐렁헐렁하다	≒ とても大（おお）きい 매우 크다
☐ 見解（けんかい） 견해	≒ 考（かんが）え方（かた） 사고방식
☐ レンタル 렌털, 임대	≒ 借（か）りる 빌리다

問題5 _____の言葉に意味が最も近いものを、1・2・3・4から1つ選びなさい。

1 彼の人生は一変した。
1 大きく変わった　2 少し変わった　3 よくなった　4 わるくなった

2 彼女の病気は深刻なものだった。
1 くるしい　　　2 はげしい　　　3 つよい　　　　4 おもい

3 彼はおそらく反対するだろう。
1 強く　　　　　2 間違いなく　　3 たぶん　　　　4 すぐに

4 どうぞ二人で幸せな家庭をきずいてください。
1 作って　　　　2 守って　　　　3 見つけて　　　4 探して

5 昨日降った雨で川の水がにごっている。
1 増えている　　2 流れている　　3 臭っている　　4 汚れている

6 品質をたもつために製品の検査をした。
1 研究する　　　2 比較する　　　3 維持する　　　4 向上させる

7 話しすぎてくたびれてしまった。
1 泣いて　　　　2 疲れて　　　　3 笑って　　　　4 眠って

8 差し支えなければ、明日こちらに来てください。
1 仕方　　　　　2 不満　　　　　3 変更　　　　　4 問題

9 あんなに利口な犬は見たことがありません。
1 めずらしい　　2 かしこい　　　3 つよい　　　　4 おとなしい

10 彼女には本当にすまないことをした。
1 もうしわけない　2 はずかしい　　3 ありがたい　　4 おしい

정답　1①　　2④　　3③　　4①　　5④　　6③　　7②　　8④　　9②　　10①

問題5 ＿＿＿＿＿の言葉に意味が最も近いものを、1・2・3・4から1つ選びなさい。

1 そこで何かかるい食事でもしませんか。

1 かんたんな　　　2 安い　　　　　3 新鮮な　　　　　4 めずらしい

2 本当のことはいずれわかるでしょう。

1 あと少しで　　　　　　　　　　2 いつかそのうちに
3 今　　　　　　　　　　　　　　4 ずっと後で

3 あらためてうかがいますので、よろしくお願いします。

1 すぐに　　　　　2 はじめて　　　3 もう一度　　　4 前もって

4 なんとなくそんな気がします。

1 どうしても　　　　　　　　　　2 よくわからないが
3 すこしだけ　　　　　　　　　　4 はっきりと

5 荷物がようやく届いた。

1 すぐに　　　　　2 やっと　　　　3 全部　　　　　4 一部

6 たびたびお電話して申し訳ありません。

1 長く　　　　　　2 いつも　　　　3 遅く　　　　　4 何度も

7 ぎりぎりの予算で仕事を始めた。

1 余裕がない　　　2 少ない　　　　3 多くの　　　　4 最高

8 休みの日は、家でのんびりくつろいで過ごすのが一番だ。

1 ダウンして　　　2 チェンジして　　3 リラックスして　4 コントロールして

9 彼女の選択は正しかったと私は思います。

1 意見　　　　　　2 計算　　　　　3 予熱　　　　　4 決定

10 友達に作った料理をけなされた。

1 おいしいと言われた　　　　　　2 まずいと言われた
3 食べられた　　　　　　　　　　4 捨てられた

정답　　1①　　2②　　3③　　4②　　5②　　6④　　7①　　8③　　9④　　10②

問題5 _____ の言葉に意味が最も近いものを、1・2・3・4から1つ選びなさい。

1 あの人の努力には本当に<u>頭が下がります</u>。
　　1 感心します　　　2 感謝します　　　3 感激します　　　4 感動します

2 ^{せんぱい}先輩のやさしい言葉に<u>胸を打たれた</u>。
　　1 びっくりした　　2 がっかりした　　3 感激した　　　4 傷つけられた

3 この仕事は、若い女性に<u>むいている</u>。
　　1 人気がある　　　2 価値がある　　　3 適している　　　4 移っている

4 今回のことは心から<u>おわびします</u>。
　　1 感謝します　　　2 反省します　　　3 あやまります　　　4 質問します

5 汚れが<u>めだたない</u>服を選んだ。
　　1 つかない　　　　2 つきにくい　　　3 見えない　　　4 見えにくい

6 それは私にとって<u>またとない</u>チャンスだった。
　　1 すばらしい　　　2 たった一度の　　3 意味がない　　　4 たしかな

7 彼の話はほんとうに<u>くだらない</u>と思った。
　　1 ばからしい　　　2ずうずうしい　　3 かわいそうだ　　4 たいくつだ

8 彼女の話を聞いて、それは<u>もっとも</u>だと思った。
　　1 その通りだ　　　2 そうじゃない　　3 おおげさだ　　　4 いいかげんだ

9 彼は<u>たちまち</u>クラスの人気者になった。
　　1 あっという間に　2 少しずつ　　　3 いつの間にか　　4 とうとう

10 難しい問題を彼女は<u>みごとに</u>^{かいけつ}解決した。
　　1 少しずつ　　　　2 とうとう　　　3 じょうずに　　　4 いっしょうけんめい

問題5 _____ の言葉に意味が最も近いものを、1・2・3・4から1つ選びなさい。

1 彼はおそらくここへは来ないだろう。
　　1 すぐ　　　　　2 まだ　　　　　3 たぶん　　　　4 もう

2 二人は次第（しだい）に親しくなった。
　　1 徐々に　　　　2 急速に　　　　3 大へん　　　　4 少しだけ

3 相手の気持ちをうまく読んだ。
　　1 批判した　　　2 判読した　　　3 解読した　　　4 非難した

4 彼女の演奏（えんそう）を聞いてがっかりした。
　　1 興奮した　　　2 失望した　　　3 反省した　　　4 感動した

5 あのレストランでは毎日、ジャズの生演奏をやっている。
　　1 ライブ　　　　2 コンテスト　　　3 リクエスト　　　4 リズム

6 大会の準備（じゅんび）が順調に進んでいる。
　　1 ルーズ　　　　2 スムーズ　　　　3 スロー　　　　4 ハイテンポ

7 電気自動車が動くしくみについて解説（かいせつ）した。
　　1 ダイナミズム　　2 メカニズム　　　3 エゴイズム　　　4 アカデミズム

8 彼女の香水は、私がふだん使っているものと同じだった。
　　1 いつも　　　　2 最近（さいきん）　　　3 このごろ　　　　4 ときどき

9 きのう書いた作文を、日本人の友達に間違（まちが）ったところがないか調べてもらった。
　　1 クリックして　　　　　　　　2 チェックして
　　3 テストして　　　　　　　　　4 アドバイスして

10 手続（てつづ）きがめんどうで、いやになった。
　　1 じみで　　　　2 複雑（ふくざつ）で　　　3 へたで　　　　4 危険（きけん）で

| 정답 | 1③ | 2① | 3② | 4② | 5① | 6② | 7② | 8① | 9② | 10② |

問題5 _____の言葉に意味が最も近いものを、1・2・3・4から1つ選びなさい。

1 お金を<u>もうけて</u>マンションを買った。
   1 つかって　　　2 かせいで　　　3 だして　　　4 ためて

2 この会社は、去年はじめて<u>黒字</u>を記録した。
   1 輸入　　　　2 輸出　　　　3 利益　　　　4 損失

3 午後からは<u>次第に</u>天気もよくなるでしょう。
   1 ときどき　　　2 すぐに　　　3 かなり　　　4 少しずつ

4 木村さんは大きな家に<u>引っ越した</u>。
   1 動いた　　　2 泊まった　　　3 移った　　　4 出て行った

5 彼の考えは<u>甘い</u>と思った。
   1 古い　　　　2 新しい　　　3 すばらしい　　　4 問題が多い

6 山本さんがとても<u>丁寧に</u>説明してくれた。
   1 親切に　　　2 新鮮に　　　3 元気に　　　4 簡単に

7 遅刻しないように、目覚し時計を6時に<u>合わせて</u>寝た。
   1 タッチして　　　2 セットして　　　3 ログインして　　　4 リクエストして

8 私が<u>あらかじめ</u>確認しておきます。
   1 もう一度　　　2 先に　　　3 念のため　　　4 後で

9 これからは外食を<u>ひかえる</u>ようにする。
   1 できるだけする　　　　　　2 たくさんする
   3 できるだけしない　　　　　4 やめる

10 今日の<u>打ち合わせ</u>は午後3時から行います。
   1 練習　　　　2 面接　　　　3 試合　　　　4 会議

정답　　1②　　2③　　3④　　4③　　5④　　6①　　7②　　8②　　9③　　10④

확인문제 ①

1 그의 인생은 완전히 변했다.
2 그녀의 병은 심각한 것이었다.
3 그는 아마도 반대할 것이다.
4 모쪼록 두 분이 행복한 가정을 이루세요.
5 어제 내린 비로 강물이 탁해졌다.
6 품질을 유지하기 위해 제품 검사를 했다.
7 말을 너무 많이 해서 지쳐버렸다.
8 지장 없으시면 내일 이쪽으로 와 주세요.
9 저렇게 영리한 개는 본 적이 없습니다.
10 그녀에게는 정말 미안하게 됐다.

확인문제 ②

1 저기서 뭔가 가볍게 식사라도 하지 않을래요?
2 진실은 언젠가 알겠지.
3 다시 한번 찾아뵐 테니 잘 부탁드립니다.
4 왠지 모르게 그런 기분이 듭니다.
5 짐이 드디어 도착했다.
6 번번이 전화해서 죄송합니다.
7 빠듯한 예산으로 일을 시작했다.
8 휴일에는 집에서 느긋이 유유자적하며 보내는 것이 제일이다.
9 그녀의 선택은 옳았다고 저는 생각합니다.
10 친구에게 만든 요리를 비난받았다.

확인문제 ③

1 저 사람의 노력에는 정말 머리가 숙여집니다.
2 선배의 상냥한 말에 감동했다.
3 그 일은 젊은 여성에게 어울린다.
4 이번 일은 진심으로 사과드립니다.
5 얼룩이 눈에 띄지 않는 옷을 골랐다.
6 그것은 나에게 있어서 다시 없을 기회였다.
7 그의 이야기는 정말 시시하다고 생각했다.
8 그녀의 이야기를 듣고 그것은 지당하다고 생각했다.
9 그는 순식간에 반의 인기인이 되었다.
10 어려운 문제를 그녀는 훌륭하게 해결했다.

확인문제 ④

1 그는 아마 여기에 오지 않을 것이다.
2 둘은 차차 친해졌다.
3 상대의 기분을 잘 읽었다.
4 그녀의 연주를 듣고 실망했다.
5 저 레스토랑에서 매일 재즈 라이브를 한다.
6 대회 준비가 순조롭게 진행되고 있다.
7 전기자동차가 움직이는 구조에 대해 해설했다.
8 그녀가 쓰는 향수는 내가 평소에 사용하는 것과 같았다.
9 어제 쓴 작문을 일본인 친구가 틀린 곳이 없나 체크해 주었다.
10 수속이 번거로워서 짜증이 났다.

확인문제 ⑤

1 돈을 벌어서 아파트를 샀다.
2 이 회사는 작년에 처음으로 흑자를 기록했다.
3 오후부터는 점차 날씨도 좋아질 것입니다.
4 기무라 씨는 큰 집으로 이사했다.
5 그의 생각은 안이하다고 생각했다.
6 야마모토 씨가 매우 친절하게 설명해 주었다.
7 지각하지 않도록 자명종 시계를 6시에 맞추고 잤다.
8 제가 미리 확인해 두겠습니다.
9 앞으로는 외식을 삼가도록 한다.
10 오늘 회의는 오후 3시부터 하겠습니다.

問題6 ▶ 용법

문제유형 **용법 (5문항)**

제시된 어휘가 문장 안에서 가장 적절하게 쓰인 것을 찾는 문제로, 제시된 어휘의 의미를 확실히 알고 있어야 정답을 찾을 수 있다.

問題6 次の言葉の使い方として最もよいものを、1・2・3・4から1つ
選びなさい。

28 楽
_{らく}

1 彼は、今度の旅行をとても楽にしている。

2 時間がないから、何か楽に食べましょう。

3 給料が上がって、生活が楽になった。

4 みんながわかるように、もう少し楽に説明してください。

| 28 | ① ② ● ④ |

포인트

〈問題6〉용법은 배점이 클 것으로 예상하니, 차분하게 정답을 찾아내야 한다. 품사나 의미를 잘못 생각하여 생기게 되는 동사와 목적어 간의 불일치, 형용사와 주어 간의 불균형 등이 없는지 선택지 하나하나를 꼼꼼하게 잘 봐야 한다.

예) 불안하다　不安する（×）　不安だ（○）
　　　　　　　　ふあん　　　　　　ふあん

「将来が不安だ(장래가 불안하다)」와 같이 한국어의 '하다'에 해당되는 일본어가 「する」가 아니라 「～だ」의 형태를 취하는 な형용사인 경우가 있다.

학습요령

〈問題6〉용법은 수험생들이 가장 어려워하는 문제유형 중 하나이다. '용법' 문제에 대비해서 공부하려면 무조건 단어 자체를 암기하기 보다는 자주 사용되는 예문과 더불어 공부해야 한다. 예를 들어,「無駄」는 「注意しても無駄だ (주의해도 소용없다), 無駄のない生活 (낭비 없는 생활)」로 기억하면 한결 문제 풀기가 수월해질 것이다. 출제될 문제의 품사를 보면 동사와 형용사는 반드시 출제되지만, 명사와 부사는 어느 한 쪽이 안 나올 수도 있다. 한자어는 2문항 이상, 가타카나어나 의태어는 1문항 출제될 것으로 예상된다.

학습포인트

〈問題6〉 용법도 마찬가지로, 문제 1 ～문제4에서 제시하고 있는 문자, 어휘 중에서 출제되기 때문에 동사, 형용사, 부사(의성어,의태어) 등을 다시 한 번 학습한 후에 출제 예상어휘를 확인하고, 확인문제를 풀도록 한다. 출제 예상 어휘는 한국 학습자들이 틀리기 쉬운 어휘로만 구성해 놓았다.

명사

※( ) 안의 숫자는 기출 연도입니다.

□ 能率 능률	□ 群れ 무리	□ 心当たり 짐작가는 데
□ 催促 재촉 (13年)	□ 重役 중역	□ 節約 절약
□ ドライブ 드라이브	□ 礼儀 예의	□ 正直 정직함, 솔직함
□ 展開 전개	□ 分散 분산	□ 関心 관심
□ 妥当 타당	□ 催促 재촉	□ 気候 기후
□ たとえ 비유, 빗대어 하는 말	□ 薬 약	□ ユーモア 유머
□ 差別 차별	□ 普及 보급	□ ふもと 산기슭
□ 行方 행방	□ 夢中 열중함, 몰두함	□ 作法 예의범절, 예절
□ 微妙 미묘함	□ あかり 빛, 불빛	□ 向かい 정면, 맞은편
□ 実施 실시	□ 妥当性 타당성	□ 中断 중단
□ 礼儀 예의		

동사

□ 甘やかす 응석을 받아주다	□ 薄める 묽게 하다, 연하게 하다	□ うたがう 의심하다
□ 抱える 안다, 맡다 (12年)	□ さびる 녹슬다 (16年)	□ 支配する 지배하다
□ 慎む 삼가다, 조심하다	□ 見おろす 내려다보다	□ ふくらむ 부풀다
□ さからう 거스르다	□ 差し支える 지장이 있다	□ 乗り過ごす 하차역을 지나치다
□ 保つ 지키다	□ 散らかる 흩어지다, 널브러지다	□ 外す 떼어내다 (10年)
□ 引き返す 돌아오다	□ 振り向く 뒤돌아보다	□ 乱れる 흐트러지다 (18年)

형용사

□ 惜しい 아깝다, 아쉽다	□ 厚かましい 뻔뻔하다	□ きつい 힘들다, 빡빡하다
□ ずるい 교활하다	□ だらしない 칠칠치 못하다	□ 懐かしい 그립다
□ 情けない 한심하다	□ 憎らしい 밉살스러운	□ 鈍い 둔하다
□ ふさわしい 어울리다	□ みにくい 보기 흉하다	□ 明らか 분명한, 명백한
□ いい加減な 적당한, 엉터리인	□ 器用な 손재주 있는	□ 質素な 검소한
□ 贅沢な 사치스러운	□ 妥当な 타당한 (14年)	□ 強気な 강경한
□ 朗らかな 명랑한	□ 強引な 강제적인	□ 陽気な 날씨나 성격이 밝은
□ 利口な 영리한		

부사

□ いったん 일단	□ いまに 아직도, 곧, 조만간	
□ こつこつ 꾸준히, 부지런히 (14年)		□ ざっと 대강, 대충
□ 少しも 조금도, 전혀	□ にこにこ 생글생글	□ はきはき (말, 태도) 시원시원
□ ばったり 갑자기 떨어지거나 끊어지는 소리		□ せっかく 모처럼
□ せめて 적어도	□ たまたま 가끔, 마침	□ どっと 와, 왈칵
□ たしか 확실함, 틀림없음	□ 実に 실로, 매우	□ がっかり 낙심함, 실망함
□ どうせ 어차피, 이왕에	□ わずか 근소함, 조금	□ くれぐれも 아무쪼록

2019

□ 特殊 특수	□ 素材 소재	□ しみる 스미다
□ 充満 충만	□ めくる 젖히다, 넘기다	□ 廃止 폐지 (12年)
□ 初歩 초보	□ だらしない 단정하지 않다	□ 即座に 즉석에서, 당장
□ 尽きる 다하다, 끝나다		

2018

□ 保存 보존	□ 鈍い 둔하다	□ 日課 일과
□ 多彩な 다채로운	□ 乗り継ぐ 갈아타고 가다	□ 役目 역할
□ 最寄り 근처, 가장 가까움	□ 解約 해약	□ 演説 연설
□ きっぱり 딱 잘라, 단호하게		

2017

□ 破れる 찢어지다, 해지다	□ 限定 한정	□ 一斉に 일제히
□ 散らかす 흩뜨리다, 어지르다	□ 論争 논쟁	□ 頂上 정상
□ 節約 절약	□ 分析 분석	□ 略す 생략하다, 줄이다
□ 覆う (표면을) 덮다, 가리다		

2016

□ 延長 연장	□ さびる 녹슬다	□ 目上 윗사람
□ 大げさ 과장, 허풍을 떪	□ 反省 반성	□ 発達 발달
□ きっかけ 동기, 계기	□ 引退 은퇴	□ 順調 순조로움
□ 生じる 생기다		

2015

□ 温暖 온난	□ 行方 행방	□ 思いつく 생각이 떠오르다
□ 振り向く 뒤돌아 보다	□ 中断 중단	□ 作成 작성

□ 用途 용도   □ たくましい 씩씩하다   □ いったん 일단

□ 甘やかす 응석을 받아주다

2014

□ 頑丈 튼튼한, 옹골찬   □ 縮む 줄어들다   □ 妥当 타당

□ 畳む 접다, 개다   □ 会見 회견   □ 言い訳 변명

□ 合図 신호   □ 支持 지지   □ 手軽 간편함, 간단함

□ こつこつ 꾸준히 노력하는 모양

2013

□ 掲示 게시   □ 隔てる 사이를 떼다, 가로막다   □ かすか 희미함, 어렴풋함

□ 快い 상쾌하다, 유쾌하다   □ 補足 보충   □ 催促 재촉

□ 分野 분야   □ あわただしい 어수선하다

□ ものたりない 무언가 아쉽다, 미흡하다   □ 生き生き 생생한 모양

2012~2010

□ とぼしい 모자라다, 부족하다   □ 合同 합동   □ さっさと 빨랑빨랑, 재빠르게

□ 矛盾 모순   □ 廃止 폐지   □ ふさぐ 막다, 가리다

□ 問い合わせる 문의하다   □ 心強い 마음 든든하다   □ 冷静 냉정

□ 交代 교대   □ 方針 방침   □ かなう 이뤄지다

□ 質素 질소, 검소   □ 範囲 범위   □ 世間 세간, 세상

□ とっくに 훨씬 전에, 벌써   □ せめて 굳이, 억지로   □ 違反 위반

□ 受け入れる 받아들이다   □ 利益 이익   □ 取材 취재

□ 外見 외견   □ 注目 주목   □ きっかけ 동기, 계기

□ はずす 떼다, 벗다   □ ふさわしい 어울리다   □ 深刻 심각

□ 普及 보급   □ 保つ 유지하다, 견디다   □ 続出 속출

問題6 次の言葉の使い方として最もよいものを、1・2・3・4から1つ選びなさい。

1 超過
1 最近残業が続いて疲れが<u>超過</u>している。
2 予定の時間を<u>超過</u>して、講演が続けられた。
3 居眠りをして降りる駅を<u>超過</u>してしまった。
4 ビールがなくなったのでもう少し<u>超過</u>してください。

2 普及
1 そのうわさは、あっという間に<u>普及</u>した。
2 自動車が<u>普及</u>すると旅行も活発になる。
3 その映画は、去年とても<u>普及</u>しました。
4 昔のファッションが最近若者の間で<u>普及</u>している。

3 進歩
1 猿が<u>進歩</u>して人間になったといわれている。
2 止まらないで、前の方にどんどん<u>進歩</u>して下さい。
3 彼の英語力は学生時代と比べてほとんど<u>進歩</u>していない。
4 このあたりは交通が<u>進歩</u>して、ずいぶんにぎやかになった。

4 節約
1 この日本語を英語に<u>節約</u>してください。
2 電気も水も結局はお金なんですから、<u>節約</u>しましょう。
3 扇風機の風がこっちへ来ないように<u>節約</u>してください。
4 デジカメは「デジタルカメラ」を<u>節約</u>した言葉です。

5 持続
1 この交差点では三日間<u>持続</u>で交通事故が起きた。
2 この薬の効果は三時間くらい<u>持続</u>します。
3 もう一週間も暑い日が<u>持続</u>している。
4 そんなに毎日働いたら体が<u>持続</u>しませんよ。

問題6 次の言葉の使い方として最もよいものを、1・2・3・4から1つ選びなさい。

1 維持

1 いいお天気は三日も維持しないで、また雨になった。
2 この魚のさしみは冷蔵庫に入れれば2、3日は維持しますよ。
3 いつまでも若さを維持することは難しい。
4 途中で雨が降ってきて、試合を維持するのが難しくなった。

2 先

1 中村さんは10年先から、ここで働いている。
2 田中さんの引っ越し先がわかったら、教えてください。
3 コンサートは大変な人気で、先売り券は全部売り切れたそうだ。
4 この仕事は時間がかかるので、先に回してこれからしましょう。

3 容易

1 容易な説明しかなかったので、使い方がよくわからなかった。
2 結婚のような大事な問題をそんなに容易に考えてはいけません。
3 困った時には、私にいつでも容易に相談してください。
4 この問題を解決するのは容易なことではない。

4 困難

1 彼は今、とても困難な問題にぶつかっている。
2 こんどの学期末試験はとても困難だった。
3 多くの困難を受けて、彼は成長した。
4 英語を話すのは下手ですが、聞くのは困難じゃありません。

5 有効

1 時間はもっと有効に使いましょう。
2 彼は会社に有効な人材です。
3 その本は私にはとても有効だった。
4 もっと有効な条件で契約ができないかと考えた。

問題6 次の言葉の使い方として最もよいものを、1・2・3・4から1つ選びなさい。

1 重ねる
1 引っ越しの荷物を車に重ねた。
2 実験は失敗に失敗を重ねて、ついに成功した。
3 料理をお皿にきれいに重ねた。
4 苦労が重ねて、とうとう病気になってしまった。

2 向く
1 この仕事は若い女性に向いている。
2 犬がこちらに向いて走ってきた。
3 あの二人はとても仲が良くて、よく向いている。
4 答えが向いているかどうか、教科書で調べた。

3 はずれる
1 面白いと思っていたのに期待がはずれてしまった。
2 彼は今、東京からはずれていなかにいる。
3 彼の名前は名簿からはずれてしまった。
4 壁のポスターがはずれてしまった。

4 届く
1 携帯電話の電波も届かない山奥の温泉に行った。
2 この本を山本さんに届いてくれませんか。
3 思い出したくないので、そのことには届かないでください。
4 カナダはアメリカと国境を届いている。

5 頭に来る
1 いいアイディアが突然頭に来た。
2 ゆうべの彼女の態度には頭に来た。
3 野球のボールが頭に来て、病院に運ばれた。
4 親切な店員の対応に頭に来た。

問題6 次の言葉の使い方として最もよいものを、1・2・3・4から1つ選びなさい。

1 さまざま

1 休みの過ごし方は人によってさまざまです。
2 一人ずつ払いますので、計算はさまざまにしてください。
3 プレゼントは何にしようかさまざま考えてセーターを買った。
4 行く時はみんな一緒だったが、帰りはさまざまに帰った。

2 ぜいたく

1 お金に余裕があったので、ぜいたくをして一流のホテルに泊った。
2 近くに地下鉄の駅ができて、買い物に行くのがぜいたくになった。
3 流行の服や靴で、思い切りぜいたくをして遊びに出かけた。
4 この国にはぜいたくな地下資源が眠っている。

3 いきなり

1 仕事が終わったらいきなり帰ってください。
2 車を運転していたら、いきなり子供が飛び出してきた。
3 彼は頭がよくて何でもいきなり覚えています。
4 たくさん買ってきたが、いきなり食べてしまった。

4 とっくに

1 その展示会はもうとっくに終わっていますよ。
2 そこへ行くにはもうとっくに遅れてしまった。
3 これからはとっくに行くことができない。
4 とっくに車にぶつかるところだった。

5 いよいよ

1 2時間書き続けてきた論文がいよいよ完成した。
2 いよいよ待ちに待った決勝戦が始まった。
3 三日も徹夜して、いよいよ仕事をかたづけた。
4 二度失敗して、彼女はいよいよ大学に合格した。

問題6 次の言葉の使い方として最もよいものを、1・2・3・4から1つ選びなさい。

1 たった
1 車で行くなら、たった１０分もかかりますよ。
2 田中さんなら、たったさっき家に帰りましたよ。
3 たった１回のデートで、彼女は彼が好きになった。
4 きのうは店に、客がたった二人も来た。

2 わざと
1 先生がわざとうちまで見舞いに来てくれた。
2 彼の格好がおかしくて、わざと笑ってしまった。
3 わざとそこまで行ったのに、彼女には会えなかった。
4 彼女はわざと知らないふりをした。

3 ぼろぼろ
1 花瓶がテーブルから落ちてぼろぼろになった。
2 雨の中を走ってぼろぼろになった車を洗った。
3 手が油で汚れてぼろぼろになった。
4 ぼろぼろになるまで靴をはいた。

4 がらがら
1 のどが渇いてがらがらになった。
2 行ってみたらイベント会場の中はがらがらだった。
3 朝のラッシュで電車の中は人でがらがらになった。
4 空気ががらがらに乾燥しているので、火事に気をつけてください。

5 たっぷり
1 時間はありますから、たっぷり考えてから決めましょう。
2 きのうはデパートでたっぷり買い物をした。
3 食べすぎておなかがたっぷりです。
4 パンにバターをたっぷり塗った。

問題6 次の言葉の使い方として最もよいものを、1・2・3・4から1つ選びなさい。

1 ほっと

1 事故の瞬間を見て、ほっとしました。

2 となりの人に足を踏まれて、ほっとした。

3 試験が終わってほっとした。

4 情熱的な恋愛映画を見てほっとしました。

2 すっきり

1 私はめがねをかけないと、文字がすっきり見えません。

2 友達に悩みを聞いてもらってすっきりした。

3 何か不満があるならすっきり言ってください。

4 先生から聞いたので、私はすっきり本当だと思っていた。

3 ぎりぎり

1 しめきりぎりぎりの時間まで原稿を書いた。

2 甘い味が口の中ぎりぎりに広がった。

3 大会の開始ぎりぎりから問題が起こった。

4 彼は怒って、手紙をぎりぎりに破った。

4 きっかけ

1 いつかまた、きっかけがあればお会いしましょう。

2 海外旅行に行かないきっかけは飛行機がこわいからだ。

3 試験に落ちたきっかけはゲームに夢中になったせいだ。

4 病院に入院したのがきっかけで看護師になろうと思った。

5 タイプ

1 ファッションモデルは、やっぱりタイプがいいですね。

2 あのサッカーチームの攻撃のタイプは単調すぎる。

3 彼女は新しいタイプの日本人と言えるでしょう。

4 音楽のタイプに合わせてダンスを踊った。

問題6 次の言葉の使い方として最もよいものを、1・2・3・4から1つ選びなさい。

1 くわしい

1 もっとくわしいお酒はありませんか。

2 もう少しくわしい地図はありませんか。

3 この仕事はちょっとくわしいですが、できますか。

4 頭の痛い問題が、もっとくわしくなってしまった。

2 ちゃんと

1 彼女はちゃんとな会社に就職した。

2 ちゃんと勉強しないと、大学に入れませんよ。

3 田中さんは、とても時間にちゃんとです。

4 このへんには、ちゃんとホテルがありません。

3 はじめ

1 もう一度はじめから大きな声で読んでください。

2 アメリカに行くのは今度がはじめです。

3 彼女にはじめ会ったのは2年前です。

4 卒業式では、校長先生のあいさつがはじめある。

4 余る

1 明日は9時にここに余ってください。

2 毎日30度を余る暑さが続いている。

3 試験がやさしかったので、時間が余りました。

4 まだ仕事が余っているので、家に帰れません。

5 すっかり

1 欠点のない、すっかりな人間はいない。

2 このスーツには、このネクタイがすっかりです。

3 ぐっすり寝たので、頭がすっかりした。

4 薬を飲んだら、かぜがすっかりよくなった。

問題6　次の言葉の使い方として最もよいものを、1・2・3・4から1つ選びなさい。

1 たまに

1　きのう会社からボーナスを<u>たまに</u>もらった。

2　時間があっても、私は<u>たまに</u>映画は見ません。

3　休みの日はたいてい家にいますが、<u>たまに</u>釣りに行くこともあります。

4　勉強もしないで、彼は<u>たまに</u>酒ばかり飲んでいる。

2 楽

1　彼は、今度の旅行をとても<u>楽</u>にしている。

2　時間がないから、何か<u>楽</u>に食べましょう。

3　給料が上がって、生活が<u>楽</u>になった。

4　みんながわかるように、もう少し<u>楽</u>に説明してください。

3 交替

1　疲れたので、友達に車の運転を<u>交替</u>してもらった。

2　1万円札を千円札10枚に、<u>交替</u>してもらった。

3　急にスケジュールが<u>交替</u>になった。

4　日本人と外国人の<u>交替</u>のためにパーティーを開いた。

4 済む

1　1時間で<u>済み</u>たいと思っていたが、2時間もかかってしまった。

2　1万円は要るだろうと思ったが、5千円で<u>済んだ</u>。

3　食事を<u>済ん</u>だら、お皿を洗ってくださいね。

4　暑かった夏が、やっと<u>済んだ</u>。

5 出会い

1　高橋先生との<u>出会い</u>がなかったら、私は教師にはなっていなかっただろう。

2　友達の紹介で、きのうホテルで<u>出会い</u>をした。

3　あした3時に駅で<u>出会い</u>を約束した。

4　鈴木さんとは、ある<u>出会い</u>で会って友達になった。

問題6 次の言葉の使い方として最もよいものを、1・2・3・4から1つ選びなさい。

1 重大
1 彼女は<u>重大</u>なカバンを持って旅に出た。
2 社長は会社の代表として、<u>重大</u>な決心をした。
3 彼は<u>重大</u>な態度で話を始めた。
4 エンジンは、車の中で一番<u>重大</u>な部品です。

2 都合
1 うまい<u>都合</u>によい席がとれた。
2 このあたりは交通の<u>都合</u>がいい。
3 コピー機の<u>都合</u>が悪くて動かない。
4 みなさんの<u>都合</u>がいい日はいつですか。

3 気にする
1 彼女は<u>気にしない</u>ことがあると、すぐに怒り出す。
2 友達に言われたことが<u>気にして</u>、眠れなかった。
3 済んでしまったことはいつまでも<u>気にしないで</u>、早く忘れましょう。
4 小さい子供は<u>気にしない</u>と、すぐに迷子になってしまう。

4 拡張
1 駅の建物を<u>拡張</u>する工事が始まった。
2 大雨で川の水が<u>拡張</u>している。
3 この名刺は、すこし<u>拡張</u>してコピーを取ってください。
4 この国では人口が急速に<u>拡張</u>している。

5 積む
1 お皿の上に料理を<u>積んだ</u>。
2 もう少し経験を<u>積まない</u>と、この仕事はできません。
3 何度も失敗を<u>積んで</u>、やっと成功した。
4 きのうから雪が降り続き、50センチも<u>積んだ</u>。

問題6 次の言葉の使い方として最もよいものを、1・2・3・4から1つ選びなさい。

1 夢中

1 あの子は今、サッカーに夢中している。
2 寝不足で、頭がまだ夢中になっている。
3 彼は今、夢中で新しい仕事に取り組んでいる。
4 彼女は夢中な目で私を見た。

2 無駄

1 無駄をなくして、少しでも貯金をすることにした。
2 そんなに無駄をすると、体をこわしますよ。
3 急に客が来られなくなって、準備した料理が無駄してしまった。
4 きのうは気温が35度にもなって、無駄に暑かった。

3 くやしい

1 あの人は友達が一人もいなくて、とてもくやしい人です。
2 高校時代の先生が亡くなったというくやしい知らせを受けた。
3 何度やってもできないので、くやしくてたまらない。
4 生活がくやしくて、知人からお金を借りた。

4 たまる

1 仕事が忙しくて、ストレスがたまっている。
2 予算は、あとどれくらいたまっていますか。
3 最近はたばこを吸わない人がたまっている。
4 昨日の集会には三千人を越える人がたまった。

5 発生

1 この大学からは多くの学者が発生している。
2 突然、いいアイディアが発生した。
3 事件は意外な方向に発生した。
4 高速道路で大型事故が発生した。

확인문제 ①

1 예정 시간을 <u>초과</u>해서 강연이 계속되었다.
2 자동차가 <u>보급</u>되면 여행도 활발해진다.
3 그의 영어 실력은 학창 시절과 비교해서 거의 <u>진보</u>하지 않았다.
4 전기도 물도 결국은 돈이니까, <u>절약</u>합시다.
5 이 약의 효과는 3시간 정도 <u>지속</u>됩니다.

확인문제 ②

1 언제까지나 젊음을 <u>유지</u>하는 것은 어렵다.
2 다나카 씨가 이사 가는 <u>곳</u>을 아시면 알려 주세요.
3 이 문제를 해결하는 것은 <u>쉬운</u> 일이 아니다.
4 그는 지금 매우 곤란한 <u>문제</u>에 부딪혀 있다.
5 시간은 좀 더 <u>유효</u>하게 사용합시다.

확인문제 ③

1 실험은 실패에 실패를 <u>거듭해</u> 드디어 성공했다.
2 이 일은 젊은 여성에게 <u>어울린다</u>.
3 재미있을 거라고 생각하고 있었는데, 기대를 <u>빗나가</u>버렸다.
4 휴대전화의 전파도 <u>닿지 않는</u> 산속의 온천에 갔다.
5 어젯밤 그녀의 태도에는 <u>화가 울컥 치밀었다</u>.

확인문제 ④

1 휴일을 보내는 방법은 사람에 따라 <u>여러 가지</u>입니다.
2 돈에 여유가 있어서 <u>사치</u>를 부려 일류 호텔에 묵었다.
3 자동차를 운전하고 있는데 <u>갑자기</u> 아이가 뛰어나왔다.
4 그 전시회는 이미 <u>벌써</u> 끝났어요.
5 <u>드디어</u> 기다리고 기다리던 결승전이 시작됐다.

확인문제 ⑤

1 <u>고작</u> 한 번의 데이트로 그녀는 그가 좋아졌다.
2 그녀는 <u>일부러</u> 모르는 척을 했다.
3 <u>너덜너덜</u>해질 때까지 신발을 신었다.

4 가보니 이벤트 회장의 안은 <u>텅 비었다</u>.
5 빵에 버터를 <u>듬뿍</u> 발랐다.

확인문제 ⑥

1 시험이 끝나서 <u>안심</u>했다.
2 친구에게 고민들을 털어놓고 <u>후련해졌다</u>.
3 마감 <u>직전의</u> 시간까지 원고를 썼다.
4 병원에 입원한 것을 <u>계기</u>로 간호사가 되려고 마음먹었다.
5 그녀는 새로운 <u>타입</u>의 일본인이라고 할 수 있겠지요.

확인문제 ⑦

1 좀 더 <u>상세한</u> 지도는 없습니까?
2 <u>제대로</u> 공부하지 않으면 대학에 들어갈 수 없어요.
3 다시 한번 <u>처음부터</u> 큰 소리로 읽어 주세요.
4 시험이 쉬웠기 때문에 시간이 <u>남았습니다</u>.
5 약을 먹었더니 감기가 <u>완전히</u> 좋아졌다.

확인문제 ⑧

1 쉬는 날은 대개 집에 있습니다만, <u>가끔</u> 낚시하러 가는 경우도 있습니다.
2 월급이 올라서 생활이 <u>편해졌다</u>.
3 피곤했기 때문에 친구와 차 운전을 <u>교대</u>했다.
4 만 엔은 필요할 거라고 생각했는데, 5천 엔으로 <u>해결됐다</u>.
5 다카하시 선생님과의 <u>만남</u>이 없었다면 나는 교사가 되지 않았을 것이다.

확인문제 ⑨

1 사장은 회사의 대표로서 <u>중대한</u> 결심을 했다.
2 여러분의 <u>사정</u>이 괜찮은 날은 언제입니까?
3 지나버린 일은 언제까지나 <u>신경 쓰지 말고</u> 빨리 잊어버립시다.
4 역 건물을 <u>확장</u>하는 공사가 시작되었다.
5 좀 더 경험을 <u>쌓지 않으면</u> 이 일은 할 수 없습니다.

1　그는 지금 <u>정신없이</u> 새로운 일에 몰두하고 있다.

2　<u>낭비</u>를 없애고 조금이라도 저금을 하기로 했다.

3　몇 번을 해도 되지 않아서 정말 <u>분하다</u>.

4　일이 바빠서 스트레스가 <u>쌓여</u> 있다.

5　고속도로에서 대형사고가 <u>발생</u>했다.

問題1 _____ の言葉の読み方として最もよいものを１・２・３・４から一つ選びなさい。

1 あいにくの天気で予定が大幅に変更された。

　　　1　おおはば　　　2　おおふく　　　3　だいはば　　　4　だいふく

2 この携帯電話は音声で操作できる。

　　　1　そうさく　　　2　そうさ　　　3　しょうさく　　　4　しょうさ

3 私は、まだ社会経験が乏しいように思う。

　　　1　まずしい　　　2　とぼしい　　　3　おそろしい　　　4　あやしい

4 嫌がる子供を強引に歯医者に診ってもらった。

　　　1　ごういんに　　　2　ぎょういんに　　3　こういんに　　　4　きょういんに

5 異文化に触れることで自分の国について改めて考えるようになる。

　　　1　ふれる　　　2　あこがれる　　　3　なれる　　　　4　めぐまれる

問題2 ＿＿＿＿の言葉を漢字で書くとき、最もよいものを１・２・３・４から一つ選びなさい。

6 雨で大切な書類が<u>やぶれて</u>しまった。

　　1 破れて　　　　　2 濡れて　　　　　3 乱れて　　　　　4 潰れて

7 鈴木先生の<u>こうぎ</u>は分かりやすくて学生に人気がある。

　　1 講義　　　　　2 講儀　　　　　3 講議　　　　　4 講犠

8 彼は毎日部屋の掃除をして<u>せいけつ</u>にしておく。

　　1 青潔　　　　　2 清潔　　　　　3 青契　　　　　4 清契

9 若いうちにいろいろな経験を<u>つんで</u>おいたほうがいい。

　　1 積んで　　　　　2 績んで　　　　　3 漬んで　　　　　4 債んで

10 あのお医者さんは<u>うで</u>がいいと評判で予約を入れないと診てもらえない。

　　1 腕　　　　　2 腰　　　　　3 胸　　　　　4 肌

問題3 （　　　　　）に入れるのに最もよいものを1・2・3・4から一つ選びなさい。

11 彼は（　　　　　）新しいユニホームをさっそく着てみることにした。

1　生　　　　　　2　真　　　　　　3　正　　　　　　4　本

12 （　　　　　）事情により、会議は来月に延期させていただきます。

1　重　　　　　　2　複　　　　　　3　諸　　　　　　4　各

13 田舎に帰ることになったので、上司に退職（　　　　　）を出した。

1　届　　　　　　2　状　　　　　　3　証　　　　　　4　書

14 テスト前に（　　　　　）暗記したものは忘れやすいものです。

1　完　　　　　　2　全　　　　　　3　丸　　　　　　4　総

15 休日のデパートは家族（　　　　　）のお客さんでいっぱいだ。

1　共　　　　　　2　連れ　　　　　　3　緒　　　　　　4　伴

問題4 （　　　　　）に入れるのに最もよいものを１・２・３・４から一つ選びなさい。

16 大雨で傘を差していたのに服が（　　　　　）濡れてしまった。

1 すっきり　　　　2 ぎっしり　　　　3 びっしょり　　　4 さっぱり

17 一つの考え方に縛られず、（　　　　　）思考をすることで新しい発想が生まれる。

1 快適な　　　　　2 柔軟な　　　　　3 円満な　　　　　4 順調な

18 来年度の予算案の審議のため、会議の日程を（　　　　）した。

1 調節　　　　　　2 調整　　　　　　3 調和　　　　　　4 調達

19 電車の中では、携帯電話の使用を（　　　　）べきだ。

1 欠ける　　　　　2 除く　　　　　　3 引く　　　　　　4 控える

20 車の運転中に子供が（　　　　　）きて事故になるところだった。

1 飛び込んで　　　2 飛び出して　　　3 飛びぬけて　　　4 飛び回って

21 彼の（　　　　　）の息子が一流大学に合格したそうだ。

1 自己　　　　　　2 自慢　　　　　　3 自信　　　　　　4 自立

22 親は子供が成長するにつれて考え方に世代の（　　　　）を感じるようになる。

1 ギャップ　　　　2 キャップ　　　　3 カバー　　　　　4 カーブ

問題5 _____の言葉に意味が最も近いものを、1・2・3・4から一つ選びなさい。

23 契約に必要な書類を<u>そろえて</u>ください。

1 調べて　　　　2 準備して　　　　3 提出して　　　　4 教えて

24 学生たちは<u>いっせいに</u>歌を歌い始めた。

1 一人ずつ　　　2 大きい声で　　　3 楽しそうに　　　4 同時に

25 会議の資料を来週までに、<u>仕上げて</u>もらえますか。

1 修正して　　　2 送って　　　　3 完成して　　　　4 延期して

26 最近この辺りは<u>物騒</u>だと聞いた。

1 うるさい　　　2 危ない　　　　3 静かだ　　　　　4 にぎやかだ

27 細かいことは<u>はぶいて</u>要件だけを話してください。

1 付け加えて　　2 ゆっくり話して　3 省略して　　　4 絵にして

問題6 次の言葉の使い方として最もよいものを1・2・3・4から一つ選びなさい。

28 日中
1 このケーキを作るのに<u>日中</u>かかった。
2 <u>日中</u>、一番リラックスできるのはお風呂の時間だ。
3 テスト勉強で忙しく、朝から夜まで<u>日中</u>頑張っている。
4 <u>日中</u>は晴れるそうなので、傘はいりませんよ。

29 尽きる
1 明日提出の課題がまだ<u>尽きない</u>。
2 今日の会議はなかなか<u>尽きない</u>のでみんな疲れ気味だ。
3 学生時代の友人に会うと楽しくて、いくら話しても話が<u>尽きない</u>。
4 今日は体調が悪いので仕事が<u>尽きなくても</u>家に帰ってゆっくりしたい。

30 等しい
1 家族みんなが<u>等しい</u>気持ちで弟の合格を祈った。
2 鈴木君と私は顔が<u>等しくて</u>兄弟と言われるほどだ。
3 彼とは<u>等しい</u>学校に通っている同級生だ。
4 正三角形は3本の辺の長さがすべて<u>等しい</u>。

31 思いつく
1 あれこれ考えてやっといい解決案を<u>思いついた</u>。
2 鈴木さんに初めて会ったとき、この人とは仲良くなれそうだと<u>思いついた</u>。
3 同級生に会って話しをすると学生時代をことを<u>思いつく</u>。
4 10年後の自分を<u>思いつく</u>と立派な社会人になっているだろう。

32 縮小
1 セーターを洗ったら<u>縮小</u>してしまった。
2 詳しい話は<u>縮小</u>して早く進めてもらった。
3 画像の大きさを<u>縮小</u>してプリントアウトした。
4 複数のファイルを<u>縮小</u>して一つにまとめた。

문제 1 _____ 의 단어의 읽는 법으로 가장 적당한 것을 1·2·3·4에서 하나 고르시오.

---

1 あいにくの天気で予定が<u>大幅</u>に変更された。

　　1　おおはば　　　　2　おおふく　　　　3　だいはば　　　　4　だいふく

정답 **1** 공교로운 날씨로 예정이 크게 변경되었다.

어휘 あいにく 공교롭게도, 재수없게도 | 予定 ^{よてい}예정 | 大幅 ^{おおはば}수량, 가격, 규모의 변동이 큼 | 変更 ^{へんこう}변경

해설 이 문제는 大(대)는 음독 [だい], 훈독 [おおきい]로 읽고, 幅(폭)은 음독 [ふく、ぷく], 훈독 [ば]로 읽는다. 이 문제에서는 훈독읽기를 묻고 있으므로 정답은 1번 「おおはば」이다. 관련 단어 「大家 ^{おおや}(집주인)」, 「大型 ^{おおがた}(대형)」도 학습해두자.

---

2 この携帯電話は音声で<u>操作</u>できる。

　　1　そうさく　　　　2　そうさ　　　　　3　しょうさく　　　　4　しょうさ

정답 **2** 이 휴대폰은 음성으로 조작할 수 있다.

어휘 携帯電話 ^{けいたいでんわ}휴대전화 | 音声 ^{おんせい}음성 | 操作 ^{そうさ}조작

해설 操(조)는 음독 [そう], 훈독 [あやつる], 作(작)은 음독 [さく、さ、さっ] 훈독 [つくる]로 읽는다. 독특하게 읽는 음독 명사 「動作 ^{どうさ}동작」, 「作業 ^{さぎょう}작업」, 「副作用 ^{ふくさよう}부작용」 등도 학습해두자.

---

3 私は、まだ社会経験が<u>乏しい</u>ように思う。

　　1　まずしい　　　　2　とぼしい　　　　3　おそろしい　　　　4　あやしい

정답 **2** 나는 아직 사회 경험이 부족한 것 같다.

어휘 社会 ^{しゃかい}사회 | 経験 ^{けいけん}경험 | 乏しい ^{とぼ}부족하다, 모자라다

해설 「乏しい」는 '(경험, 지식 등이) 부족하다, 모자라다'라는 의미로, 「足りない ^た((수량, 힘 등)부족하다)」와 의미를 구별하여 확인해 둘 필요가 있다. 선택지 1번 「貧しい ^{まず}(가난하다)」, 3번 「恐ろしい ^{おそ}(무섭다, 두렵다)」, 4번 「怪しい ^{あや}(수상하다, 의심스럽다)」도 중요한 단어이므로 함께 익혀두자.

---

4 嫌がる子供を<u>強引</u>に歯医者に診ってもらった。

　　1　ごういんに　　　2　ぎょういんに　　　3　こういんに　　　4　きょういんに

정답 **1** 싫어하는 아이를 억지로 치과의사에 진찰받게 했다.

어휘 嫌がる ^{いや}싫어하다 | 歯医者 ^{はいしゃ}치과의사 | 診る ^み진찰하다

해설 強(강)은 음독 [きょう、ごう]로 읽는다. 특히 「強引に ^{ごういん}」의 경우 부사적으로 '억지로, 무리하게'로 해석되므로 꼭 익혀 두어야 한다. 그 밖의 필수어휘 「強化 ^{きょうか}(강화)」, 「強制 ^{きょうせい}(강제)」도 함께 익혀두자.

---

5 異文化に<u>触れる</u>ことで自分の国について改めて考えるようになる。

　　1　ふれる　　　　　2　あこがれる　　　3　なれる　　　　　4　めぐまれる

정답 **1** 이문화를 접하는 것으로 자신의 나라에 대해 다시 생각하게 된다.

어휘 異文化 ^{いぶんか}이문화 | 改めて ^{あらた}다시, 다른 기회에

해설 触(촉)은 음독 [しょく、しょっ] 훈독 [ふれる、さわる]로 읽는다. 훈독인 「触れる ^ふ(닿다,접촉하다)」와 「触る ^{さわ}(만지다, 대다)」를 구별해서 학습해 둘 필요가 있다. 「憧れる ^{あこが}(동경하다)」, 「慣れる ^な(익숙해 지다)」, 「恵

まれる((좋은 환경,기회,재능 등이) 주어지다)」 등의 단어도 꼭 학습해 두어야 한다.

문제 2 ____에 들어갈 가장 적당한 것을 1·2·3·4에서 하나 고르시오.

6 雨で大切な書類が<u>やぶれて</u>しまった。

　　　1　破れて　　　　　2　濡れて　　　　　3　乱れて　　　　　4　潰れて

정답 **1** 비 때문에 중요한 서류가 <u>찢어지고</u> 말았다.

어휘 書類 서류 ｜ 破れる 찢어지다, 해지다 ｜ 濡れる 젖다 ｜ 乱れる 흐트러지다, 어지러워지다 ｜ 潰れる 찌부러지다, 부서지다

해설 破(파)는 음독 [は、ぱ], 훈독 [やぶる]로 읽는다. 「破壊(파괴)」, 「破れる(찢어지다, 해지다)」, 「破る(찢다, 째다)」는 꼭 학습해 두어야 한다.

---

7 鈴木先生の<u>こうぎ</u>は分かりやすくて学生に人気がある。

　　　1　講義　　　　　2　講儀　　　　　3　講議　　　　　4　講犠

정답 **1** 스즈키 선생님의 <u>강의</u>는 이해하기 쉬워서 학생들에게 인기가 있다.

어휘 分かる 알다, 이해할 수 있다 ｜ 동사ます형+やすい ~하기 쉽다 ｜ 人気 인기

해설 「講義(강의)」는 표기 문제로 출제 빈도가 높다. 특히 「義, 儀, 議, 犠」는 구분해서 학습해 둘 필요가 있으며, 관련 어휘로는 「礼儀(예의)」, 「会議(회의)」, 「犠牲(희생)」도 표기에 주의해 익혀두자.

---

8 彼は毎日部屋の掃除をして<u>せいけつ</u>にしておく。

　　　1　青潔　　　　　2　清潔　　　　　3　青契　　　　　4　清契

정답 **2** 그는 매일 방 청소를 해서 <u>청결</u>하게 해 둔다.

어휘 掃除 청소 ｜ 清潔 청결

해설 「清潔(청결)」할 때의 清(청)은 「青い(푸르다)」, 「晴れる((날씨가)개다)」와 혼동하기 쉬우므로 주의를 기울여야 한다. 潔(결) 또한 「契約(계약)」의 契(계)와 구분하여 알아두어야 한다.

---

9 若いうちにいろいろな経験を<u>つんで</u>おいたほうがいい。

　　　1　積んで　　　　　2　績んで　　　　　3　潰んで　　　　　4　債んで

정답 **1** 젊을 때 다양한 경험을 <u>쌓아</u>두는 편이 좋다.

어휘 若い 젊다 ｜ 経験 경험 ｜ 積む 쌓다, 거듭하다

해설 積(적)은 음독 [せき], 훈독 [つむ]로 읽으며, 관련 어휘로는 「積む(쌓다,싣다)」, 「積もる(쌓이다)」가 있다. 비슷한 한자 績(적)은 「成績(성적)」, 「実績(실적)」, 「功績(공적)」로 활용되므로, 반드시 학습해 두자.

---

10 あのお医者さんは<u>うで</u>がいいと評判で予約を入れないと診てもらえない。

　　　1　腕　　　　　2　腰　　　　　3　胸　　　　　4　肌

정답 **1** 그 의사는 솜씨가 좋다고 소문나 예약을 하지 않으면 진료 받을 수 없다.

어휘 評判 평판, 소문남, 유명함, 잘 알려짐 ｜ 予約 예약 ｜ 診る 진찰하다

해설 腕(완)은 음독 [わん], 훈독 [うで]로 읽으며, 신체와 관련된 단어 「腰 허리」, 「胸 가슴」, 「肌 살갗, 피부」,

「脳 뇌」 등도 함께 익혀두자.

문제 3 (　　　)에 들어갈 가장 적당한 것을 1 · 2 · 3 · 4에서 하나 고르시오.

11　彼は（　　　）新しいユニホームをさっそく着てみることにした。

　　1　生　　　　　　2　真　　　　　　3　正　　　　　　4　本

정답　**2** 그는 (입어보지 않은)새 유니폼을 즉시 입어 보기로 했다.

어휘　新しい 새롭다, 새것이다 | ユニホーム 유니폼 | さっそく 곧, 즉시 | 着る 입다

해설　접두어를 묻는 문제로 여기서는 「真」는 명사, 형용사에 접속해 '아주, 완전히'라는 의미를 나타내므로, 「真新しい(아주 새롭다)」가 정답이다. 「真正面(바로 정면)」, 「真夜中(한 밤중)」, 「真向い(정면으로 마주봄)」도 확인해 두자.
　　「生」는 '가공하지 않은 상태'를 나타내며, 「生放送(생방송)」, 「生演奏(실제연주)」, 「生出演(실제 출연)」, 「正」는 「正社員(정사원)」, 「正反対(정반대)」, 「正比例(정비례)」로 활용된다.

12　（　　　）事情により、会議は来月に延期させていただきます。

　　1　重　　　　　　2　複　　　　　　3　諸　　　　　　4　各

정답　**3** 여러 사정에 의해, 회의는 다음달로 연기 하겠습니다.

어휘　事情 사정 | 会議 회의 | 延期 연기

해설　「諸」는 '여러, 많은'라는 의미로 「諸事情(여러 사정)」, 「諸問題(여러 문제)」, 「諸国(여러 나라)」, 諸費用(모든 비용)」도 함께 익혀두자. 그 밖에 「重」는 접두어로써 무거움과 혹심함을 나타낸다. 「重労働(중노동), 重工業(중공업)」도 잘 알아두자. 「各」는 관련어로 「各方面(각방면)」, 「各分野(각분야)」가 있다.

13　田舎に帰ることになったので、上司に退職（　　　）を出した。

　　1　届　　　　　　2　状　　　　　　3　証　　　　　　4　書

정답　**1** 고향에 돌아가게 되었기 때문에 상사에게 퇴직서를 제출했다.

어휘　田舎 시골, 고향 | 上司 상사 | 退職 퇴직

해설　접미어 「届」는 신고, 신고서를 나타내며, 「退職届 퇴직신고(서)」이다. 「書」를 사용하지 않도록 주의해야 한다. 「出生届(출생신고)」, 「婚姻届(혼인 신고서)」, 「欠勤届(결근 신고)」등도 함께 익혀두자.
　　그 밖에 「状」는 「招待状(초대장)」, 「紹介状(소개장)」, 「案内状(안내장)」, 「証」는 「学生証(학생증)」, 「会員証(회원증)」, 「免許証(면허증)」로 활용된다.

14　テスト前に（　　　）暗記したものは忘れやすいものです。

　　1　完　　　　　　2　全　　　　　　3　丸　　　　　　4　総

정답　**3** 테스트 전에 통째 암기한 것은 잘 잊는 법입니다.

어휘　暗記 암기 | 忘れる 잊다, 잊어버리다

해설　접두어로써의 「丸」는 수사, 명사 앞에 붙여서 '전부, 전체, 완전, 만(満)'이라는 의미로서 쓰인다. 「丸暗記(통암기)」, 「丸一日(하루 종일)」, 「丸3年(만 3년)」도 함께 학습해 두자.

---

15 休日のデパートは家族（　　　　）のお客さんでいっぱいだ。

　　　1　共　　　　　　　　2　連れ　　　　　　　3　緒　　　　　　　　4　伴

정답　**2** 휴일의 백화점은 가족동반 손님으로 가득하다.

어휘　休日휴일 ｜ いっぱいだ 가득하다, 가득 차다

해설　「連れ」는 접미어로 명사와 접속해 '동행, 동반자'의 의미로 쓰이며, 「家族連れ(가족동반)」, 「子(供)連れ (어린이 동반)」도 함께 알아두자. 단, 문장에서 '동반'이나 '함께'라는 의미라고 생각해 「共」, 「伴」라고 생각 할 수 있으니 주의해야 한다.

문제 4　（　　　）에 들어갈 가장 적당한 것을 1·2·3·4에서 하나 고르시오.

16 大雨で傘を差していたのに服が（　　　　）濡れてしまった。

　　　1　すっきり　　　　　2　ぎっしり　　　　　3　びっしょり　　　　4　さっぱり

정답　**3** 많은 비로 우산을 쓰고 있었는데도 옷이 흠뻑 젖고 말았다.

어휘　大雨 큰비, 호우 ｜ 傘を差す 우산을 쓰다 ｜ 服 옷, 의복 ｜ 濡れる 젖다 ｜ すっきり 말쑥이, 산뜻이 ｜ ぎっ しり 빈틈없이 차 있는 모양, 가득, 빽빽이 ｜ さっぱり 말쑥이, 시원히

해설　몹시 젖은 모양을 나타내는 「びっしょり(흠뻑)」이 정답이다.

17 一つの考え方に縛られず、（　　　　）思考をすることで新しい発想が生まれる。

　　　1　快適な　　　　　　2　柔軟な　　　　　　3　円満な　　　　　4順調な

정답　**2** 하나의 사고방식에 얽매이지 않고 유연한 사고를 하는 것으로 새로운 발상이 생겨난다.

어휘　考え方 사고방식 ｜ 縛る 묶다, 얽매다 ｜ 思考 사고 ｜ 新しい 새롭다, 새것이다 ｜ 発想 발상 ｜ 生まれる 태어나다, 생기다 ｜ 快適な 쾌적한 ｜ 円満な 원만한 ｜ 順調な 순조로운

해설　하나의 생각에 얽매이지 않는 융통성이 있다는 의미로 쓰이는 「柔軟な(유연한)」가 정답이다.

18 来年度の予算案の審議のため、会議の日程を（　　　　）した。

　　　1　調節　　　　　　　2　調整　　　　　　　3　調和　　　　　　　4　調剤

정답　**2** 내년 예산안의 심의를 위해 회의 일정을 조정했다.

어휘　来年度 내년도 ｜ 予算案 예산안 ｜ 審議 심의 ｜ 会議 회의 ｜ 日程 일정 ｜ 調和 조화 ｜ 調剤 조제

해설　일정이나, 스케줄 등은 「調整(조정)」이 적합하다. 온도는 「調節(조절)」이므로 주의하자.

19 電車の中では、携帯電話の使用を（　　　　）べきだ。

　　　1　欠ける　　　　　　2　除く　　　　　　　3　引く　　　　　　　4　控える

정답　**4** 전철 안에서는 휴대 전화의 사용을 삼가야 한다.

어휘　携帯電話 휴대 전화 ｜ 使用 사용 ｜ ～べきだ (마땅히)~해야 한다 ｜ 欠ける 부족하다, 깨져 떨어지다 ｜ 除 く 없애다, 제거하다 ｜ 引く 잡아 당기다

해설　「控える」는 꼭 익혀두자. '삼가다, 줄이다, 대기하다, 기다리다' 등 여러 가지 의미로 쓰인다.

20 車の運転中に子供が（　　　　）きて事故になるところだった。

　　1　飛び込んで　　　2　飛び出して　　　3　飛びぬけて　　　4　飛び回って

정답　**2** 자동차 운전 중에 아이가 뛰쳐나와 사고 날 뻔 했다.

어휘　運転中 운전 중 | 事故 사고 | ～ところだった ~할 뻔했다 | 飛びぬける 크게 차이가 나다 | 飛び回る 이리저리 뛰어다니다

해설　이 문제는 복합동사의 정확한 의미 이해를 필요로 하고 있다.
「飛び出す(뛰어나오다, 뛰어나가다)」가 정답이다. 이 경우, '아이가 뛰어들다'로 오역해서 「飛び込む」를 선택 할 수 있으므로 주의해야 한다.

---

21 彼の（　　　　）の息子が一流大学に合格したそうだ。

　　1　自己　　　　2　自慢　　　　3　自信　　　　4　自立

정답　**2** 그가 자랑하는 아들이 일류대학에 합격했다고 한다.

어휘　息子 아들 | 一流大学 일류대학 | 合格 합격 | 自己 자기 | 自信 자신 | 自立 자립

해설　이 문제는 「自慢(자랑)」은 한국어의 '자만'과는 쓰임새가 다르다는 점을 기억해두자. 「腕自慢(솜씨 자랑)」, 「のど自慢(노래자랑)」도 함께 익혀두자.

---

22 親は子供が成長するにつれて考え方に世代の（　　　　）を感じるようになる。

　　1　ギャップ　　　　2　キャップ　　　　3　カバー　　　　4　カーブ

정답　**1** 부모는 아이가 성장함에 따라 사고방식에 세대의 차이를 느끼게 된다.

어휘　親 부모 | 成長 성장 | 考え方 사고방식 | 世代 세대 | 感じる 느끼다 | キャップ 모자, 뚜껑(cap) |
　　　カバー 커버, 덮개(cover) | カーブ 커브, 곡선(curve)

해설　사고 방식에 세대의 생각, 감정 등의 간격을 가리키는 「ギャップ(gap)」가 정답이다.

문제 5 (　　　)에 들어갈 가장 적당한 것을 1·2·3·4에서 하나 고르시오.

23 契約に必要な書類をそろえてください。

　　1　調べて　　　　2　準備して　　　　3　提出して　　　　4　教えて

정답　**2** 계약에 필요한 서류를 갖추어 주세요.

어휘　契約 계약 | 必要だ 필요하다 | 書類 서류 | 調べる 조사하다, 찾다 | 提出する 제출하다

해설　「揃える((고루, 빠짐없이)갖추다, 일치시키다)」는 꼭 익혀두어야 하며 유의어로 「準備する(준비하다)」가
가장 적합하다.

---

24 学生たちはいっせいに歌を歌い始めた。

　　1　一人ずつ　　　　2　大きい声で　　　　3　楽しそうに　　　　4　同時に

정답　**4** 학생들은 일제히 노래를 부르기 시작했다.

어휘　歌を歌う 노래를 부르다 | 始める 시작하다

해설　「一斉に(일제히)」의 유의어로는 「同時に(동시에)」가 가장 적합하다.

25 会議の資料を来週までに、仕上げてもらえますか。

　　1　修正して　　　　　2　送って　　　　　3　完成して　　　　4　延期して

정답 **3** 회의에 필요한 자료를 다음주까지 완성될까요? 완성해 줄 수 있습니까?

어휘 会議 회의 | 資料 자료 | 修正する 수정 | 送る 보내다 | 延期する (기간) 연기하다 | 修正する 수정하다 |
送る 보내다

해설 「仕上げる(일을 끝내다, 작업 등을 마감할 때 마무르다)」를 대체할 수 있는 유사표현으로는 「完成する(완성하다)」가 있다.

---

26 最近この辺りは物騒だと聞いた。

　　1　うるさい　　　　　2　危ない　　　　　3　静かだ　　　　　4　賑やかだ

정답 **2** 최근 이 부근은 뒤숭숭하다고 들었다.

어휘 最近 최근 | この辺り 이 부근 | 静かだ 조용하다 | 賑やかだ 번화하다, 떠들썩하다

해설 「物騒だ (뒤숭숭하다)」는 무슨 일이 일어날 것 같은 위험한 느낌에서 쓰이는 표현이므로 대체할 수 있는
표현으로는 「危ない(위험하다)」가 적합하다. 「騒ぐ(떠들다)」의 의미와 구분해 학습해 두어야 하며, 「物
騒だ(뒤숭숭하다)」를 「うるさい(시끄럽다)」로 실수하기 쉬우므로 주의하자.

---

27 細かいことははぶいて要件だけを話してください。

　　1　付け加えて　　　　2　ゆっくり話して　　　3　省略して　　　　4　絵にして

정답 **3** 자세한 것은 생략하고 요건만을 이야기해 주세요.

어휘 細かい 잘다, 자세하다, 상세하다 | 要件 요건 | 付け加える 덧붙이다, 첨가하다

해설 「省く(줄이다, 덜다, 생략하다)」를 대체할 수 있는 표현은 「省略する(생략하다)」이다. 「省みる(돌이켜
보다, 반성하다)」도 함께 학습해두자.

문제 6　다음 단어의 사용법으로 가장 적당한 것을 1·2·3·4에서 하나 고르시오.

28 日中

　　1　このケーキを作るのに日中かかった。

　　2　日中、一番リラックスできるのはお風呂の時間だ。

　　3　テスト勉強で忙しく、朝から夜まで日中頑張っている。

　　4　日中は晴れるそうなので、傘は要りませんよ。

정답 **4** 낮에는 날씨가 맑다고 하니까, 우산은 필요 없습니다.

어휘 一番 제일, 제일 | リラックス 릴렉스, 긴장을 품 | 晴れる 날씨가 개다 | 傘 우산 | 要る 필요하다

해설 「日中」는 '주간, 대낮' 의 의미로 정답은 4번이다. 「日中」의 한자표기만 보고 '하루 종일'이나 '하루 가운데'
라고 생각하기 쉬우므로 주의하자. 1번은 「一日中(하루 종일)」, 2번 「一日で(하루에, 하루 중)」가 적합하다.

---

29 尽きる

　　1　明日提出の課題がまだ尽きない。

　　2　今日の会議はなかなか尽きないのでみんな疲れ気味だ。

　3　学生時代の友人に会うと楽しくて、いくら話しても話が<u>尽きない</u>。

　4　今日は体調が悪いので仕事が<u>尽きなくても</u>家に帰ってゆっくりしたい。

[정답] **3** 학생시절의 친구를 만나면 즐겁고 아무리 이야기해도 이야기가 끝나지 않는다

[어휘] 提出^{ていしゅつ} 제출 ┃ 課題^{かだい} 과제 ┃ 会議^{かいぎ} 회의 ┃ 疲^{つか}れる 지치다, 피로해지다 ┃ 体調^{たいちょう}が悪^{わる}い 몸의 컨디션이 나쁘다 ┃ 仕事^{しごと} 일 ┃ ゆっくり 천천히, 느긋하게

[해설] 「尽^つきる(다하다, 바닥나다, 끝나다)」는 「終^おわる(끝나다)」와 구분해 학습해 두어야 한다. 「尽^つきる」의 경우 '끝(종료)'가 명확한 것에는 사용할 수 없으므로 주의하자. 1, 2, 4번은 「終^おわらない(끝나지 않다)」가 적합하다.

30　等しい

　1　家族みんなが<u>等しい</u>気持ちで弟の合格を祈った。

　2　鈴木君と私は顔が<u>等しくて</u>兄弟と言われるほどだ。

　3　彼とは<u>等しい</u>学校に通っている同級生だ。

　4　正三角形は3本の辺の長さがすべて<u>等しい</u>。

[정답] **4** 정삼각형은 3개의 변의 길이가 모두 같다.

[어휘] 合格^{ごうかく} 합격 ┃ 祈^{いの}る 기원하다, 기도하다 ┃ 顔^{かお} 얼굴 ┃ 兄弟^{きょうだい} 형제 ┃ 〜に通^{かよ}う ~에 다니다, 통학하다 ┃ 同級生^{どうきゅうせい} 동급생 ┃ 正三角形^{せいさんかっけい} 정삼각형 ┃ 辺^{へん} 변(다각형을 이루는 선)

[해설] 「等^{ひと}しい(똑같다, 동일하다)」는 「同^{おな}じだ」와 구분해 두자. 문장에서 대등하다 또는 동일하다는 의미로 사용된 문장은 4번이다. 1번, 3번은 「同^{おな}じ(같은)」, 2번은 「似^にている(닮았다)」가 적합하다.

31　思いつく

　1　あれこれ考えてやっといい解決案を<u>思いついた</u>。

　2　さんに初めて会ったとき、この人とは仲良くなれそうだと<u>思いついた</u>。

　3　同級生に会って話しをすると学生時代をことを<u>思いつく</u>。

　4　10年後の自分を<u>思いつくと</u>立派な社会人になっているだろう。

[정답] **1** 여러 가지로 생각해서 겨우 좋은 해결안이 생각이 났다.

[어휘] やっと 겨우, 가까스로 ┃ 解決案^{かいけつあん} 해결안 ┃ 立派^{りっぱ}だ 훌륭하다, 뛰어나다 ┃ 社会人^{しゃかいじん} 사회인

[해설] 「思いつく(생각이 떠오르다, 생각나다)」는 문득 생각이 떠오르거나 잊었던 일이 생각날 때 쓰는 표현으로 정답은 1번이다. 2, 4번은 「思^{おも}う(생각하다)」, 3번은 「思^{おも}い出^だす(생각해내다, 상기하다)」가 적합하다.

32　縮小

　1　セーターを洗ったら<u>縮小</u>してしまった。

　2　詳しい話は<u>縮小</u>して早く進めてもらった。

　3　画像の大きさを<u>縮小</u>してプリントアウトした。

　4　複数のファイルを<u>縮小</u>して一つにまとめた。

[정답] **3** 그림의 크기를 축소해서 프린트 인쇄했다.

[어휘] 詳^{くわ}しい 자세하다, 상세하다 ┃ 画像^{がぞう} 그림, 사진 ┃ プリントアウト 프린트 아웃 ┃ 複数^{ふくすう} 복수 ┃ ファイル 파일 ┃ まとめる 한데 모으다, 합치다

해설 크기를 축소한다는 의미로 사용된 4번이 정답이다. 이 문제의 경우 동사 「縮む (줄어들다, 오그라 들다)」도 꼭 학습해 두어야 한다. 1번은 「縮む(줄어들다)」, 2번은 「省略する(생략하다)」, 4번은 「圧縮する(압축하 다)」가 적당하다.

JLPT

N2

실전모의테스트
1회

문자 · 어휘

問題1 ＿＿＿の言葉の読み方として最もよいものを、1・2・3・4から一つ
選びなさい。

1 両親は、私たち兄弟を平等に育てた。

　　1　へいとう　　　2　へいどう　　　　3　びょうとう　　4　びょうどう

2 怠けていると、試験に落ちますよ。

　　1　ほうけて　　　2　よろけて　　　　3　なまけて　　　4　しらけて

3 上司に、仕事の進み具合を報告した。

　　1　せんこく　　　2　ほうこく　　　　3　しんこく　　　4　つうこく

4 医者や看護士は、命に関わる職業だ。

　　1　かかわる　　　2　たずさわる　　　3　こだわる　　　4　さわる

5 環境汚染を防ぐためには、個々の努力も必要だ。

　　1　よせん　　　　2　おせん　　　　　3　よぜん　　　　4　おぜん

問題2 ＿＿＿の言葉を漢字で書くとき、最もよいものを１・２・３・４から一つ選びなさい。

6 研究の成果は、きたい以上だ。

　　1　期持　　　　　2　希待　　　　　3　期待　　　　　4　希持

7 今年は、例年にないもうしょだった。

　　1　孟暑　　　　　2　猛暑　　　　　3　孟署　　　　　4　猛署

8 住民たちは、大型スーパーの建設反対をうったえている。

　　1　訴えて　　　　2　訢えて　　　　3　拆えて　　　　4　折えて

9 彼は、心の病気への理解をもとめた。

　　1　許めた　　　　2　深めた　　　　3　進めた　　　　4　求めた

10 彼女は、世界でかつやくする大女優だ。

　　1　括曜　　　　　2　活曜　　　　　3　括躍　　　　　4　活躍

問題3 （　　　）に入れるのに最もよいものを、1・2・3・4から一つ選びなさい。

11 空港の中で販売しているものは、（　　　）課税品だ。

1 無　　　　　2 非　　　　　3 不　　　　　4 未

12 実用（　　　）に向けて、何度も試作品が作られた。

1 化　　　　　2 制　　　　　3 性　　　　　4 下

13 これは、（　　　）アルコールのビールだ。

1 ノー　　　　2 フリー　　　3 ノン　　　　4 オフ

14 見知らぬ人を、（　　　）信してはいけない。

1 過　　　　　2 深　　　　　3 交　　　　　4 超

15 事件後、（　　　）害者の家族は引っ越した。

1 被　　　　　2 否　　　　　3 誹　　　　　4 避

問題4 （　　　）に入れるのに最もよいものを、1・2・3・4から一つ選びなさい。

16 彼女は、涙を（　　）流して泣いた。

　　1　ひらひら　　　2　さらさら　　　　3　おろおろ　　　4　ぽろぽろ

17 この建物の中は（　　）で、部屋の場所が分かりにくい。

　　1　複雑　　　　　2　混乱　　　　　　3　混雑　　　　　4　波乱

18 みんなの前で、恥を（　　）しまった。

　　1　きって　　　　2　かいて　　　　　3　さして　　　　4　しって

19 彼の話は、いつも（　　）にあふれている。

　　1　ユニーク　　　2　ユーモア　　　　3　スマイル　　　4　トーク

20 国民は、アメリカ大統領の訪問を（　　）した。

　　1　感激　　　　　2　接待　　　　　　3　歓迎　　　　　4　応対

21 待ち合わせまで時間があったので、本屋で時間を（　　）。

　　1　かけた　　　　2　たった　　　　　3　つぶした　　　4　さいた

22 悪いとは思ったが、その話は（　　）断った。

　　1　ぐっすり　　　2　うっかり　　　　3　すっきり　　　4　きっぱり

問題5 _____ の言葉に意味が最も近いものを、1・2・3・4から一つ選びなさい。

23 壁にみごとな絵が飾られている。

1 有名な　　　　　　　　　　2 めずらしい
3 すばらしい　　　　　　　　4 不思議な

24 彼は、親しみやすい性格だ。

1 フリーな　　　　　　　　　2 フレンドリーな
3 オーバーな　　　　　　　　4 ニュートラルな

25 彼女とは、いつもあたりさわりのない話をする。

1 支障がない　　　　　　　　2 面白い
3 可笑しい　　　　　　　　　4 くだらない

26 このところ、じめじめした天気が続いている。

1 雨ばかりの　　　　　　　　2 蒸し暑い
3 湿気の多い　　　　　　　　4 薄曇りの

27 来週から帰省する。

1 会社へ戻る　　　　　　　　2 地元へ行く
3 実家に住む　　　　　　　　4 独り立ちをする

問題6 次の言葉の使い方として最もよいものを、1・2・3・4から一つ選びなさい。

[28] 顧みる

1 本に熱中していたが、ふと窓の外を顧みると、あたりは暗くなっていた。

2 仕事ばかりではなく、家庭を顧みることも時には必要だ。

3 講義に集中しようと先生を顧みると、目が合うことが多い。

4 防犯のため、通学中の子どもたちを顧みることにした。

[29] 指導

1 道を聞いたら、親切に目的地まで指導してくれた。

2 新しいコーチは、弱小チームを勝利へ指導した。

3 星をひとつひとつ指導しながら、星座の位置を教えた。

4 先生の指導があったからこそ、志望校に入学できたんです。

[30] どうか

1 お口に合うか分かりませんが、どうか召し上がってください。

2 彼がどこへ行ってしまったのか、どうか検討がつかない。

3 過去にしたことは、どうか無かったことにしてください。

4 犯人の供述は、どうか現場の状況と合わないものが多い。

31 取りかかる

1 工事現場で、木材や鉄筋を取りかかるのが大工の仕事だ。

2 彼女は、私の取りかかったボタンを付け直してくれた。

3 何度も電話をかけ、ようやく約束が取りかかった。

4 会議の決定を受け、そのプロジェクトに取りかかった。

32 のびのび

1 公園の木々に、どんぐりの実がのびのびと生っている。

2 この子たちだけは、のびのびと育ててやりたい。

3 古いスカートが、ずいぶんのびのびとしてしまった。

4 どんな意見でも、のびのびとおっしゃってください。

JLPT

N2

실전모의테스트
2회

문자 · 어휘

問題1 _____の言葉の読み方として最もよいものを、1・2・3・4 から一つ選びな
さい。

1 この大学の卒業生の就職先は様々な業種に分かれている。

1 ぎょうしゅう　　　　　　　2 ぎょうしゅ
3 ごうしゅう　　　　　　　　4 ごうしゅ

2 連休の日のテーマパークは、どこも大変な人出になる。

1 にんで　　　　　　　　　　2 にんしゅつ
3 ひとで　　　　　　　　　　4 ひとしゅつ

3 競争社会は人々を疲れさせる。

1 きょうそう　　　　　　　　2 ぎょうそう
3 きょうそ　　　　　　　　　4 ぎょうそ

4 未成年の喫煙は禁止すると法律で定められています。

1 きめられて　　　　　　　　2 とめられて
3 さだめられて　　　　　　　4 すすめられて

5 実験の結果を詳しく分析した。

1 ぶんるい　　　　　　　　　2 ぶんかつ
3 ぶんべつ　　　　　　　　　4 ぶんせき

問題2 _____ の言葉を漢字で書くとき、最もよいものを 1・2・3・4 から一つ選びなさい。

6 とてもいいチャンスに<u>めぐまれて</u>喜んでいる。

    1　恵まれて　　　　2　恩まれて　　　　3　豊まれて　　　4　富まれて

7 自分の希望にあった仕事に<u>つきたい</u>。

    1　付きたい　　　　2　突きたい　　　　3　就きたい　　　4　着きたい

8 電話をかけて、用事がある<u>ぶしょ</u>につないでもらった。

    1　分所　　　　　　2　分署　　　　　　3　部所　　　　　4　部署

9 <u>こうがい</u>に庭付きの一戸建て住宅を購入した。

    1　郊外　　　　　　2　効外　　　　　　3　狡外　　　　　4　絞外

10 今日はありがとうございました。また改めてごあいさつに<u>うかがい</u>ます。

    1　伺い　　　　　　2　訊い　　　　　　3　訪い　　　　　4　参い

問題3 （　　　）に入れるのに最もよいものを、1・2・3・4から一つ選びなさい。

11 会場からは質問が続いたが、時間（　　　）で講演会は終ってしまった。

    1　捨て　　　　　2　切れ　　　　　3　超え　　　　　4　過ぎ

12 この会社には（　　　）社員と契約社員が半数ずついる。

    1　正　　　　　　2　本　　　　　　3　真　　　　　　4　常

13 この学校は午前と午後の二部（　　　）で授業が行われている。

    1　系　　　　　　2　流　　　　　　3　級　　　　　　4　制

14 同じチームで仕事をするようになってから、二人は（　　　）接近した。

    1　即　　　　　　2　急　　　　　　3　速　　　　　　4　全

15 この薬は、あまり効き（　　　）がない。

    1　手　　　　　　2　足　　　　　　3　腰　　　　　　4　目

問題4 （　　　）に入れるのに最もよいものを、1・2・3・4から一つ選びなさい。

16 寝不足で電車の中で（　　　）していたら、先生に声をかけられてびっくりした。

1 ぶらぶら　　　2 ばたばた　　　3 うとうと　　　4 そわそわ

17 友達に励まされて、勇気が（　　　）きた。

1 伸びて　　　2 積って　　　3 登って　　　4 湧いて

18 この映画は、国内よりも海外で高く（　　　）されている。

1 批評　　　2 拍手　　　3 評価　　　4 評判

19 メールで送られてきた資料にざっと目を（　　　）会議に出席した。

1 止めて　　　2 分けて　　　3 通して　　　4 配って

20 嫌だから会社をやめようなんて、考えが（　　　）と言われた。

1 甘い　　　2 軽い　　　3 弱い　　　4 易しい

21 責任感という（　　　）がかかって、なかなかリラックスできない。

1 プライバシー　　　　　　2 プレッシャー
3 プライド　　　　　　　　4 リーダーシップ

22 誰も引き受ける人がないので、彼は自分で委員長の役を（　　　）。

1 言って出た　　2 買って出た　　　3 乗って出た　　　4 押して出た

208

問題5 _____ の言葉に意味が最も近いものを、1・2・3・4から一つ選びなさい。

23 僕の提案を聞いて、彼女はうなずいた。

1 断った　　　　　　　　　　　2 受け入れた

3 興味を持った　　　　　　　　4 びっくりした

24 あのタレントは、最近マスコミでずいぶんさわがれている。

1 人気が出ている　　　　　　　2 嫌われている

3 お金をもうけている　　　　　4 話題になっている

25 本を買って帰って、さっそく読んでみた。

1 すぐに　　　　2 しばらく　　　　3 ゆっくり　　　　4 だいたい

26 被災地では、今も30人ばかりのボランティアが活動を続けている。

1 以上　　　　2 未満　　　　3 ちょうど　　　　4 くらい

27 あの店のインテリアは、とても凝っている。

1 下品だ　　　　2 派手だ　　　　3 独特だ　　　　4 変だ

問題6 次の言葉の使い方として最もよいものを、1・2・3・4から一つ選びなさい。

28 姿

1 彼は1か月ぶりに学校に<u>姿</u>を見せた。

2 結婚相手には、<u>姿</u>より経済力を重視している。

3 この服の色は気に入ったが、<u>姿</u>が好きではない。

4 彼女は、会議の結果について不満に思っている<u>姿</u>だった。

29 怪しい

1 昔の恋人に殺される<u>怪しい</u>夢を見た。

2 ずいぶん昔のことなので、記憶が<u>怪しく</u>なっている。

3 新しくできた美術館は、とても<u>怪しい</u>デザインだ。

4 妻を失くしたショックで、彼は頭が<u>怪しく</u>なってしまった。

30 望む

1 父の病気が治るよう神様に<u>望んだ</u>。

2 ずっと<u>望んで</u>いたカメラを買った。

3 社長は、一層の努力を社員たちに<u>望んだ</u>。

4 早く遠足の日にならないかと、子供たちは毎日<u>望んで</u>いる。

[31]　傾向

　　1　この坂の傾向は約３０度もある。

　　2　最近の若者は、消費をしない傾向がある。

　　3　あの子は、食べ物の好き嫌いの傾向が激しい。

　　4　政府は来年度の予算を増やす傾向で議論している。

[32]　一生

　　1　この２０年で日本人の一生は３年も伸びた。

　　2　一生に一度の機会を逃してしまった。

　　3　彼はこの会社を、自分の一生で世界的な企業にまで成長させた。

　　4　今まで苦労したので、これからはのんびりした一生を送りたい。

실전모의테스트 1회

문자·어휘

문제 1 _____의 단어 읽는 법으로 가장 적당한 것을 1·2·3·4에서 하나 고르세요.

---

1 両親は、私たち兄弟を平等に育てた。

 1 へいとう 2 へいどう 3 びょうとう 4 びょうどう

정답 4 부모님은 우리 형제를 평등하게 길렀다.

어휘 両親 부모 | 兄弟 형제 | 平等 평등 | 育てる 기르다

해설 平(평)은 음독 [へい·びょう], 훈독 [平たい(넓적하다)], [平らな(평평한, 평탄한)]
等(등)은 음독 [とう], 훈독 [等しい(동등하다)]라고 읽는다.

---

2 怠けていると、試験に落ちますよ。

 1 ほうけて 2 よろけて 3 なまけて 4 しらけて

정답 3 게으름 피우면, 시험에 떨어져요.

어휘 怠ける 게으름 피우다 | 試験 시험 | 落ちる 떨어지다

해설 怠(태)는 음독 [たい], 훈독 [怠る(게을리하다, 방심하다)], [怠ける(게으름 피우다)]로 읽는다.

---

3 上司に、仕事の進み具合を報告した。

 1 せんこく 2 ほうこく 3 しんこく 4 つうこく

정답 2 상사에게 일의 진행 상황을 보고했다.

어휘 上司 상사 | 進み具合 진행 상황 | 報告 보고

해설 報(보)는 음독 [ほう], 훈독 [報ずる(알리다, 보답하다)]
告(고)는 음독 [こく], 훈독 [告げる(고하다, 알리다)]로 읽는다.

---

4 医者や看護士は、命に関わる職業だ。

 1 かかわる 2 たずさわる 3 こだわる 4 さわる

정답 1 의사나 간호사는 생명과 관계되는 직업이다.

어휘 医者 의사 | 看護士 간호사 | 命 생명, 목숨 | 関わる 관계되다, 관계하다 | 職業 직업

해설 関(관)은 음독 [かん], 훈독으로는 [関する(관련하다)], [関わる(관계되다)]라고 읽는다.

---

5 環境汚染を防ぐためには、個々の努力も必要だ。

 1 よせん 2 おせん 3 よぜん 4 おぜん

정답 2 환경 오염을 방지하기 위해서는 개개인의 노력도 필요하다.

어휘 環境 환경 | 汚染 오염 | 防ぐ 막다, 방지하다 | 個々 개개, 각자 | 努力 노력

해설 汚(오)는 음독 [お], 훈독으로는 [汚い(더럽다)], [汚す(더럽히다)], [汚れる(더럽혀지다)]
染(염)은 음독 [せん], 훈독으로는 [染まる(물들다)] , [染める(물들이다)]라고 읽는다.

문제 2 _____에 들어갈 가장 적당한 것을 1·2·3·4에서 하나 고르세요.

6 研究の成果は、きたい以上だ。

1 期持 2 希待 3 期待 4 希持

정답 3 연구 성과는 기대 이상이다.

어휘 研究 연구 | 成果 성과 | 期待 기대 | 以上 이상

해설 期(기)는 음독으로는 [き・ご], 훈독으로는 [期する(기한을 정하다)]
待(대)는 음독으로는 [たい], 훈독으로는 [待つ(기다리다)]

---

7 今年は、例年にないもうしょだった。

1 孟暑 2 猛暑 3 孟署 4 猛署

정답 2 올해는 예년에 없는 무더위였었다.

어휘 例年 예년 | 猛暑 맹서, 혹서, 무더위

해설 猛(맹)은 음독 [もう]라고 읽는다. [猛烈(맹렬), 猛毒(맹독)]
暑(서)는 음독 [しょ]라고 읽는다. [酷暑 (혹서, 불볕더위)]

---

8 住民たちは、大型スーパーの建設反対をうったえている。

1 訴えて 2 訴えて 3 拆えて 4 折えて

정답 1 주민들은 대형 슈퍼마켓의 건설 반대를 호소하고 있다.

어휘 住民 주민 | 大型 대형 | 建設 건설 | 反対 반대 | 訴える 소송하다, 호소하다

해설 訴(소)는 음독 [そ]라고 읽는다. [訴訟(소송), 訴権(소송 청구권), 訴える(소송하다, 호소하다)]

---

9 彼は、心の病気への理解をもとめた。

1 許めた 2 深めた 3 進めた 4 求めた

정답 4 그는 마음의 병을 이해해 주기를 원했다.

어휘 病気 병 | 理解 이해

해설 求(구)는 음독 [きゅう]라고 읽는다. [求人(구인), 求刑(구형), 求める(구하다, 바라다)]

---

10 彼女は、世界でかつやくする大女優だ。

1 括曜 2 活曜 3 括躍 4 活躍

정답 4 그녀는 세계에서 활약하는 대 여배우이다.

어휘 活躍 활약 | 大女優 대 여배우

해설 活(활)은 음독 [かつ]로 읽는다. [活発(활발)]
躍(약)은 음독 [やく]로 읽는다. [躍進(약진), 躍る(뛰어오르다, 약동하다)]

11 空港の中で販売しているものは、( ) 課税品だ。

1 無   2 非   3 不   4 未

정답 2 공항 안에서 판매하고 있는 물건은 비과세품이다.

어휘 空港 공항 | 販売 판매 | 非課税品 비과세품

해설 非~(비~)는 부정(否定)의 의미로 [~이/가 아니다, ~이/가 없다]를 나타낸다.

---

12 実用 ( ) に向けて、何度も試作品が作られた。

1 化   2 制   3 性   4 下

정답 1 실용화를 위해서, 몇 번이나 여러 작품을 만들게 되었다.

어휘 実用化 실용화 | ~に向けて ~을/를 향해서 | 試作品 시작품

해설 ~化(화)는 [~상태로 되다, ~상태로 하다]라는 의미를 나타낸다.
[具体化(구체화), 映画化(영화화), 機械化(기계화)]

---

13 これは、( ) アルコールのビールだ。

1 ノー   2 フリー   3 ノン   4 オフ

정답 3 이것은 무알코올 맥주이다.

어휘 ノンアルコール 무알코올

해설 ノン(non)은 [비(非)·무(無)]라는 의미를 나타낸다. [ノンストップ (논스톱), ノンフィクション(논픽션)]

---

14 見知らぬ人を、( ) 信してはいけない。

1 過   2 深   3 交   4 超

정답 1 알지 못하는 사람을 너무 믿어서는 안 된다.

어휘 見知らぬ 알지 못하는, 낯선 | 過信する 너무 믿다

해설 過(과)는 [지나친, 과도]라는 의미를 나타낸다. [過保護(과보호), 過飽和(과포화)]

---

15 事件後、( ) 害者の家族は引っ越した。

1 被   2 否   3 誹   4 避

정답 1 사건 후, 피해자 가족은 이사했다.

어휘 事件後 사건 후 | 被害者 피해자 | 引っ越す 이사하다

해설 被(해)는 [해 등을 입다, 뒤집어 쓰다, 당하다]라는 의미를 나타낸다. [被爆(피폭), 被告(피고)]

문제 4 ( ) 안에 들어갈 가장 적당한 것을 1·2·3·4에서 하나 고르세요.

16 彼女は、涙を（　　）流して泣いた。
　　1　ひらひら　　　　　2　さらさら　　　　　3　おろおろ　　　　　4　ぽろぽろ

정답　4 그녀는 눈물을 뚝뚝 흘리며 울었다.

어휘　涙 눈물｜流す 흘리다｜ぽろぽろ 주륵주륵, 뚝뚝｜ひらひら 펄럭펄럭｜さらさら 보송보송｜おろおろ 허둥지둥

해설　「ぽろぽろ」는 '알갱이 모양의 것이 흩어져 떨어지는 모양, 눈물이 잇달아 떨어지는 모양'을 나타낸다.
　　[ぽろぽろとした握り飯 (부슬부슬한 주먹밥), 嬉し涙をぽろぽろと落とす(기쁨의 눈물을 뚝뚝 떨구다)]

---

17 この建物の中は（　　）で、部屋の場所が分かりにくい。
　　1　複雑　　　　　　2　混乱　　　　　　3　混雑　　　　　　4　波乱

정답　1 이 건물 안은 복잡해서, 방의 위치를 찾기 어렵다.

어휘　建物 건물｜場所 장소｜混乱 혼란｜混雑 혼잡｜波乱 파란

해설　「複雑(복잡)」의 반대표현은 「単純(단순)・簡単(간단)」이다. [複雑な仕事(복잡한 일), 構造は複雑だ(구조는 복잡하다)]

---

18 みんなの前で、恥を（　　）しまった。
　　1　きって　　　　　2　かいて　　　　　3　さして　　　　　4　しって

정답　2 모두 앞에서 창피를 당했다.

어휘　恥 부끄러움, 수치, 치욕, 창피｜恥を知る 부끄러움을 알다

해설　「恥(부끄러움, 수치, 치욕, 창피)」와 「かく(당하다, 받다)」가 결합하여, 「恥をかく(창피를 당하다, 수치를 겪다)」가 된다.

---

19 彼の話は、いつも（　　）にあふれている。
　　1　ユニーク　　　　　2　ユーモア　　　　　3　スマイル　　　　　4　トーク

정답　2 그의 이야기는 항상 유머가 넘친다.

어휘　あふれる 넘치다｜ユニーク 유니크｜スマイル 스마일｜トーク 토크

해설　「ユーモア(유머)」는 「ユーモアのある人(유머 있는 사람), ユーモアに富んだ小説(유머가 풍부한 소설)」 등으로 사용된다.

---

20 国民は、アメリカ大統領の訪問を（　　）した。
　　1　感激　　　　　　2　接待　　　　　　3　歓迎　　　　　　4　応対

정답　3 국민들은 미국 대통령의 방문을 환영했다.

어휘　大統領 대통령｜訪問 방문｜感激 감격｜接待 접대｜応対 응대

해설　「歓迎(환영)」는 「温かい歓迎(따뜻한 환영), 熱烈な歓迎を受ける(열렬한 환영을 받다), 歓送(환송)」 등으로 사용된다.

21 待ち合わせまで時間があったので、本屋で時間を（　　）。

1　かけた　　　　　2　たった　　　　　3　つぶした　　　　4　さいた

정답 3 약속시간까지 시간이 있었기 때문에 서점에서 시간을 때웠다(보냈다).

어휘 待_{まち}合_あわせる 약속을 잡고 기다리다 | 本屋_{ほんや} 책방

해설 「潰_{つぶ}す(부수다, 망치다, 시간을 보내다・낭비하다)」는 「時間_{じかん}をつぶす(시간을 때우다), 暇_{ひま}をつぶす(심심풀이로 시간을 때우다), テレビを見_みて一日中_{いちにちじゅう}をつぶす(텔레비전을 보며 하루를 보내다)」 등으로 사용된다.

---

22 悪いとは思ったが、その話は（　　）断った。

1　ぐっすり　　　　2　うっかり　　　　3　すっきり　　　　4　きっぱり

정답 4 미안하다고는 생각했지만, 그 이야기는 딱 잘라 거절했다.

어휘 断_{ことわ}る 거절하다 | ぐっすり 푹 | うっかり 깜빡 | すっきり 상쾌한, 깨끗이

해설 「きっぱり(딱 잘라, 단호하게)」는 「きっぱり断_{ことわ}る(딱 잘라 거절하다), きっぱりと手_てを切_きる(단호하게 관계를 끊다)」 등으로 사용된다.

문제 5 _____의 단어의 의미에 가장 가까운 것을 1・2・3・4에서 하나 고르세요.

23 壁にみごとな絵が飾られている。

1　有名な　　　　　2　めずらしい　　　　3　すばらしい　　　　4　不思議な

정답 3 벽에 훌륭한 그림이 장식되어 있다.

어휘 壁_{かべ} 벽 | 飾_{かざ}る 꾸미다, 장식하다 | 有名_{ゆうめい}な 유명한 | めずらしい 진귀하다 | 不思議_{ふしぎ}な 이상한

해설 「見事_{みごと}だ(훌륭하다, 뛰어나다)」는 「すばらしい(훌륭하다)」와 비슷한 의미로 쓰인다. 참고로, 「見事_{みごと}におちた(보기좋게 떨어졌다)」처럼 반어적인 쓰임새도 있다.

---

24 彼は、親しみやすい性格だ。

1　フリーな　　　　2　フレンドリーな　　　3　オーバーな　　　4　ニュートラルな

정답 2 그는 친해지기 쉬운 성격이다.

어휘 親_{した}しむ 친하게 지내다 | ～やすい ~하기 쉽다 | フレンドリーな 우호적인, 친화적인 | フリーな 프리한(자유로운) | オーバーな 오버스러운 | ニュートラルな 뉴트럴(중립적인)

해설 「親_{した}しむ」 + 「～やすい」는 '친해지기 쉽다'라는 의미로, 가장 비슷한 표현은 「フレンドリーな(우호적인, 친화적인)」이다.

---

25 彼女とは、いつもあたりさわりのない話をする。

1　支障がない　　　　2　面白い　　　　3　可笑しい　　　　4　くだらない

정답 1 그녀와는 항상 무난한 이야기를 한다.

어휘 当_あたり障_{さわ}り 탈, 지장, 영향 | 支障_{ししょう} 지장 | 面白_{おもしろ}い 재미있다 | 可笑_{おか}しい 이상하다 | くだらない 시시하다, 쓸모 없다

해설 「当_あたり障_{さわ}り」 + 「ない」는 '무난하다, 무던하다'라는 의미로, 가장 비슷한 표현은 「支障_{ししょう}がない(지장이 없다)」이다.

---

26 このところ、<u>じめじめした</u>天気が続いている。

　　　1　雨ばかりの　　　　　2　蒸し暑い　　　　　3　湿気の多い　　　　4　薄曇りの

정답　**3** 요즘 찝찝한(축축한) 날씨가 계속되고 있다.

어휘　じめじめ 축축이, 눅눅히, 음침하게ㅣ蒸し暑い 무덥다ㅣ湿気 습기(=湿気)ㅣ薄曇り 약간 흐림

해설　「じめじめした天気(축축한 날씨)」와 가장 비슷한 표현은 「湿気の多い(습기가 많다)」이다.

---

27 来週から<u>帰省</u>する。

　　　1　会社へ戻る　　　　　2　地元へ行く　　　　3　実家に住む　　　　4　独り立ちをする

정답　**2** 다음 주부터 귀성한다.

어휘　戻る 되돌아가(오)다ㅣ地元 고장, 지방, 고향ㅣ実家 생가, 친정ㅣ独り立ち 독립, 자립

해설　「帰省(귀성, 귀향)」와 가장 비슷한 표현은 「地元へ行く(고향에 가다)」이다.

문제 6　다음 단어의 사용법으로서 가장 적당한 것을 1·2·3·4에서 하나 고르세요.

28 顧みる

　　1　本に熱中していたが、ふと窓の外を<u>顧みる</u>と、あたりは暗くなっていた。

　　2　仕事ばかりではなく、家庭を<u>顧みる</u>ことも時には必要だ。

　　3　講義に集中しようと先生を<u>顧みる</u>と、目が合うことが多い。

　　4　防犯のため、通学中の子どもたちを<u>顧みる</u>ことにした。

정답　**2** 일뿐만 아니라, 가정을 돌보는 것도 때로는 필요하다.

어휘　家庭 가정ㅣ時には 때로는ㅣ熱中 열중ㅣふと 문득ㅣ講義 강의ㅣ集中 집중ㅣ防犯 방범

해설　「顧みる(뒤돌아보다, 돌보다)」는 「幼いころを顧みる(어렸을 때를 되돌아보다)」, 「家庭を顧みる余裕がない(가정을 돌볼 여유가 없다)」 등으로 사용한다. 1번은 「見る(보다)」, 3번은 「眺める(바라보다, 응시하다)」, 4번은 「見守る(지켜보다)」가 어울린다.

---

29 指導

　　1　道を聞いたら、親切に目的地まで<u>指導</u>してくれた。

　　2　新しいコーチは、弱小チームを勝利へ<u>指導</u>した。

　　3　星をひとつひとつ<u>指導</u>しながら、星座の位置を教えた。

　　4　先生の<u>指導</u>があったからこそ、志望校に入学できたんです。

정답　**4** 선생님의 지도가 있었기 때문이야말로, 원하던 학교에 입학할 수 있었습니다.

어휘　志望校 지망 학교ㅣ弱小 약소ㅣ勝利 승리ㅣ星座 별자리ㅣ位置 위치

해설　「指導(지도)」라는 의미로, 「よろしくご指導を願います(아무쪼록 지도해 주시기 바랍니다)」 등으로 사용된다. 1번은 「案内(안내)」, 2번은 「導く(이끌다, 안내하다)」, 3번은 「指差す(가리키다)」가 어울린다.

---

30 どうか

1 お口に合うか分かりませんが、どうか召し上がってください。

2 彼がどこへ行ってしまったのか、どうか見当がつかない。

3 過去にしたことは、どうか無かったことにしてください。

4 犯人の供述は、どうか現場の状況と合わないものが多い。

정답 3 과거에 했던 일은 제발 없었던 것으로 해 주세요.

어휘 過去 과거 | 見当 짐작 | 犯人 범인 | 供述 공술 | 現場 현장 | 状況 상황

해설 「どうか」는 남에게 정중하게 부탁하는 마음을 나타내며, 그 뜻은 '부디, 아무쪼록, 제발'이다. 「どうかよろしくお願いします(지도 잘 부탁드립니다)」 등으로 사용되며, 비슷한 표현으로는 「なにとぞ・どうぞ」 등이 있다. 1번은 「どうぞ(어서 사양 마시고)」, 2번은 「どうも(아무래도)」, 4번은 「どうやら(어쩐지, 아무래도)」가 어울린다.

---

31 取りかかる

1 工事現場で、木材や鉄筋を取りかかるのが大工の仕事だ。

2 彼女は、私の取りかかったボタンを付け直してくれた。

3 何度も電話をかけ、ようやく約束が取りかかった。

4 会議の決定を受け、そのプロジェクトに取りかかった。

정답 4 회의의 결정을 받아들여, 그 프로젝트에 착수했다.

어휘 決定 결정 | 木材 목재 | 鉄筋 철근 | 大工 목수 | 付け直す 다시 달다 | ようやく 겨우, 가까스로

해설 「取りかかる」는 '시작하다, 착수하다'라는 의미로, 「新しい仕事に取りかかる(새로운 일에 착수하다)」 등으로 사용된다. 1번은 「取り扱う(취급하다)」, 2번은 「取れかかっている(떨어지려고 한다)」, 3번은 「取れた(약속 등이 잡혔다)」가 어울린다

---

32 のびのび

1 公園の木々に、どんぐりの実がのびのびと生っている。

2 この子たちだけは、のびのびと育ててやりたい。

3 古いスカートが、ずいぶんのびのびとしてしまった。

4 どんな意見でも、のびのびとおっしゃってください。

정답 2 이 아이들만큼은 구김살 없이 키우고 싶다.

어휘 育てる 기르다 | どんぐりの実 도토리 | 生る (열매가) 나다

해설 「のびのび」는 거침없이 자유롭게 자라는 모양인 '구김살 없이, 무럭무럭, 쭉쭉'이라는 의미를 나타낸다. 1번은 「すずなり(に)(주렁주렁 열림)」, 3번은 「ぼろぼろになる(너덜너덜해 지다)」, 4번은 「どんどん(거리낌없이 속속)」이 적당하다.

실전모의테스트 2회

문자 · 어휘

문제 1 _____의 단어 읽는 법으로 가장 적당한 것을 1 · 2 · 3 · 4에서 하나 고르세요.

---

1 この大学の卒業生の就職先は様々な業種に分かれている。

    1 ぎょうしゅう   2 ぎょうしゅ   3 ごうしゅう   4 ごうしゅ

정답 2 이 대학 졸업생의 취업 회사는 다양한 업종으로 나뉘어 있다.

어휘 卒業生 졸업생 | 就職先 취직 자리, 취직(업)한 회사 | 様々な 다양한 | 業種 업종

해설 業(업)은 음독 [ぎょう, ごう], 種(종)은 음독 [しゅ], 훈독 [たね]로 읽는다.

---

2 連休の日のテーマパークは、どこも大変な人出になる。

    1 にんで   2 にんしゅつ   3 ひとで   4 ひとしゅつ

정답 3 연휴의 테마파크는 어디든 굉장한 인파가 모인다.

어휘 連休 연휴 | テーマパーク 테마파크 | 人出 인파

해설 人(인)은 음독 [にん, じん], 훈독 [ひと]로 읽는다.
出(출)은 음독 [しゅつ, すい], 훈독 [出る, 出す]로 읽는다.
'인파'의 의미로 [ひとで]를 하나의 단어로 암기하는 것이 좋다.

---

3 競争社会は人々を疲れさせる。

    1 きょうそう   2 ぎょうそう   3 きょうそ   4 ぎょうそ

정답 1 경쟁사회는 사람들을 지치게 한다.

어휘 競争 경쟁 | 疲れる 지치다, 피로해지다

해설 競(경)은 음독 [きょう, けい], 훈독 [競う]로 읽는다. 참고로 「競馬 (경마)」도 알아두자.
争(쟁)은 음독 [そう], 훈독 [争う]로 읽는다.

---

4 未成年の喫煙は禁止すると法律で定められています。

    1 きめられて   2 とめられて   3 さだめられて   4 すすめられて

정답 3 미성년자의 흡연은 금지한다고 법률로 정해져 있습니다.

어휘 未成年 미성년 | 喫煙 흡연 | 禁止 금지 | 法律 법률 | 定める 정하다, 결정하다, 제정하다

해설 定(정)은 음독 [じょう, てい], 훈독 [定める, 定まる]로 읽는다. 1번은 「決める」, 2번은 「止める」, 4번은 「勧める」이다.

---

5 実験の結果を詳しく分析した。

    1 ぶんるい   2 ぶんかつ   3 ぶんべつ   4 ぶんせき

정답 4 실험 결과를 상세히 분석했다.

| 어휘 | 実験 실험 | 結果 결과 | 詳しい 자세하다, 상세하다 | 分析 분석 |

해설 分(분)은 음독 [ふん, ぶ, ぶん], 훈독 [分かる, 分かれる, 分ける]로 읽는다.
析(석)은 음독 [せき]로 읽는다. 1번은 「分類(분류)」, 2번은 「分割(분할)」, 3번은 「分別(분별)」이다.

문제 2 ( ) 안에 들어갈 가장 적당한 것을 1·2·3·4에서 하나 고르세요.

6 とてもいいチャンスにめぐまれて喜んでいる。
　　1 恵まれて　　　　2 恩まれて　　　　3 豊まれて　　　　4 富まれて

정답 1 매우 좋은 기회를 얻게 되어 기뻐하고 있다.

어휘 チャンス 기회

해설 「めぐまれる」는 '베풂을 받다, 풍족하다, 바람직한 것을 만나다, (운 좋게) 얻게 되다'라는 의미로 기본형은 「恵む」이다.
恵(혜)는 음독 [けい, え]로 읽는다. [知恵 지혜]
恩(은)은 음독 [おん]으로 읽는다. [恩師(은사), 恩恵(은혜), 恩人(은인)]
豊(풍)은 음독 [ほう], [豊富 (풍부)] 훈독 [豊か]로 읽는다.
富(부)는 음독 [ふ], 훈독 [富, 富む]로 읽는다.

---

7 自分の希望にあった仕事につきたい。
　　1 付き　　　　2 突き　　　　3 就き　　　　4 着き

정답 3 내가 원하는 일을 하고 싶다.

어휘 自分 자기, 자신, 스스로, 나, 저 | 希望 희망 | あう 맞다, 어울리다, 조화되다

해설 동훈이자로, 읽는 법은 「つく」로 같으나 한자에 의해 뜻이 달라진다.
어떤 일에 종사한다는 뜻으로는 「就(취)く」를 사용한다.
付(부)く는 붙다, 생기다, 들어오다, 뒤따르다
突(돌)く는 (날카로운 것으로) 찌르다, 내지르다, (기세 등이) 충천하다, 공격하다
着(착)く는 도착하다, 자리를 잡다, 앉다

---

8 電話をかけて、用事があるぶしょにつないでもらった。
　　1 分所　　　　2 分署　　　　3 部所　　　　4 部署

정답 4 전화를 걸어 용무가 있는 부서에 연결해달라고 했다.

어휘 用事 용무, 볼일 | つなぐ 연결하다

해설 部(부)는 음독으로 [ぶ], 署(서)는 음독으로 [しょ]로 읽는다. 참고로, 「署名(서명)」도 알아두자.

---

9 こうがいに庭付きの一戸建て住宅を購入した。
　　1 郊外　　　　2 効外　　　　3 狡外　　　　4 交外

정답 1 교외에 정원이 달린 단독주택을 구입했다.

어휘 庭付き 정원이 달려 있음 | 一戸建て 단독 (↔ マンション 맨션, アパート 아파트) | 住宅 주택 | 購入 구입

해설 비슷한 한자의 구별에 주의하자. 교외는 「郊外」로 쓰며, 2번 効(효)는 「効果(효과)」, 「効用(효용)」, 4번 交(교)는 「交通(교통)」, 「交差点(교차로)」 등으로 활용한다.

실전모의테스트 2회　223

10 今日はありがとうございました。また改めてごあいさつにうかがいます。

1 伺い   2 訊い   3 訪い   4 参い

정답 1 오늘 감사했습니다. 다음에 인사 드리러 찾아 뵙겠습니다.

어휘 改めて 새롭게 다시 하는 모양, 다른 기회에, 새삼스럽게

해설 「伺う」는 '듣다, 묻다, 방문하다'라는 의미로 쓰이는 겸양어이다. 2번은 [訊く(=尋ねる)]로 '여쭙다', 3번은 [訪れる, 訪ねる], 4번은 [参る]로 활용한다.

문제 3 (　　) 안에 들어갈 가장 적당한 것을 1·2·3·4에서 하나 고르세요.

11 会場からは質問が続いたが、時間（　　　）で講演会は終ってしまった

1 捨て   2 切れ   3 超え   4 過ぎ

정답 2 회장에서는 질문이 계속됐지만, 시간이 다 되어 강연회는 끝나버렸다.

어휘 時間切れ 제한시간이 지남, 시한이 넘음 | 講演会 강연회

해설 捨て는 (동사의 ます형에 붙어) 써서 낡은 것을 버린다는 의미를 나타낸다. [読み捨て((책을) 다 읽고 버림)]
切れ는 ぎれ의 형태로, 명사 뒤에 붙어 '그것이 다 한, 다 쓴 상태'를 나타낸다. [在庫切れ(품절)]
超え는 (기준이나 기한 등을) 초과하거나 넘음을 나타낸다
過ぎ는 (때를 나타내는 명사에 붙어) 지나감을 나타낸다. [昼過ぎ(점심때 지나)]
또한 (동사의 ます형에 붙어) 도가 지나침을 나타낸다. [食べ過ぎ(과식), 飲み過ぎ(과음), 言い過ぎ(말이 지나침)]

---

12 この会社には（　　　）社員と契約社員が半数ずついる。

1 正   2 本   3 真   4 常

정답 1 이 회사에는 정사원과 계약사원이 반반씩 있다.

어휘 契約 계약 | 半数 반수

해설 접두어를 묻는 문제로, '정사원'이란 의미로 正(정)이 들어가야 맞다.
正(정)은 [せい]로 읽는다. [正方形(정사각형), 正反対(정반대)]
本(본)은 [ほん]으로 읽는다. [本事件(본 사건), 本研究所(본 연구소)]
真(진)은 [ま]로 읽는다. [真心(진심), 真正面(바로 정면), 真夜中(한 밤중), 真冬(한겨울)]

---

13 この学校は午前と午後の二部（　　　）で授業が行われている。

1 系   2 流   3 級   4 制

정답 4 이 학교는 오전과 오후 2부제로 수업이 진행되고 있다.

어휘 午前 오전 | 午後 오후 | 二部 2부 | 授業 수업 | 行う 행하다, 실시하다

해설 접미어를 묻는 문제로, 制(제)를 써서 2부제라는 의미로 사용된다. 참고로 「官僚制(관료제), 内閣制(내각제), 家父長制(가부장제)」도 함께 알아두자.
系(계)는 [けい]로 읽는다. [文科系(문과계), 自然系(자연계)]
流(류)는 [りゅう]로 읽는다. [自己流(자기류), 英国流(영국류)]
級(급)은 [きゅう]로 읽는다. [国宝級(국보급)]

14 同じチームで仕事をするようになってから、二人は（　　　）接近した。

1　即　　　　　　　　2　急　　　　　　　　3　速　　　　　　　　4　全

정답 2　같은 팀에서 일을 하게 되어 두 사람은 급격히 가까워졌다.

어휘 チーム 팀 | 接近(せっきん) 접근(가까이 다가감)

해설 접두어를 묻는 문제로 '갑작스러움, 험함과 급함'을 뜻하는 急(급)을 써서「急接近」을 사용한다. 참고로,「急(きゅう)ブレーキ (급브레이크), 急傾斜(きゅうけいしゃ) (급경사), 急務(きゅうむ) (급선무)」도 알아두자.
全(전)은 [ぜん]으로 읽으며, 명사에 붙어 '모두, 전체'의 뜻을 나타낸다. [全国民(ぜんこくみん) (전 국민), 全(ぜん)世界(せかい) (전 세계), 全(ぜん)責任(せきにん) (전 책임)]

---

15 この薬は、あまり効き（　　　）がない。

1　手　　　　　　　　2　足　　　　　　　　3　腰　　　　　　　　4　目

정답 4　이 약은 별로 효험이 없다.

어휘 薬(くすり) 약 | あまり~ない (부정을 수반하여) 그다지, 별로 ~않다 | 効(き)く 듣다, 효과가 있다

해설 '효능, 효과가 있다'라는 의미로「効(き)き目(め)」를 하나의 단어로 암기하자!

문제 4 （　　　） 안에 들어갈 가장 적당한 것을 1·2·3·4에서 하나 고르세요.

16 寝不足で電車の中で（　　　）していたら、先生に声をかけられてびっくりした

1　ぶらぶら　　　　　2　ばたばた　　　　　3　うとうと　　　　　4　そわそわ

정답 3　수면 부족으로 전철 안에서 꾸벅꾸벅 졸고 있었는데, 선생님이 말을 걸어서 깜짝 놀랐다.

어휘 寝不足(ねぶそく) 수면 부족 | 声(こえ)をかける 부르다, 말을 걸다, 인사하다

해설 수면 부족이라고 했으므로 꾸벅꾸벅 조는 모양을 나타내는「うとうと」가 들어가야 맞다.
「ぶらぶら」는 하는 일이 없는 모양(빈둥빈둥), 매달려서 흔들거리는 모양(흔들흔들), 지향 없이 거니는 모양(어슬렁어슬렁)을 나타낸다.
「ばたばた」는 손발이나 날개 등을 계속해서 움직이는 소리나 모양(동동, 푸드득, 펄럭펄럭), 또는 급해서 쩔쩔매는 모양(허둥지둥)을 나타낸다.
「そわそわ」는 안절부절 못하여 들뜬(불안한) 모양을 나타낸다.

---

17 友達に励まされて、勇気が（　　　）きた。

1　伸びて　　　　　　2　積って　　　　　　3　登って　　　　　　4　湧いて

정답 4　친구에게 격려를 받아 용기가 생겼다.

어휘 励(はげ)ます 격려하다 | 勇気(ゆうき) 용기

해설 '용기가 샘솟다'라는 의미로「湧(わ)く (솟다)」를 쓴다.「伸(の)びる」는 '자라다, 발전하다',「積(つ)もる」는 '쌓이다, 많이 모이다',「登(のぼ)る」는 '(산, 나무 등에) 오르다'라는 의미이다.

---

18 この映画は、国内よりも海外で高く（　　　　）されている。

1　批評　　　　　　　　2　拍手　　　　　　　　3　評価　　　　　　　　4　評判

정답 **3** 이 영화는 국내보다 해외에서 높게 평가되고 있다.

어휘 国内 국내 ｜ 海外 해외

해설 일반적으로 「評価(평가)」는 「評価が高い・低い(평가가 높다・낮다)」로 쓰인다. 「批評」는 '비평', 「拍手」는 '박수', 「評判」은 '평판'의 의미를 나타내며, 「評判がいい・悪い(평판이 좋다・나쁘다)」로 쓰인다.

---

19 会議が始まる前に、資料に目を（　　　　）おいてください。

1　止めて　　　　　　2　分けて　　　　　　3　通して　　　　　　4　配って

정답 **3** 회의가 시작되기 전에 대충 자료를 훑어봐 주세요.

어휘 資料 자료

해설 「目」와 함께 쓰이는 관용어를 알아둘 필요가 있다. 「目を通す」는 '대강 훑어 보다, 대충 보다'라는 의미로 자주 쓰이는 관용 표현이므로 꼭 기억해 두자.
1번은 「止める」가 아닌 「留める」로, 한자가 다름에 주의할 것! [目を留める(주의하여 보다, 주시하다)]
4번 「目を配る(사방을 살피다)」

---

20 嫌だから会社をやめようなんて、考えが（　　　　）と言われた。

1　甘い　　　　　　　2　軽い　　　　　　　3　弱い　　　　　　　4　易しい

정답 **1** 하기 싫다고 회사를 그만두려 하다니, 생각이 안이하다는 말을 들었다.

어휘 嫌 싫음, 하기 싫음

해설 「甘い」는 다의어로 '달다, 싱겁다, 후하다, 만만하다/야무지지 못하다' 등의 의미로 쓰인다. 「考えが甘い」는 '생각이 안이하다, 무르다'라는 의미를 나타낸다.

---

21 責任感という（　　　　）がかかって、なかなかリラックスできない。

1　プライバシー　　　2　プレッシャー　　　3　プライド　　　　　4　リーダーシップ

정답 **2** 책임감이라는 중압감이 느껴져, 좀처럼 긴장을 풀 수 없다.

어휘 責任感 책임감 ｜ なかなか~ない (부정을 수반하여) 좀처럼 ~않다 ｜ リラックス 릴랙스, 긴장을 풀고 쉼 ｜ プライバシー 프라이버시 ｜ プライド 프라이드 ｜ リーダーシップ 리더십

해설 「プレッシャーがかかる」는 '중압감이 느껴진다'라는 표현이다. 나머지 선택지는 「~がかかる」로 쓰이지 않는다.

---

22 誰も引き受ける人がいないので、彼は自分で委員長の役を（　　　　）。

1　言って出た　　　　2　買って出た　　　　3　乗って出た　　　　4　押して出た

정답 **2** 아무도 맡을 사람이 없기 때문에, 그는 위원장 직을 자진해서 떠맡았다.

어휘 引き受ける 떠맡다, 인수하다 ｜ 委員長 위원장

해설 어떤 일을 스스로 자진해서 맡는 것을 「買って出る」라고 한다. 「買って出る」를 하나의 단어로 기억해 두자.

문제 5 _____의 단어의 의미에 가장 가까운 것을 1·2·3·4에서 하나 고르세요.

23 僕の提案を聞いて、彼女はうなずいた。
1 断った　　　　2 受け入れた　　　　3 興味を持った　　　　4 びっくりした

정답 2 내 제안을 듣고, 그녀는 수긍했다.

어휘 提案 제안ㅣ断る 거절하다ㅣ興味を持つ 흥미를 갖다ㅣびっくりする 깜짝 놀라다

해설 「うなずく」는 '수긍하다, (고개를) 끄덕이다'라는 의미로, 내용과 가장 유사한 표현은 2번 「受け入れる (받아들이다)」이다.

---

24 あのタレントは、最近マスコミでずいぶんさわがれている。
1 人気が出ている　　　2 嫌われている　　　3 お金をもうけている　　　4 話題になっている

정답 4 저 탤런트는 최근 매스컴에서 상당히 떠들썩하다.

어휘 タレント 탤런트ㅣマスコミ 매스컴ㅣ人気が出ている 인기가 있다ㅣ嫌われている 미움을 받다ㅣお金をもうけている 돈을 모으고 있다

해설 「さわぐ」는 '떠들다, 시끄러워지다, 사람들의 세평에 오르다'라는 의미이므로, 가장 유사한 표현은 4번 「話題になっている(화제가 되고 있다)」이다.

---

25 本を買って帰って、さっそく読んでみた。
1 すぐに　　　　2 しばらく　　　　3 ゆっくり　　　　4 だいたい

정답 1 책을 사와서 바로 읽어봤다.

어휘 しばらく 잠깐, 당분간ㅣゆっくり 천천히, 느긋하게ㅣだいたい 대체로, 대개

해설 「さっそく」는 '즉시, 즉각, 바로'라는 의미이므로, 가장 유사한 표현은 1번 「すぐに(곧, 즉시, 곧바로)」이다.

---

26 被災地では、今も30人ばかりのボランティアが活動を続けている。
1 以上　　　　2 未満　　　　3 ちょうど　　　　4 くらい

정답 4 피해지역에서는 지금도 30명 정도의 자원봉사자가 활동을 계속하고 있다.

어휘 被災地 피해지역ㅣボランティア 자원봉사(자)ㅣ活動 활동ㅣ以上 이상ㅣ未満 미만ㅣちょうど 정확히

해설 「ばかり」가 대략의 정도를 나타내는 것에 유의하자. 따라서 정답은 4번 「くらい」이다.

---

27 あの店のインテリアは、とても凝っている。
1 下品だ　　　　2 派手だ　　　　3 独特だ　　　　4 変だ

정답 3 저 가게 인테리어는 매우 공을 들였다.

어휘 インテリア 인테리어ㅣ下品 (물건) 품위가 없음, 천함ㅣ派手 화려한 모양ㅣ変 이상함

해설 「凝る」는 '엉기다, 열중하다, (의장에) 공들이다, 정교하다, 뻐근하다' 등 여러 의미로 쓰여지므로 반드시 암기해야 할 동사이다. 문제에서는 '공들이다'라는 의미로 쓰여졌으므로 정답은 3번 「独特(독특함)」이 적합하다. 그 밖에 「釣りに凝っている (낚시에 열중하다)」, 「肩が凝る (어깨가 뭉치다, 뻐근하다)」라는 표현도 함께 외우자.

28 姿

1 彼は1か月ぶりに学校に姿を見せた。

2 結婚相手には、姿より経済力を重視している。

3 この服の色は気に入ったが、姿が好きではない。

4 彼女は、会議の結果について不満に思っている姿だった。

정답 1 그는 한달 만에 학교에 모습을 보였다.

어휘 ~ぶりに ~만에 | 経済力 경제력 | 重視 중시 | 不満 불만

해설 「姿」는 몸의 형체나 모습을 나타내므로 1번이 정답이다. 2번은 「外見(외관, 겉모습)」, 3번은 「形(형태)」 또는 「デザイン(디자인)」, 4번은 「様子(표정, 모습)」가 들어가는 것이 알맞다.

---

29 怪しい

1 昔の恋人に殺される怪しい夢を見た。

2 ずいぶん昔のことなので、記憶が怪しくなっている。

3 新しくできた美術館は、とても怪しいデザインだ。

4 妻を失くしたショックで、彼は頭が怪しくなってしまった。

정답 2 꽤 오래된 일이라서, 기억이 묘연하다.

어휘 美術館 미술관

해설 「怪しい」는 '수상하다, 의심스럽다'라는 의미이다. 「記憶が怪しい」는 기억이 뚜렷하지 않은 어렴풋하고 흐릿한 모양을 나타낸다. 1번은 「怖い(무섭다)」, 3번은 「独特な(독특한)」 또는 「珍しい(드물다)」, 4번은 「おかしい(이상하다)」가 알맞다.

---

30 望む

1 父の病気が治るよう神様に望んだ。

2 ずっと望んでいたカメラを買った。

3 社長は、一層の努力を社員たちに望んだ。

4 早く遠足の日にならないかと、子供たちは毎日望んでいる。

정답 3 사장님은 더 많은 노력을 사원들에게 바랐다.

어휘 望む 바라다, 소망하다, 기대하다 | 一層 한층 더, 더욱더 | 努力 노력 | 遠足 소풍

해설 「望む」는 '나 자신이나 다른 사람에게 바라거나 기대, 희망'하는 것을 나타낸다. 1번은 「祈る(기도하다)」, 2번은 「欲しかった(사고 싶었던)」, 4번은 「待ち望む(손꼽아 기다리다)」가 알맞다.

---

31 傾向

1 この坂の傾向は約30度もある。

2 最近の若者は、消費をしない傾向がある。

3 あの子は、食べ物の好き嫌いの傾向が激しい。

4 政府は来年度の予算を増やす傾向で議論している。

정답 2 최근 젊은이들은 소비하지 않는 경향이 있다.

어휘 傾向 경향 | 消費 소비 | 激しい 세차다, 격심하다 | 政府 정부 | 予算 예산 | 増やす 늘리다 | 議論 의론

해설 「傾向」는 사물의 상태나 성질 등이 전체적으로 어떤 방향으로 향하는 것을 나타낸다. 1번은 「傾斜(경사)」, 3번은 「好 嫌いが激しい(호불호가 심하다, 가리는 것이 많다)」, 4번은 「方向(방향)」가 들어가는 것이 알맞다.

---

32 一生

1 この20年で日本人の一生は３年も伸びた。

2 一生に一度の機会を逃してしまった。

3 彼はこの会社を、自分の一生で世界的な企業にまで成長させた。

4 今まで苦労したので、これからはのんびりした一生を送りたい。

정답 2 일생에 한 번뿐인 기회를 놓쳐 버렸다.

어휘 一生 일생, 평생 | 伸びる 자라다, 발전하다, 증가하다 | 逃す 놓치다 | 企業 기업 | 成長 성장 | 苦労 고생 | のんび り 유유히, 한가로이

해설 「一生」는 '세상에 태어나서 죽을 때까지의 동안'을 말한다. 1번은 「寿命(수명)」, 4번은 「生活(생활)」가 알맞다.

MEMO

|M|E|M|O|